政府信息公开的例外制度研究

戚红梅◎著

人民出版社

责任编辑:詹素娟

装帧设计:东方天地

图书在版编目(CIP)数据

政府信息公开的例外制度研究/戚红梅 著. —北京:人民出版社,2021.12

ISBN 978－7－01－024180－7

Ⅰ.①政…　Ⅱ.①戚…　Ⅲ.①国家行政机关-信息管理-研究-中国

　Ⅳ.①D630.1

中国版本图书馆 CIP 数据核字(2021)第 256368 号

政府信息公开的例外制度研究

ZHENGFU XINXI GONGKAI DE LIWAI ZHIDU YANJIU

戚红梅　著

人民出版社 出版发行

(100706　北京市东城区隆福寺街 99 号)

北京中科印刷有限公司印刷　新华书店经销

2021 年 12 月第 1 版　2021 年 12 月北京第 1 次印刷

开本:710 毫米×1000 毫米 1/16　印张:19.75

字数:320 千字

ISBN 978－7－01－024180－7　定价:89.00 元

邮购地址 100706　北京市东城区隆福寺街 99 号

人民东方图书销售中心　电话 (010)65250042　65289539

目 录
CONTENTS

导　论

一、论题之缘起

党的十八届三中全会提出,全面深化改革的总目标是完善和发展中国特色社会主义制度,推进国家治理体系和治理能力现代化,为国家战略的规划和设计规定了明确的指向。国家治理现代化的推进要求建设法治政府、诚信政府、透明政府和责任政府,而政府信息公开,则是建构政府的诚信度、透明度、责任性和法治化的一个有效抓手。[①] 我们正置身于一个大数据逐渐兴起的时代,[②] 现代民主的两大构成要素为公开与参与。[③] 公开是参与的前提,没有政府信息公开或民众的知情权,就难以实现大众的良性参与。因此,信息公开是现代代议制民主的基石之一。知情权是现代国家民主政治建设的根本要求和公民的基本权利,信息公开制度是知情权实现的依据和保障。政府信息公开制度最早起源于瑞典,1776 年瑞典政府制定了《新闻自由法》[④],但该法在当时并未产生广泛的影响。政府信息公开制度真正走入大众视野

[①]　钱锦宇、刘学涛:《营商环境优化和高质量发展视角下的政府机构改革:功能定位及路径分析》,《西北大学学报》(哲学社会科学版) 2019 年第 3 期。

[②]　刘学涛、李月:《大数据时代被遗忘权本土化的考量——兼以与个人信息删除权的比较为视角》,《科技与法律》2020 年第 2 期。

[③]　周汉华:《中美政府公开制度异同比较》,法律教育网,2011 年 3 月 8 日,http://www.chinalawedu.com/new/16900a178a2011/201138lifei16731.shtml,访问日期:2013 年 3 月 3 日。

[④]　当时瑞典政府是为使报刊有转载政府公文的权利而制定该法。

是在第二次世界大战结束以后。为了保证公民获取政府所拥有的信息,美国国会1966年制定《信息自由法》,该法以及其后制定的《隐私权法》和《阳光下的政府法》等法律以及相关司法判例构成了美国政府信息公开法律制度的核心和基础。美国的政府信息公开立法因起步较早且体系相对完备而对部分国家的相关立法产生了较大的影响。

　　"更加开放的政府有利于落实强化公民权利,倒逼政府官员行为规范,使得政府更加高效、负责"①。在当今世界,信息公开已经成为不可逆转的国际潮流。《中华人民共和国政府信息公开条例》(以下简称原《政府信息公开条例》)于2008年5月1日起正式施行。该条例结束了中国没有一部全国范围的政府信息公开立法的历史,它规定了各级政府公开信息的内容和方式,为公民获取政府信息提供了法律通道,因此,这部条例具有举足轻重的里程碑意义。囿于时代发展局限和立法技术不成熟等因素,原《政府信息公开条例》本身存在相关条款的规定抽象模糊甚至缺失等不足。随着大数据技术的迅猛发展,为满足公众知情权不断发展的需要,国务院于原《政府信息公开条例》施行十年之后的2017年启动修订工作,修订之后的《政府信息公开条例》(以下简称新《政府信息公开条例》或《政府信息公开条例》)于2019年5月15日开始施行。修改后的《政府信息公开条例》由38条增加到56条,较修订之前的体例结构得以优化从而更加明晰和完善。新《政府信息公开条例》的亮点包括:明确了坚持"以公开为常态,不公开为例外",增加了政府应当主动公开信息的范围和深度,完善了依申请公开信息的程序,取消了依申请公开的"三需要"门槛,同时对不当行使申请权的行为予以规范,提升了政府信息公开工作的在线服务水平。新《政府信息公开条例》是在总结原《政府信息公开条例》实施十多年以来的实践经验和适应我国政府信息工作再上新台阶的需要基础上面世的,因此具有相当的进步意义。但是,新《政府信息公开条例》的出台也说明了我国目前将信息公开制度上升到法律层面的时机依然不成熟,我国的信息公开制度在未来一定时期仍将处于进一步积极探索的发展阶段。

　　施行了两年多的理论研究和实践经验均表明,新《政府信息公开条例》本身仍然存在一些问题,这些问题的产生固然与政府部门观念转变不到位息

---

①　栗燕杰:《政府信息主动公开是提升政府治理能力的必要路径》,《人民法治》2015年第7期。

息相关,但是,相对于原《政府信息公开条例》并未得到根本改观的部分条款规定抽象甚至缺失的问题依然存在。政府信息公开范围的规定是行政信息公开立法最核心的问题,它决定着知情权的实现程度和信息公开的程度,决定了政府的透明度和民主参与程度,直接反映出一个国家的民主政治水平。因此,对信息公开制度中的政府信息公开范围尤其是其中的政府信息公开例外制度进行深入研究,无疑将有助于我国信息公开法律的细化和完善。

"公开和保密的关系尚未得到充分厘清是政府信息公开面临的最大约束。在制度上,保密范围的界定过于原则和笼统;在定密的操作过程中,主观的裁量权和空间过大;对定密行为的司法审查也遇到了'尴尬'。这三种因素导致'秘密'的范围可能会比较大,而且存在较大的弹性。"① 进一步深入分析可见,《政府信息公开条例》对立法目的规定的不足反映了《政府信息公开条例》以行政权力为主导的立法模式,使《政府信息公开条例》基本原则的缺失、公开范围的狭窄、自由裁量权的膨胀等成为可能;"以公开为原则,不公开为例外"这一基本原则在《政府信息公开条例》中的缺失,使得部分行政机关的公开观念还不够彻底;新《政府信息公开条例》第14条对"三安全—稳定"的规定使得《政府信息公开条例》的公开效力受到一些影响。2010年修改后的新《中华人民共和国保守国家秘密法》(以下简称《保密法》)中的定秘标准仍然比较原则和抽象,国家秘密范围弹性大的状况未得到实质改变。其他相关法律法规中与"公开原则"不适应的规定也没有得到及时的清理……如此种种,造成了政府信息公开实践中的重重"玻璃门"②。

实践中特别突出的问题是,未转变观念的行政部门可能以《政府信息公开条例》中的例外条款作为挡箭牌,拒绝公开那些本应公开的、公民急需了解的信息,一定程度上减损了《政府信息公开条例》的实效、损害了政府的公信力。然而理论研究有一个渐进发展和深入的过程,我国政府信息公开制度从宏观制度研究发展到微观的具体制度的研究经历了并不漫长的过程。

---

① 王海明:《政府信息公开条例迎来"三年之痒",监督形同虚设》,《中国青年报》2011年4月24日。http://www.ccvic.com/html/news/shehui/gnyw/2011/0424/33958.shtml,访问日期:2013年3月3日。

② 所谓"玻璃门",就是信息公开中的申请难、立案难、胜诉难,政府信息仿若眼前却又遥不可及。此外还有"涉密门"(称信息涉及"两秘密一隐私"不能公开)、"无用门"("公开的都是没用的",从而严重影响百姓积极性)、"难解门"("公开的都是看不懂的")之说。

原《政府信息公开条例》发布之初,学术界对政府信息公开制度的研究大多集中在宏观问题方面,对例外制度相关问题的研究较少且比较分散;随着时间的发展和研究的深入,学者们开始对例外制度进行研究并逐渐产生了少量具有影响的研究成果。新《政府信息公开条例》对例外制度进行了大幅度修改,修改之后的研究较为零散,多见于框架性的介绍、有欠深度的比较或抽象而简单的罗列。从世界范围看,多数国家已经建立了较为完备的政府信息公开制度体系。其中在豁免公开的信息方面,大多数国家采取以法律列举的方式进行规定,且倾向于逐步细化、不断缩小政府信息豁免公开的范围;在技术方面,采用详细列举、信息分割等手段,以最大限度实现公民的知情权。

"以公开为原则,不公开为例外"是世界上多数国家的信息公开法所遵循的重要原则。为了保护国家安全和利益,保障行政效率和节省行政成本,或为了在保障公民知情权和公共利益及其他公民的个人利益之间寻找平衡,在信息公开法中规定一定的例外条款是必不可少的。然而,我国《政府信息公开条例》中含糊不清的例外条款有时不利于保障公民知情权实现。为了进一步克服存在的不足,更好地完善例外规则,我国政府信息公开的例外制度进行专门的系统研究,成为我国民主政治建设中的一项重要课题。

综上,我国虽然颁布了适用于全国范围的《政府信息公开条例》,但是《政府信息公开条例》本身还存在一些不足之处,建立统一规范的政府信息公开法尤其需要我们对相关问题进行深入细致的研究。政府信息公开范围是政府信息公开法律制度中的重要内容,豁免公开的范围又是政府信息公开范围的核心和关键。受制于我国相关研究的发展阶段和精细化程度,我国行政法学者多从政府信息公开制度角度进行宏观研究,较少涉及政府信息公开范围尤其是例外规则领域。新《政府信息公开条例》对例外制度进行大幅度修改之后,建立在此次修改基础之上的、与时俱进的研究更加稀少和缺乏系统性,因此,对当下政府信息公开例外制度的研究具有重要的理论和实践意义。

首先,从理论角度系统分析政府信息公开例外制度的理论基础及其对信息公开制度的重要价值,有助于在全社会树立尊重和保障公民知情权的观念。第二,将政府信息公开例外制度的基本理论运用到信息公开立法与实践中,关注当代我国政府信息公开法律制度中信息公开与不公开的关系及其范围的具体构建与实际运行,有助于推进行政法治进程,构建公开透明的行政体制。第三,科学适度的政府信息公开例外范围的明确,对于健全民主政治、监督行政权力的运行、防止权力腐败有着重大意义。

政府信息公开制度的完善是一个长期渐进、积累深化的过程,需要社会各界共同努力,而政府信息公开的例外制度则是整个政府信息公开制度中最核心的部分。政府信息公开例外的范围大小反映了一个国家民主法制的发展状况,直接关系到行政相对人的权利以及能否有效实现行政参与的问题。各国实践证明,建立和推进政府信息公开法,最大的难点在于如何合理地确定公开与不公开的界限,并在实现政府信息公开最大化的前提下,保障公共利益和个人利益不因信息公开而受到损害。

我国对政府信息公开例外制度的研究还不够,许多问题都需要在理论上作更加深入的探讨。在过去长期的行政管理实践中,我们曾形成一种思维定势,即"公开"和"不公开"是绝对对立的双方,实践中政府信息公开的范围偏小,不公开的范围相对较大。在这种情况下,行政机关、政府工作有时候会被神秘化,政府信息公开所具有的加强民众对政府的理解和支持、化解社会危机的重要作用和功能,在关键时候无法充分发挥。2003 年"非典"从一定程度上反映了部分行政机关在应对突发公共事件时尚缺乏足够的公开思维,也体现了当时我国信息公开理论和实践的较低发展阶段。2019 年底开始的新冠肺炎疫情及其防控工作,尤其是后来我国取得的疫情防控的阶段性重大胜利,由于政府信息公开在疫情防控中起了举足轻重和不可替代的作用,因此充分凸显了十多年以来我国信息公开制度和实践发展的巨大进步。然而,我国的信息公开制度依然十分年轻,其还存在一些亟待完善的不足之处。如实践中产生的大量信息公开诉讼均与信息公开的范围紧密联系。因此,为了充分保障公民的知情权,对我国政府信息公开例外制度的研究亟待扩大和深入。

二、研究之方法

本著首先对政府信息、政府信息公开、政府信息公开的例外等概念进行界定,指出知情权是政府信息公开制度的理论基石,对应性地分析政府信息公开的例外制度的理论基础,对政府信息公开与例外之间的关系进行深入探讨,力争寻找出政府信息公开例外制度的基本原则,并从政府信息公开制度起步较早国家的制度演进历程中探寻对我国发展有益的经验和启示。在此过程中,笔者运用历史分析方法,纵向考察了美国、英国、日本三个国家信息公开制度的发展历程,得到了信息公开的历史潮流是不可逆转的、信息公开制度的建立与完善不是一蹴而就的、渐进的立法方式可以缓冲社会矛盾等理论启示。

笔者还在不同的章节中大量运用比较分析方法。如在第二章中比较了有关国家的政府信息公开制度的基础性规定与我国的基础性规定,通过这种对应性比较,并结合我国的实际,形成了对相关问题进行修改和完善的建议,如信息公开制度应明确以"保护公民知情权"为立法目的、采取"以公开为原则、不公开为例外"的基本原则等等。第三、第四、第五、第六、第七章是对我国信息公开例外制度的完善建议,这几个章节也运用了比较分析的方法。比如在论证"过程性信息"时,就引用了美国、澳大利亚、日本等国家的立法例及相关案例,为我国确立"过程性信息"的豁免公开提供了理论和实践支持。本著立足比较,重在归纳,在注意横向国别比较的同时,归纳共性,指出不足;同时结合纵向历史分析的方法,通过研究,力图得出普遍性的结论。

在此需要说明的是,通过比较的研究方法得出的所谓的域外经验,对我国制度的完善仅具有参考意义。由于国情不同、制度不同、发展阶段不同,我国信息公开制度的完善绝不能对域外经验照抄照搬,以免消化不良或食洋不化。当下的主要任务是通过完善制度建设的方式,更好实现凝聚共识、汇聚力量、加强思想政治引领、保障国家安全和经济社会发展的目标。在此过程中,我们应当坚定道路自信、理论自信、制度自信、文化自信,让比较研究法更好服务于中国特色的社会主义法治体系的发展和完善。

案例实证分析法是本著论述过程中使用的又一重要方法。如第二章中引用"屈松峰等诉郑州市物价局不公开经济适用房价格核算信息案""周某诉上海市人力资源和社会保障局案"等,说明了关于例外信息范围的概括性规定方式在实践中造成了不利于保护公民知情权的后果。第四章借助美国历史上著名的"安德森诉健康和人类服务部案"和"哥伦比亚特什公司诉食品药品管理局案"说明,在决定商业秘密是否公开的过程中,公民的健康利益比保护商业秘密的价值更重要;同时,还引用了"黄由俭、邓柏松等申请公开原自来水公司改制情况的调查报告案""自然之友申请环保部和农业部公开信息案""白文平申请漯河市公安局公开信息案"等具体案例,论证了在"国家秘密、商业秘密和个人隐私"三大豁免事项之外,将"意见性的过程性信息、纯粹行政机关内部人事规则和制度、可能造成妨害的执法案卷信息"增列为例外事项的必要性和重要性。研究政府信息公开的例外制度,不单单是在理论上为该制度的建立提供支撑和依据,而且重在指导实际工作,在实践中得以运用。为此,本著注意通过案例印证观点,理论结合实际,特别是注重结合我国国情,从宏观思路到微观具体的制度建设上提出意见和建议。

除此之外,本著在研究中还大量使用了规范分析法等其他研究方法。总之,笔者综合运用历史与现实相结合、理论与实践相结合、正反对比论证、规范比较分析等方法展开研究,力图使本著内容有血有肉、说理深刻有力。

三、研究之现状

国外关于政府信息公开及其例外制度的研究较早,瑞典 1766 年的《出版自由法》创立了政府信息公开法律制度。之后,其间几乎一百多年的时间里,该项制度都处于停滞不前的状态,直到芬兰 1951 年颁布了《政府活动公开法》,这一制度才得以复苏。从 20 世纪 50 年代初至 20 世纪 80 年代末,北美、北欧及澳洲的一些发达国家陆续建立了政府信息公开的法律制度。20世纪 90 年代,政府信息公开法律制度进入了充分发展阶段。到目前为止,世界上绝大多数经济发达国家都已经制定了信息公开法,建立起信息公开制度。从各国的立法实践来看,信息公开法有着宪法和法律的保障,各国通常是通过制定政府信息公开法及相关的法律来建立起信息公开制度体系。与此同时知情权不仅是一项国内法权利,而且在一系列国际法律文件中也得到了确认。

（一）国外研究概况

国外学者针对政府信息公开例外制度的研究集中表现在政府信息的分类、信息公开例外的分类、知情权和其他权力之间的关系及其平衡方面，首先：Debble[1] 比较分析了美国的《信息公开法》和以色列的《信息公开法》中例外规定的异同。Karen（2008）等论述了"9·11"事件以后，美国应如何平衡政府信息公开和敏感机密信息的保护。[2] 初步结论是：美国的传统民主和政府信息公开应持之以恒，同时应更加努力限制接近机密敏感信息。Judson（2008）论述了国家安全与信息公开交叉处的复杂性和挑战性。[3] 政府为保护公民不受他国伤害而试图阻止会给国家安全带来危险的机密信息的公开，但这种策略会对民主社会造成极大的危害，政府信息的公开作为约束行政权力的主要手段非常重要，政府信息公开比国家安全更加值得保护。[4]

具体到信息公开例外本身，国外学者根据不同的标准对信息公开的例外信息进行分类，根据负有信息公开义务的主体对例外信息是否有选择公开的权力可分为强制例外与自由裁量例外，前者政府机关不得公开所指明的信息，后者只是授权政府机关可以拒绝公开有关的信息，并不要求政府机关必须拒绝公开。[5] 以规定例外信息的方法为标准可分为类别例外和内容例外，信息公开的倡导者对类别例外比较谨慎，内容例外是根据具体文件的内容判断是否为例外信息。[6] 根据信息公开义务机关对信息公开申请的处理方式

---

[1]　Debble L. R., "FOIL and FOIA compared, A comparison between the Freedom of Information Law in Israel and the U. S. Freedom of Information Act", *Journal of Government Information*, Vol. 26，No.2，March1999，pp. 89–108.

[2]　Karen H., "Lessons learned about access to government information after World War II can be applied after September 11", *Government Information Quarterly*, Vol. 25, No.1, 2008, pp.90–103.

[3]　Judson O. L., "Eliminating Public Disclosures of Government Information from the Reach of the Espionage Act", *Texas Law Review*, Vol. 86, No. 4, 2008, pp.889–927.

[4]　朱红灿、邹凯：《国内外政府信息公开研究综述》，《图书情报工作》2011 年第 2 期。

[5]　Robet Vaughn, *Freedom of Information*, Ashgate Pubishing House, June 2002.

[6]　Maeve McDonnagh, *Freedom of Information Law in Ireloand*, Dublin, Round Hall Sweet & Maxwell, 1998，p.84.

可分为一般例外信息与特别例外信息。对一般例外信息公开义务机关对信息公开申请必须回答是否拥有该信息,以及是否公开有关的信息。而对特别例外信息,义务机关可以拒绝回答是否拥有相关的信息,因为回答是否拥有信息本身已经构成对该信息的披露。规定信息公开与不公开的范围时,对获得政府信息权利的限制不能超过保护相关利益的需要的限度,为了达到合理地限制权利的效果,要授予行政机关一定的自由裁量权,以便在实施法律的过程中对具体情况进行分析判断。

知情权和其他权利之间的关系及其平衡,越来越多地引起学者关注。Machanavajjhala 和 Reiter(2012)认为个人隐私保护的对象由敏感数据扩展为所有存在识别个人可能性的一般数据。伴随以大数据、云计算为代表的数据分析技术的出现,即使披露不敏感的、甚至匿名化的个人数据,也可通过重新识别技术侵害到个人隐私。[①] 美国学者 Kshetri(2014)通过调查研究验证了数据的体积、速率、多样性、可变性、复杂性等五个要素对政府数据开放中个人隐私保护的影响。[②] 荷兰 M.Janssh 和 J.Hoven(2015)认为过去的努力主要集中在拆除孤岛上,而如今应该重新创造信息孤岛,以此防止信息逐渐集中,建立保护个人隐私的机制。[③] 芬兰 Jaatinen(2016)认为数据收集过程中个人自主选择权利的缺失容易导致隐私风险,"通常情况下,数据主体没有真正选择是否向公共部门机构披露其个人数据的权利"。Flaherty(2019)以加拿大不列颠哥伦比亚省《信息自由和隐私保护法》为例,论证了如何通过法律制度设计化解信息公开与隐私保护之间的冲突。[④] 可见,国外的论述已经逐步从对宏观制度的论证过渡到具体制度的探索,且已经具有比较成熟的、被实践证明有效的制度体系。

---

① Machanavajjhala A., Reiter J. P., "Big Privacy: Protecting Confidentiality in Big Data", *XRDS: Crossroads the ACM Magazine for Students*, Vol. 19, No. 1, 2012, pp.20–23.

② Kshetri N., *Big Data's Impact on Privacy*, *Security and Consumer Welfare*, Oxford: Pergamon Press, 2014.

③ Janeesen M, Hoven JVD, "Big and Open Linked Data in Government: a Challenge to Transparency and Privacy?" *Government Information Quarterly*, 2015, 32(4): pp.363–368.

④ Flaherty, H. David, "Balancing open government and privacy protection". http://www.austlii.edu.au/au/jour–nals/ Priv Law PRpr /1999 /56. html. 2019–05–06.

（二）国内研究概况

随着我国行政法治的不断深入发展、尤其是数字政府工程的逐步推进，政府信息公开逐渐成为公法领域的研究热点。学者们通过比较分析国内外的信息公开制度，对我国信息公开制度建设提出构想，有大量的研究成果。[①]针对政府信息公开范围的学术研究成果虽然不多，但也卓有成效，专门针对例外制度进行的研究虽然也较少，但其中部分优秀的研究成果将为本著对新的时代背景下政府信息公开例外制度的研究提供有益的参考和借鉴。

首先，就著作而论，我国行政法学者关于信息公开范围和例外制度的研究成果主要有：王名扬先生的《美国行政法》（1995）一书认为美国的信息公开立法比其他西方国家更为完备，公开是限制行政的一种手段，《信息自由法》确立了公开为原则，不公开为例外的基本原则，强调利益的平衡，贯彻了保密与公开均衡的思想。[②]刘恒等的《政府信息公开制度》（2004）第三章列举了国内外政府信息公开内容的规定，对我国政府信息公开内容提出立法建议。[③]张明杰的《开放的政府——政府信息公开法律制度研究》（2003）一书中第六章专门探讨了政府信息公开的范围，从公开的信息、例外信息和排除信息与特别例外信息三个层次进行研究，认为对获得政府信息权的限制涉及合法性、合目的性、合理性原则，例外信息主要包括公共利益例外、行政特权例外、私人利益例外三方面。[④]冯国基的《面向 WTO 的中国行政：行政资讯公开法律制度研究》（2002）的第六章专门分析了行政资讯公开适用

---

① 本文主要探讨政府信息公开的例外制度。需要说明的是，学界对行政信息公开制度有广泛研究，2001 年 4 月在湖南大学法学院召开了全国首届"政府信息公开研讨会"，2001 年 9 月在东南大学召开的"2001 年海峡两岸行政法学学术研讨会"上，信息公开又成为会议主题之一。这两次会议研究成果收录在李步云主编的《信息公开制度研究》（湖南大学出版社 2002 年版）和杨解君主编的《行政契约与政府信息公开》（东南大学出版社 2002 年版），集中探讨了信息公开的基本理论，分析我国信息公开的实践，系统介绍国外的信息公开制度等。此外周汉华学者主持信息公开研究课题，出版了《政府信息公开条例专家建议稿》（中国法制出版社 2003 年版），还有冯国基的《面向 WTO 的中国行政：行政资讯公开法律制度研究》（法律出版社 2002 年版）等著作对信息公开制度进行了研究。

② 王名扬：《美国行政法（下）》，中国法制出版社 1995 年版，第 959—975 页。

③ 刘恒：《政府信息公开制度》，中国社会科学出版社 2004 年版。

④ 张明杰：《开放的政府：政府信息公开法律制度研究》，中国政法大学出版社 2003 年版。

例外的范围、适用例外的相对性和中国行政资讯公开的适用例外。① 在豁免
信息种类的划分上,有学者主张分为"国家秘密、个人秘密和商业秘密"② 三
类,也有学者主张分为"隐私信息的豁免、机密信息的豁免、机关内部信息的
豁免"③ 三类。

　　以上论著大多出版于原《政府信息公开条例》颁行之前,为原《政府信
息公开条例》的制定和初期实施提供了一定的理论铺垫和指引。原《政府
信息公开条例》施行之后由于有了实践案例的大量产生及其日益扩大的社
会影响,理论研究更加生动鲜活、有的放矢。后向东信息公开三部曲——《美
国联邦信息公开制度研究》(2014)、《信息公开的世界经验》(2015)、《信
息公开法基础理论》(2017)是这一领域研究中的重要成果。《美国联邦信
息公开制度研究》"全面描绘美国信息公开制度的起源和发展过程。详细解
读了这项对各国各地区信息公开立法产生巨大影响的美国制度","明确了
豁免条款的地位,特别指出豁免条款只是用来进行利益权衡的博弈框架,而
不是放之四海而皆准的死框框"。④《信息公开的世界经验》以 80 余个国
家的政府信息公开制度为支撑,覆盖率达到 80%。从这 80 余个国家中精心
挑选了 16 个具有代表性的国家作为研究的样本,以"九要素框架"为基础
进行国际比较和总结并提炼出世界经验。⑤《信息公开法基础理论》全书分
为总论和分论,分别对信息公开的六大基本问题和六大基本要素(六大要素
之一为信息公开的范围)进行全面阐述和深入剖析。⑥ 王敬波《世界信息
公开法汇编》(2017)遴选了 74 个国家和地区最新版本的信息公开法进行
翻译和整理,呈现了世界上所有具有较大价值的原汁原味的信息公开法律读
本。⑦ 黄伟群《政府信息公开保密审查制度研究》(2014)探讨了政府信息
公开保密审查制度的理论基础,分析了欧洲、美国等国家或地区的相关制度,

　　① 冯国基:《面向 WTO 的中国行政:行政资讯公开法律制度研究》,法律出版社 2002 年版。
　　② 刘杰:《知情权与信息公开法》,清华大学出版社 2005 年版,第 287 页。
　　③ 刘恒:《政府信息公开制度》,中国社会科学出版社 2004 年版,第 41 页。
　　④ 吕艳滨:《一部全面解读美国信息公开制度的力作——评后向东的〈美国联邦信息公开制
度研究〉》,《中国行政管理》2014 年第 7 期。
　　⑤ 后向东:《信息公开的世界经验》,中国法制出版社 2015 年版。
　　⑥ 后向东:《信息公开法基础理论》,中国法制出版社 2017 年版。
　　⑦ 王敬波:《世界信息公开法汇编》,法律出版社 2017 年版。

并在此基础之上提出了我国政府信息公开保密审查制度的完善之策。① 申静《政府信息公开的例外研究》（2016）以原《政府信息公开条例》为蓝本，在原有相关研究的基础之上，对政府信息公开的例外事项进行了有益探索。② 徐丽枝《政府信息公开中的个人隐私保护问题研究》（2019）探讨了政府信息公开中个人隐私的保护原则、实体保护和程序保护。③ 后向东在《政府信息公开条例（2019）理解与适用》（2019）中对新《政府信息公开条例》进行逐条释义，对原《政府信息公开条例》和新《政府信息公开条例》进行对比研究，对信息公开的基本理论问题进行探讨，其中涉及"信息公开范围划定问题"。④ 杨建生、廖明岚《政府信息公开诉讼的原理与技术研究》（2020）对政府信息公开诉讼条件、司法审查标准、审理和判决方式以及反信息公开制度进行了卓有成效的探讨。⑤

在论文方面，严真的《美国政府信息公开范围的分析与启示》（2006）一文分析了美国政府信息公开的范围，认为美国信息公开制度对公开的范围有科学合理的界定，对行政机关享有的信息公开权的行使也有规范的操作指引，为我国相关制度的创构提供了有益的启示。⑥ 汪全胜在《论政府信息的保密范围》（2006）和《政府信息公开的范围探讨》（2004）两篇论文里详细探讨了政府信息的公开范围和保密范围，认为我国政府信息公开范围应采取概括式规定、肯定性列举规定和否定性列举规定相结合的立法方式。在我国当前的政府信息立法中，需要合理界定国家秘密的范围，在政府信息公开与保密之间寻找平衡点。⑦ 傅红东在《论确立行政公开范围的标准》（2003）中认为确立政府信息公开范围的标准有外部行政行为标准和寻求公共利益最大化的标准，前者指行政决策过程公开、行政执行公开、行政决策和执行程序公开以及行政机关制定或决定的文件等信息情报公开，后者指在允许的条

---

① 黄伟群：《政府信息公开保密审查制度研究》，人民出版社 2014 年版。
② 申静：《政府信息公开的例外研究》，法律出版社 2016 年版。
③ 徐丽枝：《政府信息公开中的个人隐私保护问题研究》，法律出版社 2017 年版。
④ 后向东：《政府信息公开条例（2019）理解与适用》，中国法制出版社 2019 年版。
⑤ 杨建生、廖明岚：《政府信息公开诉讼的原理与技术研究》，知识产权出版社 2019 年版。
⑥ 严真：《美国政府信息公开范围的分析与启示》，《河南图书馆学刊》2006 年第 5 期。
⑦ 汪全胜：《论政府信息的保密范围》，《软科学》2006 年第 5 期；《政府信息公开的范围探讨》，《情报理论与实践》2004 年第 6 期。

件下,应尽可能地扩大公开的范围,最大限度地满足公民的知情权,公开的公共利益与不宜公开的公共利益必须进行平衡。① 尹晓敏在《行政资讯公开的适用例外研究》(2003)中探讨了行政资讯公开的例外,强调规定适用例外的目的是协调利益冲突,必须采用利益衡量方法确定例外,此外行政资讯公开具有相对性。② 周晓红在《政府信息公开与保密》(2005)中强调信息公开与保密中存在着矛盾,现有政府信息公开的范围较小,界定公开与保密的标准不统一,正确处理信息公开与保密之间的关系就要坚持"以公开为原则,不公开为例外"的信息公开法原则,科学确定公开与例外的界限。③ 马森述在《〈政府信息公开条例〉的内容与影响》(2008)中对政府信息公开的内容进行研究,包括公开信息内容及内容确定的理论内涵、时间尺度、互动环境以及政府在公开内容时应负真实性审查责任,积极履行信息真实性审查义务。④

随着研究的不断深入,学者们的研究触角从宏观深入到微观领域。连志英在《政府信息公开中公民私权利的保护》(2009)中对构建政府信息公开制度进行探讨,着力研究平衡、协调隐私权与知情权两者之间冲突的途径与方法。⑤ 赵力华在《政府信息公开提速下的档案开放立法对策》(2009)一文中探讨了平衡档案保密与开放利用两者之间的关系、构建合理的档案保密与开放利用模式、完善政府信息公开环境下档案开放制度等问题。联合国安理会《联合国人权宣言》把隐私正式确立为公民的一项基本权利,进一步引起了学者们对隐私保护议题的关注。⑥

学者们还从比较法的视角研究外国政府信息公开立法中关于信息公开范围的规定,其中有代表性的如周汉华的《外国政府信息公开制度比较》(2003)。⑦ 此外,方向主编的《信息公开立法》(2003)有选择地翻译了有关国家和地区的政府信息公开法律法规。⑧ 论文方面有朱芒的《开放型政府

---

① 傅红东:《论确立行政公开范围的标准》,《洛阳师范学院学报》2003年第6期。
② 尹晓敏:《行政资讯公开的适用例外研究》,《行政与法》2003年第6期。
③ 周晓红:《政府信息公开与保密》,《江南社会学院学报》2005年第3期。
④ 马森述:《〈政府信息公开条例〉的内容与影响》,《情报资料工作》2008年第4期。
⑤ 连志英:《政府信息公开中公民私权利的保护》,《档案学通讯》2009年第4期。
⑥ 赵力华:《政府信息公开提速下的档案开放立法对策》,《档案学通讯》2009年第1期。
⑦ 周汉华:《外国政府信息公开制度比较》,中国法制出版社2003年版。
⑧ 方向:《信息公开立法》,中国方正出版社2003年版。

的法律理念和实践——日本的信息公开制度》(2002)、徐炳的《美国政府信息公开制度》(2001)等,为我们认识国外行政信息公开范围的规定提供了翔实的资料。[①] 其中的主要观点有:在已经实现信息公开法制化的国家和地区中,信息公开范围基本上都采取了公开为原则,不公开为例外的立法模式,而对于例外信息也大都采用列举的方式,因为只有明确规定例外信息的范围,才能有效控制政府机关以公共利益或者其他相关利益为借口而不适当的拒绝公开政府信息。周吉、李丹在《澳大利亚公共图书馆在政府信息公开制度中的作用》(2008)中对美国、澳大利亚等较早推行政府信息公开的国家的政府信息公开制度建设、隐私权保护、具体的做法和经验等进行研究,为提高我国政府信息公开理论和实践层次提供借鉴与启示。[②] 更多的学者对我国信息公开立法与实践提出自己的建议,此方面有大量的论文进行论述。[③]

随着信息公开实践的发展,理论研究不断走向深入。黄伟群在《中英政府信息公开保密审查制度比较分析》(2014)通过比较分析,提出提升信息公开立法层次、构建我国政府信息公开法律体系;采用列举方式界定例外信息,有效约束行政机关自由裁量权;设立独立的第三方专业机构,完善我国政府信息公开救济制度等建议。[④] 刘延东在《〈政府信息公开条例〉对定密行为的调节作用》(2020)中着重研究了处理公开和保密关系的基本原则,探讨了政府信息定密的边界,认为新《政府信息公开条例》规定了政府信息管理动态调整机制,要求行政机关对不予公开的政府信息进行定期评估审查,对因情势变化可以公开的政府信息应当公开。[⑤]

在政府信息公开例外的基础性规定方面,蒋冠在《论服务型政府背景

---

① 朱芒:《开放型政府的法律理念和实践——日本的信息公开制度》,《环球法律评论》2002年第4期;徐炳:《美国政府信息公开制度》,《岳麓法学评论》2001年第2期。

② 周吉、李丹:《澳大利亚公共图书馆在政府信息公开制度中的作用》,《中国图书馆学报》2008年第4期。

③ 具体内容可参见应松年、陈天本:《政府信息公开法律制度研究》(载《国家行政学院学报》2002年第4期);朱炜:《政府信息公开:立法模式及制度协调》(载《杭州师范学院学报(社会科学版)》2004年第1期);唐莉娜、饶常林:《论我国行政公开制度的完善——兼谈〈行政公开法〉的制定》(载《湖北社会科学》2001年第12期);罗昊:《论建立信息公开制度》(载《新世纪图书馆》2003年第4期)等。

④ 黄伟群:《中英政府信息公开保密审查制度比较分析》,《特区实践与理论》2014年第4期。

⑤ 刘延东:《〈政府信息公开条例〉对定密行为的调节作用》,《中国行政管理》2020年第2期。

下政府信息公开的目标取向》（2010）中提出了政府信息公开的基本目标应
有三个取向即政府信息获取主体的广泛性、政府信息获取方式的快捷性和政
府信息获取客体的有效性。[1] 侯登华在《试论我国政府信息公开法律制度
的完善》（2009）中指出，《政府信息公开条例》第 14 条行政机关公开政府
信息，不得危及国家安全、公共安全、经济安全和社会稳定的规定旨在规定政
府公开信息的例外情形，但是，其用词过于笼统，究竟如何界定"危及国家安
全、公共安全、经济安全和社会稳定"则没有具体标准，对此政府的可操作性
过大从而造成有些政府部门常常以此项规定为由拒绝公开某项本应被公众
所知的政府信息。[2] 刘笑霞在《论我国政府信息公开及其改进》（2009）一
文中表达了以下观点：政府至少需要公开以下四类信息——政府事务方面的
信息；政府财务方面的信息；政府机构和人事方面的信息；其他社会公共信
息，主要指涉及人口状况、劳动就业、市场状况等方面。[3] 章剑生 [4] 在阐述如
何厘清知情权之法规范边界问题时指出，《政府信息公开条例》中第 20 条
规定："行政机关应当依照本条例第 19 条的规定，主动公开本行政机关的下
列政府信息。"在此条款下它列出 15 项内容属于政府信息公开的范围。《政
府信息公开条例》第 21 条规定是对第 20 条规定的补充，但其内容没有也不
可能超出第 19 条所规定的范围，且都为列举式。因此，可以这样说，凡列于
上述规定的政府信息属于公开范围，没有列入的政府信息，可以理解为不属
于公开范围。这是对"主动公开"政府信息范围的第一次限制。根据《政府
信息公开条例》第 17 条规定，在第 19 条规定的政府信息范围内，如果行政
机关不能确定是否可以公开时，必须提请有关部门或者同级保密工作部门确
定。此条款在功能上是对上述"主动公开"政府信息范围的第二次限制。

　　关于重大突发事件中的信息公开问题，宁立成和田骥威在《重大疫情
背景下的政府信息公开》（2020）中指出政府信息公开在重大突发事件中应
当服务于应对突发事件工作的全局，有针对性的提出突发事件中政府信息公

---

[1] 　蒋冠：《论服务型政府背景下政府信息公开的目标取向》，《图书馆学研究》2010 年第 3 期。

[2] 　侯登华、张祎慧：《试论我国政府信息公开法律制度的完善》，《电子政务》2009 年第 6 期。

[3] 　刘笑霞：《论我国政府信息公开及其改进》，《当代经济管理》2009 年第 11 期。

[4] 　章剑生：《知情权及其保障》，《中国法学》2008 年第 4 期。

开的客体范围,发现突发事件中的政府信息公开具有目的、方式多样以及时效性要求更高的特征,提出了确立特殊时期的信息公开原则以及建立和完善相关体制机制的建议。[①] 张毅等(2020)认为充分透明的信息公开是应对突发公共卫生事件的重要机制,然而非常规突发事件中的政府信息公开策略与常规政府信息公开工作有很大区别,并从信息公开主体、公开时间、公开途径、公开内容、回应性等方面研究了突发事件中政府信息公开策略。[②]

综上所述,我国目前涉及到政府信息公开的范围和例外制度方面的观点主要有:我国政府信息公开的范围还相对较窄,表现在公开范围标准解读不统一,国家秘密范围过宽等。我国未来制定信息公开法时宜采取肯定式概括和否定式列举相结合的方式规定信息公开的范围。除政府信息公开立法领域外,我国行政法学界已开始关注行政公开个案的研究,如刘飞宇在《行政信息公开与个人资料保护的衔接》(2006)一文中就上海行政公开第一案中行政信息公开与个人资料保护进行分析,认为房地产登记材料应视为个人隐私材料,而不是公众信息,非权利人在没有正当理由的情况下不能取得该登记材料。[③] 总而言之我国行政法学者大多从宏观角度对行政信息公开制度进行研究,且集中在对国外制度的介绍与比较及我国政府信息公开立法设想领域,较少涉及微观的行政信息公开范围研究,而信息公开范围是行政信息公开制度的核心内容,因此有待进一步深入细致研究,尤其是在新《政府信息公开条例》对原例外制度进行大幅度修改的情况,对信息公开例外制度进

---

① 宁立成、田骥威:《重大疫情背景下的政府信息公开》,《学术探索》2020年第4期。

② 张毅、张立、郑博豫:《新冠肺炎疫情事件中政府信息公开策略及效果》,《城市治理研究》2020年第5卷,上海交通大学出版社2020年版。

③ 此案案情如下:2004年5月10日,董某向上海市徐汇区房地局申请查阅一处房屋的产权登记历史资料,称该处房屋由其父于1947年以240两黄金从法商中国建业地产公司购买,自1947年9月1日起至1968年7月16日董某一家实际居住该房屋。徐汇区房地局作出书面回复:"因该处房屋原属外产,已由国家接管,董某不是产权人,故不能提供查阅。" 董某对徐汇区房地局拒绝公开行为不服,向徐汇区法院提起行政诉讼,要求法院判令被告履行信息公开义务。董某提起诉讼的理由是,根据《上海市政府信息公开规定》,政府信息公开工作应以公开为原则,不公开为例外;除法律明文规定可以免除公开的信息,其余政府信息应该按规定公开。而徐汇区房地局没有法律依据,拒绝公开她要求查询的信息,违反了《信息公开规定》的规定。8月16日,徐汇区法院公开审理了董某状告上海市徐汇区房地局信息不公开一案,维持了被告的行政决定。刘飞宇:《行政信息公开与个人资料保护的衔接》,《法学》2005年第4期。

行全面、深入、与时俱进的研究更显紧迫和重要。

四、框架之说明

本著第一章是"政府信息公开例外的基本理论"。第一节考察政府信息和政府信息公开的概念、政府信息公开的主体、政府信息的形式等,然后深入分析政府信息公开的理论基础,认为其集中体现为"人民主权"理论和人之为人所与生俱来的"知情权"理论,以便为政府信息公开例外制度的研究提供基础和支撑。第二节探讨了政府信息公开例外的内涵、分类及意义,认为政府信息例外或豁免是指,政府信息依据法律规定不予公开,是法律对信息公开范围的否定性规定,它反映了政府信息公开的底线,其实质是信息公开的反向界定。接下来本节探讨了政府信息公开例外的理论基础——对知情权的保护与限制、利益平衡的考量。对知情权的限制,一方面是为了缓和公开和豁免公开各自所保护的利益之间的冲突,以达到整体利益最大化;另一方面是对知情权范围的反向界定,使知情权的范围更加明确,以利于该项基本权利的落实与保护。法律的终极意义在于保护权利,当权利之间发生冲突时,就需要进行衡量和取舍。"公开信息的责任和获得信息的权利'必须根据保护其他权利和自由以及保护更广泛的公共利益而加以平衡'"[①]。第三节具体研究信息公开与例外之间的关系,认为信息的公开和例外组成一个矛盾对立统一的整体,其中信息公开是矛盾的主要方面,起主导作用,是信息公开法的主要目标,例外起制约和平衡作用。二者之间是相互依存、相互补充、相互贯通、不可分割的关系。最后是"域外信息公开制度之发展与启示"。本节首先跟踪了解美国、英国和日本等制度建设起步较早或具有一定代表性的国家的信息公开制度的演进,得出了信息公开制度的建立与完善不是一蹴而就的、信息公开的历史潮流是不可逆转的等启示。本著力图借助该节的研究及其结论为以后各章研究的问题提供有益的借鉴。

第二章是"政府信息公开例外制度的基础性规定之完善"。本章共包括

---

① 联合国开发计划署:《信息权:实用指南说明》,2004年,第21页。

三节,主要内容分别为我国信息公开制度立法目的之完善、我国信息公开制度基本原则之探讨、信息公开范围规定方式之科学选择等。各节论述的思路均为首先对我国现有制度存在的不足之处进行分析与检视,然后通过理论分析和比较分析的方法,寻求科学合理的立法选择和解决问题的基本思路。

　　第三章是"我国绝对不予公开制度之完善"。世界各国无一例外地将国家秘密规定为政府信息公开的例外事项,我国也不例外。但我国的相关规定还存在一些不足。本章首先探讨了国家秘密的概念、特征和豁免公开的理论基础,然后分析政府信息公开语境下国家秘密保护制度存在的问题,最后提出完善国家秘密制度要做到:第一,修改基本原则;第二,将国家秘密事项界定在国防、情报、国际关系以及对外承担保密义务等较窄的合理范围内;第三,上收定密权限,定密主体限定在国务院总理和总理根据一定的条件和标准进行审查之后授权的政府官员;第四,定密要遵照程序性规定,要符合一定的条件和标准,要接受专门机构的审查和质疑;第五,设立不公开审查制度和法官实质审查制度。

　　第四章是"我国相对不予公开制度之完善"。将商业秘密和个人隐私作为政府信息公开的例外事项符合国际惯例和各国实践,我国也不例外。本章分为两大节。第一节首先阐述商业秘密的概念、特征、性质和构成要素及豁免公开的理论基础等,然后分析信息公开语境下商业秘密保护存在的不足,最后提出完善的建议,如制定统一的《商业秘密保护法》,明确商业秘密范围;建立涉及第三人利益的商业秘密公开的听证制度和救济中的穷尽行政内部救济制度等。第二节首先揭示隐私权的内涵及其发展历程、隐私权的特征、分类以及隐私权豁免公开的理论基础等,然后分析信息公开语境下隐私权保护制度所存在的不足,最后提出制定统一的《隐私权保护法》并将之纳入信息公开制度体系之中,完善宪法和其他部门法对隐私权的保护,在救济制度中采取无过错归责原则和细化行政机关侵犯隐私权的法律责任等完善建议。

　　第五章是"我国可以不予公开制度之完善"。内部事务信息、过程性信息以及行政执法案卷信息是2019年条例修订时新增加的例外事项,这一新增体现了立法的进步和修法的贡献,但同时也存在一定的局限。本章内容在修法的基础之上探讨新增的三大例外事项的不完善之处和改进方案。本章分为三大节。其中第二节研究"意见性的过程性信息"。在考察过程性信息的立法现状之后,分析实践中发生的涉及过程性信息的案例,以说明明确过程性信息作为公开的例外信息的法律地位的重要性。之后探寻其他国家关于过程性信息豁免公开的法律规定,以论证过程性信息豁免公开的确定及其限制。第一节和第三节分别以与过程性信息相似的结构体系探讨"纯粹机关内部人事规则与制度"和"可能造成妨害的执法信息"的豁免公开问题。

第六章是"政府信息公开诉讼制度之完善"。本章首先分析政府信息公开诉讼的基本理论问题,然后分析政府信息公开诉讼中的五项重要制度,第三节重点论述反信息公开诉讼制度的发展状况及其完善之道。

第七章是"突发公共事件中的政府信息公开及其例外"研究。具体来看,第一节首先探讨突发公共事件中政府信息公开的基本理论,包括突发公共事件中政府信息公开的理论基础、特殊性和重要功能等。然后重点论述突发公共事件中信息公开制度的不足。随后在第二节中,针对第一节所揭示的问题和不足,提出要坚持正确的突发公共事件应对中的信息公开理念、基本原则以及具体制度的完善。最后花费大量篇幅,以新冠肺炎疫情防控为切入点,重点探讨了突发公共事件应对中的信息公开与个人信息保护问题,提出应结合突发公共事件应对的特殊需要、遵循特殊原则,构建以《个人信息保护法》为核心的个人信息保护体系,以资为突发公共事件中的信息公开及其例外问题的解决提供有益的借鉴。

结语部分认为,新时代我国信息公开制度应当加快与世界制度的交流与融合,提出要将《政府信息公开条例》上升为统一的《信息公开法》,并对未来的《政务公开法》进行了设想与建构。随后,本著对政府信息公开和政务数据开放的异同进行了深入分析,对二者的制度发展前景作了初步构想。

最后,本著进一步探讨了政府信息公开例外事项的判断标准,并认为我国政府信息公开制度的发展除了要大力完善例外制度的基础性规定和例外规定之外,还应采取合理措施限制行政机关的自由裁量行为、通过赋予司法机关实质审查权和不公开审查权增加救济制度中司法力量的权重;与此同时,公众诉求是推动信息公开制度健康发展的动力源泉。

法律的生命力在于实施。信息公开制度得到完善以后,其落地生根还需要一切公民、社会组织和国家机关在实施的过程中继续坚持"以人民为中心"的发展思想,真抓实干、勇于担当,将制度所确立的好的原则和规则真正落到实处。

本著的创新之处体现在:第一,对信息公开的例外的内涵进行厘定,并对信息公开与例外之间的关系进行比较全面和深刻的论述。第二,在研究域外的政府信息公开及其例外制度之后,创新性的提出了域外制度对我国相关制度建设的启示。第三,将信息公开的例外制度细分为与例外规定相关的规定和例外规定本身,认为相关规定的完善对例外规定本身的完善起了重要的影响作用。随后,对相关的规定和例外规定本身存在的不足之处分别进行分析探讨并提出了相应的完善建议。第四,大胆地提出我国国家秘密设定主体为"国务院总理以及总理根据一定的条件和标准审查之后授权的政府官员"的制度设想。第五,本著系统研究了政府信息公开诉讼制度的几项主要制度的不足之处和完善之策,具有相当的创新价值和实践指导意义。第六,结合当下国内外社会实践,系统和深入研究了新《政府信息公开条例》下政府信息公开例外制度的新近发展。相关制度的完善中有待进一步深入研究的问题包括:信息公开语境下我国《保密法》的完善问题、我国未来将要制定的《商业秘密保护法》和《隐私权保护法》相关问题、"意见性的过程性信息"和"可能造成妨害的执法信息"作为例外信息在实践中逐步完善的问题、政府信息公开法与国家数据安全法、个人信息保护法的融合发展问题等。

现代文明建立在空气、水和信息这三大基础资源之上。百分之八十以上的信息掌握在政府手中,因此政府积极有效的信息公开有利于政府和民众采取一致行动推进国家的文明进步。但是,历史悠久的保密文化传统至今影响着民众的心理和价值取向,还有部分政府工作人员对公众知情权的诉求存在防御心理。要更好地推进政府信息公开工作,转变人们的观念十分重要。我国的信息公开制度还很年轻,未来的发展道路还长,但是我们不能消极懈怠,我们应当一如既往地全面坚持中国共产党的领导,牢固树立"以人民为中心"的发展理念,提高政治站位、精准聚焦发力,积极促进政府信息公开制度更快趋于完善,大力推进法治国家、法治政府、法治社会三位一体建设,奋力开创全面依法治国新局面。

第一章
政府信息公开例外的
基本理论

　　诚如有学者所言,信息公开范围问题是信息公开法的核心问题之一,却又是信息公开法历史上从来都没有彻底解决的问题,这是由信息多样性与法律所要求的确定性之间的内在矛盾决定的。[①] 与此同时,信息公开范围划定信息公开权利与责任的边界,直接决定着公众知情权和政府信息公开责任的大小和多少;因此,主要由例外事项所构成的信息公开范围是信息公开法中不可或缺的内容,缺乏这部分内容,整个信息公开法就无从执行和操作。[②] 故此,信息公开范围尤其是信息公开的例外历来是各国信息公开法研究的热点、难点和重点问题。

　　在信息公开的时代大背景下研究信息公开的例外制度,是为了更好地实现公开。因为根据"以公开为常态,不公开为例外"的原则,除了依法不予公开的,其他的政府信息都应当公开。只有当行政机关不再动辄以"信息公开的例外或豁免"为借口随意拒绝公开政府信息的时候,真正的信息公开才能在中国大地落到实处。

　　什么是政府信息公开,什么是公开的例外? 政府信息公开及其例外的理论基础分别是什么? 政府信息公开及其例外之间是什么关系? 政府信息公开例外的实质是什么,基本原则是什么? 世界上信息公开制度起步较早和相对完善的国家能够为我国信息公开制度的完善提供的借鉴有哪些? 对以上问题的回答,无疑应当是研究新时代政府信息公开例外制度的基石。

---

① 参见后向东:《信息公开法基础理论》,中国法制出版社 2017 年版,第 175 页。

② 同上书,第 111 页。

第一节　政府信息公开基本理论

一、政府信息及政府信息公开

（一）政府信息的概念及分类

探讨政府信息的概念是至关重要的。因为一项信息只有首先确定为政府信息，才涉及公开或者豁免公开的问题，实践中的许多争议源自于对何谓"政府信息"的理解差异。[1] 新《政府信息公开条例》第 2 条规定："本条例所称政府信息，是指行政机关在履行行政管理职能过程中制作或者获取的，以一定形式记录、保存的信息。以该规定为蓝本，结合法解释学的方法进行条分缕析，可以得出以下结论：

第一，根据政府信息产生的方式，政府信息可以分为行政机关制作的信息与行政机关获取的信息。其中，行政机关获取的信息，虽然并非行政机关原创而来自于公民、法人和其他组织，但是也属于政府信息。在"余穗珠诉海南省三亚市国土环境资源局案"中，法院最终判决认为"对外获取的信息也是政府信息"，这一论断被最高人民法院以指导性案例的方式予以确认。[2]

---

[1]　这从国务院各部门、各地方政府公布的政府信息公开年度报告分析可以得出。

[2]　《最高人民法院 2014 年 9 月 12 日发布政府信息公开十大案例》，来源于最高人民法院网，发布时间：2015 年 2 月 10 日，最后查阅时间：2020 年 7 月 1 日。http://www.court.gov.cn/zixun-xiangqing-13406.html.

无论是行政机关制作的信息还是行政机关获取的信息,只要是其在"履行行政管理职能过程中",即以纳税人提供的公共资金为支持制作或获取的,均构成政府信息。因此,行政机关制作的信息包括行政机关的过程性信息、内部信息和档案(已经转化为档案的政府信息)。行政机关获取的信息包括行政机关从其他国家机关获取的信息(如行政法规、规章、上级对下级的行政命令)和从行政相对人那里获取的信息。获取的信息不是行政机关自己制作的,而是从外部获取的,这些信息也是政府信息的重要组成部分。

第二,对新、旧《政府信息公开条例》的第 2 条进行对比,唯一的变化是由"在履行职责过程中制作或者获取的……信息"修改为"在履行行政管理职能过程中制作或者获取的……信息"。因此,行政机关在进行刑事侦查活动等非履行行政管理职能过程中制作或获取的信息,不属于政府信息。"奚明强诉中华人民共和国公安部案"①判决认为,"奚明强向公安部申请公开的三个文件及其具体内容,是公安部作为刑事司法机关履行侦查犯罪职责时制作的信息,依法不属于《政府信息公开条例》第 2 条所规定的政府信息"。新《政府信息公开条例》第 2 条的修改对此给予了确认。

第三,关于政府信息的记录或保存的形式。2004 年《上海市政府信息公开规定》(以下简称《规定》)第 2 条规定:"本规定所称的政府信息,是指政府机关掌握的与经济、社会管理和公共服务相关的,以纸质、胶卷、磁带、磁盘以及其他电子存储材料等载体反映的内容。"原《政府信息公开条例》出台后,为了与上位法保持一致,上海 2008 年新版的《规定》称其政府信息"是指行政机关在履行职责过程中制作或者获取的,以一定形式记录、保存的信息"。分析可知,2004《规定》对保存形式的规定已经相当宽泛,2008 年修改为"以一定形式"记录、保存的信息,具有更进一步的含义。这充分体现了中央政府和地方政府在政府信息的形式认定方面持更加积极和开放的姿态。由此可知,行政实践中不宜对政府信息的形式或保存载体加以限制;应当保存而未保存的信息,则属于相关责任人有意无意地怠于行使职权

---

① 《最高人民法院 2014 年 9 月 12 日发布政府信息公开十大案例》,来源于最高人民法院网,发布时间:2015 年 2 月 10 日,最后查阅时间:2020 年 7 月 1 日。http://www.court.gov.cn/zixun-xiangqing-13406.html.

所致,属于"行政不作为",应当承担相应的法律责任。①

需要具体指出的是,根据《政府信息公开条例》第 54 条②的规定,《政府信息公开条例》中的"政府"不仅指行政机关,还包括法律、法规授权的具有管理公共事务职能的组织。

综上所述,政府在履行行政管理职能过程中(即以纳税人提供的公共资金为支持)制作或获取的,(依据职权应当)以一定形式记录、保存的信息都属于政府信息。

(二)政府信息公开

政府信息公开指的是国家行政机关和法律、法规以及规章授权的组织,在行使国家行政管理职权的过程中,通过法定形式和程序,主动将政府信息向社会公众或依申请而向特定的个人或组织公开的制度,③是"行政机关依照法定程序,以法定形式公开与社会成员利益相关的信息,允许社会成员通过查询、阅览、复制、摘录、下载等方式予以充分利用的行为与制度"④。由此可知:

1. 政府信息公开的义务主体

根据《政府信息公开条例》第 10 条和第 54 条的规定,政府信息公开的义务主体主要是行政机关和法律、法规授权的具有管理公共事务职能的组织。这两类主体是政府信息的持有者和政府信息公开义务的承担者。在具体分工方面,根据政府信息产生方式的不同,政府信息公开按照"谁制作、谁公开""谁保存、谁公开"的原则进行责任分工。首先,制作的政府信息,由制作该政府信息的行政机关负责公开;其次,获取的政府信息,又分为从公民、法人和其他组织获取的政府信息或从其他行政机关处获得的政府信息两种情形,前者由保存该政府信息的行政机关负责公开,后者由制作或者最初

---

① 参见高秦伟:《何谓政府信息——基于〈政府信息公开条例〉第 2 条的解释》,《江苏行政学院学报》2012 年第 5 期。

② 《政府信息公开条例》第 54 条规定:"法律、法规授权的具有管理公共事务职能的组织公开政府信息的活动,适用本条例。"

③ 刘恒等:《政府信息公开制度》,中国社会科学出版社 2004 年版,第 2 页。

④ 参见褚松燕:《我国政府信息公开的现状分析与思考》,《新视野》2003 年第 3 期。

获取该政府信息的行政机关负责公开;第三,两个以上行政机关共同制作的政府信息,由牵头制作的行政机关负责公开;第四,法律、法规另有规定的,由规定确定的公开责任主体负责公开。

2. 政府信息公开的类别

按照政府信息公开方式的不同,即是否需要经过申请而获得政府信息,可以把政府信息公开分为主动公开和依申请公开。主动公开又被称为强制公开或依职权公开,指的是各级政府机关依照法律法规或行使职权的需要主动公开其所掌握的信息的公开方式。依申请公开又称为被动公开,指政府根据申请人的申请,依照一定程序向特定的申请人公开其所掌握的信息的行为。

这种分类方法首先并不是从政府信息的内容上去界分,却涉及内容上的界分。这是因为公开范围中有一部分政府信息,因其关系到不特定多数人切身利益、需要广泛知晓等重要原因,《政府信息公开条例》要求行政机关必须主动公开,为此还建立了政府信息主动公开指南和公开目录等制度。而其他未必主动公开但仍属于公开范围的政府信息,就归入依申请公开的范畴。但是,按照法律规定政府应该主动公开的信息没有主动公开的,申请人当然可以申请公开该政府信息,行政机关对此不得拒绝公开。依申请公开范围包括行政机关尚未主动公开,又不属于豁免公开范围的信息,对这部分信息公民、法人和其他组织可以向相关机关申请公开。原则上,部分尚未主动公开的统计数据等政府信息应列入依申请公开的范围。

3. 政府信息公开与政务公开

我国早期的政务公开肇始于20世纪80年代,其与政府信息公开之间既有联系又有区别。二者之间的联系或统一性是体现在多方面的:首先,政府信息公开由政务公开发展而来,政务公开的实践发展为政府信息公开的实践探索提供了丰富的经验借鉴。其次,两种制度的存在与发展都是人民主权理论的体现和要求。再次,政府信息公开的内容中包含政务公开的内容,如政府机关领导、职责、政策法规等信息,这是政务公开向政府信息公开发展的基础和原因;在政务公开中,公开是手段,在政府信息公开制度中,公开是目的。最后,二者在客观上都有促进公民监督和公民参与的实际效果。

二者之间的差异也是显而易见的:第一,二者产生的历史背景不同。政务公开是在 20 世纪 80 年代我国改革开放的大背景下,为满足反腐和民主政治改革的现实需要而产生。在政务公开三十年的发展历程中,党和国家的政策起着主导性作用,因此政务公开具有强烈的政策性特征,具体表现为实践性、多变性。《政府信息公开条例》的出台和实施,标志着政务公开完成了向政府信息公开的历史转变,政府信息公开工作进入法制化发展轨道,具有明确性、稳定性和法定性。[①] 第二,目的不同。政务公开的目的是反腐倡廉与促进民主政治发展,是政府的一种主动行为,是权力型公开,行为主体是政府,公开内容、时间、方式等要素由政府决定,是一种从政府向公众的单向信息传递行为。政府信息公开的目的是实现知情权,信息公开是政府的法定职责,公开的内容、时间、方式等要素由法律明确规定,是一种政府与公众双向互动的信息交流行为。第三,公开的内容和理论基础不完全相同。政务公开所公开的大多是与政府办事活动相关的时效性信息,政府信息公开所公开的内容不限于此。政务公开的理论基础也是人民主权理论,政府信息公开的理论基础不限于此。[②] 总之,与政务公开相比,政府信息公开的公开范围更广、公开更彻底、更注重结果(包括过程中的某些结果)公开而非过程公开,政府信息公开是一种法律义务、不公开将承担法律责任,且所有公开活动都要依据法律规范进行。需要说明的是,此处所探讨的政务公开是指早期的政务公开。当前的政务公开已被时代发展赋予新的内涵,其公开主体、公开内容等均与早期的政务公开有着本质的不同。

4. 政府信息公开的意义

政府信息公开是当今世界的发展趋势和时代要求。知情权已然成为现代社会公民的一项基本权利,是民主政治发展的必然要求。公民对政府信息具有当然的知情权,信息公开是政府应尽的义务。同时,政府信息公开是民主政治和廉政建设的要求。政府信息公开制度从制度上明确保障公众的知情权,将政府各部门及工作人员置于有效的监督之下,能有效促使工作人员廉洁自律和促进政府工作的民主化和科学化。政府信息公开通过为公民与政府之间提供双向信息沟通与交流的平台,促进公民对政府行政决策和行政

---

① 　参见白清礼:《政务公开与政府信息公开之辨析》,《图书馆工作与研究》2012年第8期第63页。
② 　同上文,第61—64页。

行为的参与,有助于增强政府的公信力。政府信息公开能促使信息资源得到最大限度的开发利用,充分发挥信息对人民群众生产生活的作用,也是提高我国政府运作的透明度的要求和调剂社会资源配置的需要。

二、政府信息公开的理论基础

政府信息公开的理论基础,集中体现为"人民主权"理论和人之为人所与生俱来的"知情权"理论。

(一)人民主权理论

人民主权① 意味着"人民的统治",其最早的民主形态可以追溯到雅典民主时期。② 而真正的人民主权理论,则是资产阶级启蒙思想的产物,其最早是由法国的启蒙思想家卢梭提出的。为批判"君权神授"思想,卢梭在《社会契约论》中第一次提出了天赋人权和主权在民的思想。《社会契约论》第一章开篇写道:"人是生而自由的,但却无往不在枷锁之中。"③ 雪莱认为:"政府没有权利,它是许多个人为了保障他们自己的权利的目的而选择的代表团体。因此,政府仅仅在这些人的同意之下而存在,其作用也仅仅在于为他们的福利而进行活动。"④ 卢梭进一步主张:"行政权力的受任者绝不是人民的主人,而只是人民的官吏;只要人民愿意就可以委任他们,也可以撤换他们。对于这些官吏来说,绝不是什么订约的问题,而只是服从的问题;而且在承担国家所赋予他们的职务时,他们只不过是在履行自己的公民义务,而并没有以任何方式来争论条件的权利。"⑤ 联邦党人也曾言:"首要的权力不

---

① 人民主权论由于其理想性、绝对主义倾向和实践局限,千百年来经受着各种诘难。但是作为一种历久弥新、常胜不衰的民主理论,其本身所具有的正面意义无疑是更加巨大的,值得我们继续加强挖掘和吸收,充分发挥社会科学服务于社会建设的功能。
② 史学界一般认为,公元前 462 年改革之后,雅典政体形成了以"主权在民"为特征的民主政体。雅典民主政体有三个主要机构:公民大会、五百人会议与民众法庭,具有决定意义的是公民大会。
③ 〔法〕卢梭:《社会契约论》,李平沤译,商务印书馆 1982 年版。
④ 〔英〕雪莱:《雪莱政治论文选》,杨熙龄译,商务印书馆 1981 年版。
⑤ 〔法〕卢梭:《社会契约论》,何兆武译,商务印书馆 1980 年版。

管来自何处,只能归于人民。"① 由此可以得出结论:国家主权属于人民,个人
自由和权利天生就有,而统治者的权力来自民众对自己权利的部分转让或让
渡,转让或让渡权利的目的是为了保障自己的权利不受侵犯和获得自由的保
障,这种转让或让渡相当于民众在自己与政府之间签订了契约。

　　根据人民主权理论,作为一国最后的权力,主权最终要归属于民。但人
民要行使权力的时候,必须"将它委托给全社会,进而从全社会转给大多数
人,又从大多数人那里落入极少数人、经常是一个人的手中。"② 这就是说,主
权在民,但人民不是亲自行使权利,而往往需要委托代表来代表自己行使权
力,而人民必然要对代表进行监督。正如贡斯当所说:"除非是白痴,任何雇佣
管家的富人都会对管家是否尽职进行密切监视,以防止他们玩忽职守、腐化堕
落或昏庸无能;此外,为了评价这些代表的管理,那些深谋远虑的土地所有者
们会对各种事务以及他们委托代理人所进行的管理保持良好的了解。同理,
那些为了享有适合于他们的自由而求诸代议制的人,也必须对他们的代表行
使一种积极而持续的监视,必须保留权利,以便当代表背弃了对他们的信任
时将其免职,当他们滥用权力时剥夺其权力。"③ 显然,人民要监督政府首先
必须知道政府在做什么,政府信息公开是人民行使监督权的必然要求。

　　随着社会主义运动的兴起,人民主权思想在社会主义国家成为普遍的政
治指导思想。人民主权原则在我国宪法中就有明文规定。《中华人民共和国
宪法》(以下简称《宪法》)第 2 条规定:"中华人民共和国的一切权力属于
人民。人民行使国家权力的机关是全国人民代表大会和地方各级人民代表
大会。人民依照法律规定,通过各种途径和形式,管理国家事务,管理经济和
文化事业,管理社会事务。"根据这一规定,中华人民共和国的主权归属的主
体只能是人民。我国国家的一切权力来源于人民的授予,国家权力尊重和保
障公民的权利与自由,人民有权自主、平等地参与国家权力运转和公共政策
形成,人民能够共享经济改革和社会发展的文明成果,人民有权对国家权力

---

　　① 　[美]汉密尔顿等:《联邦党人文集》,程逢如等译,商务印书馆 1980 年版。
　　② 　[法]邦雅曼·贡斯当:《古代人的自由与现代人的自由》,阎克文、刘满贵译,商务印书馆
1999 年版,第 57 页。
　　③ 　同上书,第 324 页。

进行有效地监督和控制,人民是一切国家权力的最终拥有者,国家权力应当为人民服务、依照人民意愿行使并自觉接受人民的监督。

"就权利与权力的一般关系而言,权利是权力的本源,权力必须以保障权利为目的、以权利为其自身运行的边界。否则,不仅公众的知情权无法由法定权利转化为现实权利,就连权力自身的合法性也会出现危机。"[①] 据此分析,政府权力的来源是人民,政府的一切权力来自于人民权利的让渡。因此当政府行使行政权力时,人民对政府的所作所为享有当然的知情权。从行政权的内容上看,行政权内容广泛、涉及方方面面,容易被滥用或者导致腐败,因此需要对其进行监督,而公开政府信息是最简便、最有效的监督方式。

总之,从人民主权的角度讲,政府信息当然应该公开,或者说政府信息公开是人民主权理念的必要因素。现代民主国家大都承认主权在民,并设计各种制度保障人民有效的参与民主决策的过程。人民作为主权者通过自选的代表管理国家,就必须充分获取与国家管理有关的情况,否则,人民便无法监督国家机关及其公务人员的管理活动,无法对国家事务发表意见进而对其施加影响,人民主权的原则也就无异于空中楼阁。政府信息公开是人民主权原则的必然要求,只有人民充分地获取有关信息,才能有效地参与民主政治,否则,民主主义国家便无法成立、无从谈起。正如同麦迪逊所说:"不与民众信息或不与其获取信息之手段,则所谓民众之政府或滑稽剧之序幕。"[②] 因此,人民有权利寻求和获取政府信息,政府有义务公开政府信息。

(二)知情权理论

从法理上看,知情权是政府信息公开制度的重要法理根基之一,保护知情权是世界各国信息公开制度的立法目的之所在。

1.知情权理论概述

知情权(Right to know),最早由美国的肯特·库珀在1945年提出。20

---

① 孙琬钟:《政府信息公开的法理基础》,《中国信息界》2004第7期。

② [日]奥平康弘:《知情权》,日本岩波书店1981年版,第39页。转引张庆福、吕艳滨:《论知情权》,《江苏行政学院学报》2002年第1期。

世纪 50 到 60 年代在美国兴起的"知情权运动",促使知情权一词被广泛引用并很快被作为公民的政治权利得到各国法律确认。在民主政治体制下,政府机关的权力为民所授,属于人民,因而也应受人民支配。人民与政府之间的关系实质上是委托代理关系,人民是权力的所有者、委托人,政府则是人民权力的代理人、受托人。因此,人民是国家的主人,政府官员是人民的公仆,主人当然有权知道公仆所做的事情。只有这样,才能控制和监督权力,维护自身利益,防止政府权力的异化和腐败。

　　同时,知情权还是公民的生存权和发展权的题中应有之意。个人需要足够的信息增长知识、形成和发展人格。尤其在现代社会中,信息已成为人们活动的基础和动力,每个人都需要大量信息来判断自身的处境并作出选择,离开了信息每个人必将落后于时代而无从发展。同时,现实生活中存在着大量与个人生活息息相关的信息,诸如自然环境、社会治安、政府决策等,直接影响甚至威胁着个人的生存与发展。只有充分了解这些信息,公民个人才能采取各种手段予以应对,趋利避害。

2. 知情权是一项宪法性权利

　　由于知情权的上述重要性,世界许多国家的宪法都对公众的知情权或信息获取权加以确认,一系列国际法律文件也确立了其地位,从而使其成为国际社会普遍认可的基本人权。[①] 我国有学者以"没有明示性法律规定提及知情权"为由,认为知情权不属于宪法性权利,而仅仅是一个学理概念,这种观点值得商榷。从知情权的发展过程看,并不是因为有许多国家将知情权规定在宪法中,才使知情权具有了宪法权利的属性,而是因为知情权本身具有宪法权利的属性之后才获得宪法的确认。[②] 因此,"从现代民主制度的角度来看,生存权、政治权利和自由以及社会文化权利等基本人权为人所必需,而知情权则是个人生存权与发展权的一部分,应作为公民的基本权利之一,是

---

　　① 　联合国在 1946 年通过第 59(1)号决议肯定了知情权是一项基本权利。1948 年的《世界人权宣言》第 19 条规定,人人享有主张和发表意见的自由;此项权利包括有主张而不受干涉的自由,通过任何媒介和不论国界寻求、接受和传递信息和思想的自由。1966 年《公民权利和政治权利国际公约》第 19 条重申了表达自由的权利包括不受国界限制"寻求、接受和传递各种消息和思想的自由"。

　　② 　吴宁:《知情权及其性质探究》,《沈阳师范大学学报(社科版)》2005 年第 1 期。

公民参与国家管理、保护自身利益的前提"①。

最早在宪法中明确规定知情权的是 1949 年实施的《德意志联邦共和国基本法》。该法第 5 条规定：人人享有语言、文字和自由发表传播其言论的权利并无阻碍的依通常途径了解信息的权利。北欧诸国对于知情权的保护也比较完善。如瑞典在构成其宪法一部分的《关于出版自由的法律》第二章"政府文件的公共性质"中，就详细的规定了公民获取政府文件的权利。世界上虽然有很多国家没有在宪法中明确写明这一权利，但从宪法的有关规定中完全可以找到知情权存在的根据。因此，保护知情权的法律依据是宪法，知情权是公民的宪法性权利。

我国现行宪法没有直接规定公民的知情权，但我们不能否认知情权的存在。② 作为宪法的隐含权，"知情权"能够在人民主权原则、言论自由以及监督权等规定的内涵处，通过宪法解释的方法解释出知情权。③ 我党权威性文件，如《中共中央关于构建社会主义和谐社会若干重大问题的决议》和《高举中国特色社会主义伟大旗帜 为夺取全面建设小康社会新胜利而奋斗》，都明确提出要保障公民的知情权、参与权、表达权、监督权。

3. 知情权不仅涉及公法领域，也涉及私法领域

知情权作为政治民主化的一种必然要求和结果，首先是公法领域的概念，指知悉、获取官方信息的自由与权利。随着知情权作为一项独立权利的发展演变，其外延不断扩大，发展为知悉、获取官方或非官方信息的自由与权利。知情权不仅涉及公法领域，也涉及私法领域，如消费者知情权、对个人信息的知情权等。知情权不仅是一个公法领域的概念，也是一个私法领域的概念。由于本著研究的主要内容和范围是"政府信息公开"，本著所称知情权主要指公法领域的知情权。

有些学者将"公法领域的知情权和私法领域的知情权"与"公法和私法"混为一谈，笼统地认为知情权即是公法权力又是私法权利。这种理解是不严谨的。因为公法权力与私法权利的划分标准是享有的"主体"。公法权

---

① 罗冰眉：《论知情权的法律边缘》，《现代情报》2005 年第 5 期。

② 黄德林、唐承敏：《公民的"知情权"及其实现》，《法学评论》2001 年第 5 期。

③ 刘飞宇：《论知情权的请求权能》，《国家行政学院学报》2004 年第 6 期。

力是指行政机关等公权力主体在行使职权过程中所享有的职务权力,表现为职权,一般是不能转让和处分的。私权是法律规定的、以满足个人利益为目的的权利,是可以由权利主体进行处分的。知情权的权利主体是一国境内的自然人、法人和其他组织,从这种意义上说,本著所研究的知情权只能是一种私权。此种私权与一般私权的不同之处在于:一般私权是相对于其他私权而言,而知情权主要是相对于公权而言。知情权的权利对象是公权信息或政府信息,义务主体是政府。

4.知情权的内涵和外延

知情权的内涵十分丰富,知情权不仅仅是一种"免于"国家干涉的消极权利,同时也是一种积极向国家"主张"公开政府信息的积极权利,[①] 包括权利的享有主体对信息的知悉权、向政府请求获取信息权以及不能获取时寻求司法救济的权利。[②] 所谓消极权利,指自由从事某项工作或自由信仰某种事物而不受干预的权利（自由权）,积极权利则指从他人处接受具体的行为、福利或服务的权利（受益权）。[③] 作为积极权利的知情权并不是一种具体而单一的权利,而是一系列权利的组合和统称,是一种权利集合或权利的抽象,在不同的情况下具有不同的具体内容。知情权因其内容复杂因而不是一部法律可以完善规范的,而是需要一系列的制度构造体系来充实。

公法领域的知情权作为一种积极权利,以要求国家公开政府信息为权利内容,以实现民主自由和社会发展等目标为目的,是全体公民作为国家主人所必然拥有的权利。全体公民通过选举委托作为"人民代表"的政治精英管理国家,而政治精英基于各种因素的考虑,可能对全体公民知悉政府信息的问题没有给予适当关注甚至予以忽略。为防止政治精英的这种施政弊端,需要从制度上确立防止这种弊端产生的救济制度,从法律上明确国家对政府信息的公开应该始终处于积极作为的状态。[④]

---

①　朱炜、滕燕萍:《从观念到宪法基本权利——知情权的一般法理》,《杭州师范学院学报（社科版）》2005年第1期。

②　杨婷:《知情权内涵初探》,《法制与社会》2007年第7期。

③　[美]汤姆·L.彼切姆:《哲学的伦理学》,中国社会科学出版社1990年版,第296页。

④　林爱珺:《关于知情权的权利属性辨析》,《广东外语外贸大学学报》2009年第20卷第4期。

关于知情权的外延,我国理论界分歧较大,归纳起来主要有"五权说"①、"三权说"②和"二权说"③。由于知情权既包括属于公法领域内的事务,又包括属于私法领域内的事务,作者比较赞同"三权说":知情权包括知政权、社会知情权、个人信息知情权。知政权是指公民依法享有的知悉国家事务、政府行为以及国家机关工作人员情况,了解国家政策、法律法规的权利。社会知情权,是公民依法享有的知悉其所感兴趣的社会现象和社会问题,了解社会发展变化的权利,如公众对社会新闻、股市行情等的知情权。个人信息知情权是指公民依法享有了解涉及本人的相关信息的权利,如公民有权了解其亲生父母、出生时间等个人信息。

综上,人民主权理论和知情权理论,共同构筑了政府信息公开坚实的理论基础。政府信息公开制度的基本价值在于保障公民权利和实现政府管理目标提升。政府信息公开促使权力在阳光下运行,可以极大提高政府公信力、促进政府与公众合作、推动社会经济发展以及以人为本的和谐社会建设。政府信息公开制度的发展和完善,是完善中国特色社会主义法治体系的有机组成部分。

---

① 知政权、社会知情权、对个人信息了解权、法人的知情权和法定知情权(指司法机关享有的了解案件有关情况的权利)。

② 知政权、社会知情权和个人信息知情权。

③ 知政权和社会知情权或者属于公法领域的公民的基本权利和私法领域的民事主体的民事权利。

第二节 政府信息公开例外及其理论基础

政府信息公开虽然是政治生活中的重要一环,但是,公开并不是政治生活的惟一原则。政府信息公开并不意味着所有的政府信息都应该公开,世界各国的信息公开法中均规定了公开的例外条款或称豁免条款。

一、政府信息公开例外的内涵及分类

(一)政府信息公开例外的内涵

根据《现代汉语大辞典》的解释,例外(exception)是指"在一般的规律、规定之外的情况"。政府信息公开的例外,又称政府信息公开的豁免(exemption 或 immunity),是指依据法律或行政法规规定可以不公开,即"法定不公开"或"依法不公开"。因此,政府信息公开的例外或豁免,是指一般公开语境下的特例,是政府依据法律或行政法规的规定免除原本应当承担的公开政府信息的义务。此亦即在"以公开为常态"的原则指导下,原本所有的信息都应该公开,但是,根据法律或行政法规其中的少量信息免于公开,此即"不公开为例外"中的"例外"。美国称此类信息为"免除公开条款",日本称为"不予公开信息",荷兰称之为"信息公开的特例",保加利亚称之为"拒绝提供的信息",[①] 我国《政府信息公开条例》称为"例外"的信息。各国对于此类信息尽管表述不尽相同,但是所表达的内涵相差无几,都是指在政府信息公开制度中,为避免损害其他利益,将政府在公共事务管理中掌握的、本应向社会公开的信息因法律明确规定不予公开而按照法定的程序、范围、方式、时间不予公开的信息。

　　公开的例外信息是对信息公开的一种严格豁免,反映了政府信息公开的底线。例外的实质,是信息公开的反向界定,例外的范围是信息公开范围的反向界定。例外不同于保密:第一,例外在一定条件下是可以自由裁量的,但保密必须按照保密期要求严格控制知悉范围。例外或豁免的基本语义是义务的"免除",其存在的意义在于保护特殊种类的信息免遭不当公开所致的危害。例外一般可以分为强制例外 [②] 和自由裁量例外 [③] 两类。自由裁量例外的信息在特定条件下可以公开,而保密事项事关国家的安全和利益、依照法定程序确定、在一定期限内只限一定范围的人员知悉,不允许通过"自由裁量"进行公开或开放。第二,"例外"与"公开"相对应,而"保密"与"开放"相对应。公开包括"对内公开""对外公开"等不同的方式。而开放是将保密期限届满的或其他可以公开的信息解除"封闭"、向社会公开,故保密有比较明确的时限性,而例外一般没有严格的时间限定。可见"开放"的含义比较单一,主要指向社会公开提供有关的信息服务,而"公开"则是一个含义多样的用语。第三,信息公开的"例外"和"保密"的目的基本一致,但两者的出发点和性质不同。"例外"和"保密"的目的都是为了维护国家安全、维护社会的稳定和发展、维护公民的私权利不受侵害。但"例外"的出发点是为了引导信息权利人更有效地利用信息资源,因而其规定是许可性的。而"保密"规定是依据国家的保密法律严格确定的,带有明显的强制性和命令性特征。[④]

---

　　① 　参见周汉华主编:《外国政府信息公开制度比较》,中国法制出版社 2003 年版。

　　② 　强制例外是指凡是被法律或法规等列入豁免范围的信息,应当无条件豁免,一概不予对社会公众披露。

　　③ 　自由裁量例外是指虽然被列入豁免的范围,但披露与否可由有权机构自由斟酌确定。

　　④ 　王英玮:《关于文档信息立法中合理使用"豁免"和"保密"概念的思考》,《山西档案》2003 年第 5 期。

　　政府信息公开的例外制度是政府信息公开制度的焦点与核心问题。我国《政府信息公开条例》对信息公开例外的规定主要体现在第13、14、15、16条。其中第13条是关于公开例外的总括性规定，而第14、15、16条则是对例外信息的分类阐述。《政府信息公开条例》第13条第一款规定："除本条例第14条、第15条、第16条规定的政府信息外，政府信息应当公开。"这一规定充分体现了"以公开为常态，不公开为例外"的意涵。《政府信息公开条例》第14条规定："依法确定为国家秘密的政府信息，法律、行政法规禁止公开的政府信息，以及公开后可能危及国家安全、公共安全、经济安全、社会稳定的政府信息，不予公开。"此条是对"强制不公开政府信息"的具体规定，这类信息由于被《政府信息公开条例》明确规定为"不予公开"的信息，因此也被学界称"绝对不公开政府信息"。根据这条规定，我国"强制不公开政府信息"又可以细分为三类：国家秘密，法律、行政法规禁止公开的政府信息以及公开后可能危及国家安全、公共安全、经济安全、社会稳定的政府信息。

　　紧随第14条之后，"裁量不公开政府信息"由《政府信息公开条例》第15和16条予以规定。其中第15条规定："涉及商业秘密、个人隐私等公开会对第三方合法权益造成损害的政府信息，行政机关不得公开。但是，第三方同意公开或者行政机关认为不公开会对公共利益造成重大影响的，予以公开。"第16条规定："行政机关的内部事务信息，包括人事管理、后勤管理、内部工作流程等方面的信息，可以不予公开。行政机关在履行行政管理职能过程中形成的讨论记录、过程稿、磋商信函、请示报告等过程性信息以及行政执法案卷信息，可以不予公开。法律、法规、规章规定上述信息应当公开的，从其规定。"第15条和16条的区别在于，第15条规定的是涉及第三方权益的裁量不公开政府信息；第16条规定的是对具有特殊性的政府信息裁量不予公开。

　　第15条和第16条作为例外条款的理由有所不同，在大多数情况下，第15条所列例外事项具有更大的保护价值。而对第16条所列例外事项宜通过研究进行进一步的细化和限制，或在符合某些条件的情况下有必要对之予以公开才更加符合正当性的要求。因此，理论界将第15条所列例外事项称为"相对不予公开事项",将第 16 条所列例外事项称为"可以不予公开事项",而将第 14 条所列例外事项称为"绝对不予公开事项"。

政府信息公开的例外制度具有一定的正当性和特殊情势下的重大必要性,以我国新、旧《政府信息公开条例》均有规定的国家秘密、商业秘密和个人隐私为例,虽然各国具体表述可能有所不同,但其在几乎所有国家的信息公开制度中都被规定为例外信息,将其作为例外信息的意义是不言而喻的——以国家秘密为例,由于行政机关掌握的部分信息涉及国家安全和军事利益,这部分信息具有重要性、法定性和局限性等特征,其所有权属于整体上的国家,作为一种对世权,除了法定的极少数主体之外,其他一切主体不得侵犯,故政府对此信息依法不公开。再以个人隐私为例,随着"夜警国家"向"社会国家"的发展,政府越来越多地介入社会生活,掌握了广泛的个人信息。个人信息尤其是其中隐私信息的不当公开,会损害公众对政府的信赖,造成侵犯公民隐私权的法律后果。隐私权与知情权一样,都是民主政治的基础。所不同的是:知情权保障公民对政府的监督,从而达到民主;隐私权则直接保障个人自由,以此来实现民主。因此,一定政府信息公开的例外之存在是正当和必要的。

严格的政府信息公开的例外制度在一定程度上限制了公开的范围和程度;但同时,例外作为公开的底线,也从一定意义上强化了政府的公开义务,保护了公民的知情权、参与权和监督权。例外制度对缓和公开及其例外各自所保护的利益之间的冲突,从而达到整体利益最大化,具有无可取代的意义。例外是对知情权范围的反向界定,能使知情权的范围更加明确,从而有利于知情权的落实与保护。

(二)政府信息公开例外的分类

根据不同的标准,可以把政府信息公开的例外进行不同的分类,从而为后文对例外的深入研究奠定坚实的理论基础。

1. 全部例外和部分例外

在申请人申请政府信息公开时,根据政府信息可以公开的范围和程度可以分为全部例外和部分例外。全部例外指的是被申请公开的政府信息全部不能公开。部分例外是指申请公开的政府信息中含有不应当公开的内容,但是能够作区分处理的,行政机关应当向申请人提供可以公开的信息内容。[1]

2. 强制例外和自由裁量例外

以负有信息公开义务的主体对例外信息是否有选择公开或自由裁量的权利为标准,可以将例外信息分为强制(mandatory)例外信息(又称"法定例外")和自由裁量的(discretionary)例外信息(又称"裁定例外")。如果是自由裁量的例外,则只是授权政府机关可以拒绝公开有关信息,而并不要求政府机关必须拒绝公开。[2] 如前所述,我国《政府信息公开条例》第14条是强制例外的规定,即绝对不予公开条款。第15、16条作为自由裁量例外的规定,又可具体分为第15条的"相对不予公开条款"和第16条的"可以不予公开条款"。本著的第三、四、五章正是以此种分类为基础展开论述的。

3. 一般例外和特别例外

根据信息公开义务机关对信息公开申请的处理方式可分为一般例外与特别例外。对一般例外,公开义务机关对信息公开申请必须回答是否拥有该信息,以及是否公开有关的信息。而对特别例外,义务机关可以拒绝回答是否拥有相关的信息,因为回答信息是否存在本身可能已经构成对该信息的披露,因此可以拒绝回答这样的信息是否存在。

二、政府信息公开例外的理论基础

政府信息公开例外是对公开的反向界定,对例外的精准把握是完善政府信息公开制度的关键所在,而对政府信息公开的例外的理论基础的探讨则是对这一问题研究的理论起点。对此,作者拟从两个方面进行展开——对知情权的保护与限制理论以及利益衡量理论。

---

[1] 《政府信息公开条例》第37条规定:"申请公开的信息中含有不应当公开或者不属于政府信息的内容,但是能够作区分处理的,行政机关应当向申请人提供可以公开的政府信息内容,并对不予公开的内容说明理由。"

[2] 参见 Robert G. Vaughn, *Freedom of Information*, Ashgate Publishing House, 2002, p.6. 转引自张明杰:《开放的政府——政府信息公开法律制度研究》,中国政法大学出版社2003年版,第146页。

（一）对知情权的保护与限制

知情权理论是政府信息公开的理论依据,而要探寻政府信息公开例外的理论基础,则需要首先探寻对知情权这一基本权利进行限制的正当性与必要性。知情权是国际公认的一项基本人权,然而,任何权利都不是至高无上的绝对权利,而是具有一定的相对性和权利边界的,因此知情权在实践中也是应当受到适当规范和限制的。对知情权的限制,一方面是为了缓和公开和例外各自所保护的利益之间的冲突,以达到整体利益最大化。另一方面是对知情权范围的反向界定,使知情权的范围更加明确,以利于该项基本权利的落实与保护。①

公民的知情权能够行使到什么程度,也就是知情权的边界或界限,是规划和制定政府信息公开制度的尺度和标准。"有权力的人们使用权力一直到遇有界限的地方才休止。"② 权力如此,权利也不例外。我国宪法第 51 条就规定:"中华人民共和国公民在行使自由和权利的时候,不得损害国家的、社会的、集体的利益和其他公民的合法的自由和权利。"正如权力的边界是权力,权利的边界是权利,即"国家的、社会的、集体的利益和其他公民的合法的自由和权利",此乃保护和限制知情权的宪法依据。"公民权不是绝对权利和漫无边际的自由,它要受法律的限制。世界各国宪法和法律对公民权的限制主要体现在:一是不得损害他人的权利和自由;二是不得违背社会公德,不得妨害社会秩序、损害公共利益;三是要促进社会福祉的增进;四是在戒严和宣布国家进入紧急状态的情况下,得暂时停止公民的某些权利。"③ 任何一项权利都是有界限和范围的,知情权也不例外。如国家安全的利益,个人隐私的利益,是与知情权同等重要的利益而要求获得法律的保护,利益冲突就此产生。通过法律对知情权进行必要的限制,是为了在保障公民知情权的同时,避免损害其他权利,因为不当公开可能给其他利益造成损害,这种损害甚至可能是无法弥补的。为了避免损害其他利益,国际社会以及各国法律

---

① 李欣:《论政府信息豁免公开的理论基础》,《现代经济信息》2010 年第 21 期。
② ［法］孟德斯鸠:《论法的精神》（上册）,张雁深译,商务印书馆 1961 年版。
③ 肖蔚云、姜明安主编:《北京大学法学百科全书·宪法学行政法学卷》,北京大学出版社 1999 年版,第 148 页。

制度对知情权的限制都有明确规定。国际人权法规定,各国国内法限制知情权的规定必须遵守《公民权利和政治权利国际公约》第19（3）条的规定。该规定指出:"本条第二款规定的该权利的行使有特殊的义务和责任,因此应受某些限制"。

由于知情权是一项由宪法保护的公民基本权利,因此对知情权的限制必须受到必要的限制,这种限制就是:其他的相当的或更重要的权利或利益。根据《公民权利和政治权利国际公约》第19（3）条的规定,对知情权的限制应由法律规定并为某些条件所必须:"一是尊重他人的权利或名誉;二是保障国家安全或公共秩序,公共卫生或道德"。[①]人权委员会所认可的、所有限制都必须遵守的三部测试,更是向人们清楚地表明了限制知情权的三项原则:一是由法律规定;二是旨在保障第19（3）条提及的合法权益的其中一项;三是对实现这一目标来说是必要的。[②]

由此可见,限制公民知情权的原则包括:"要有法律明确清晰的规定,要有保护公益私益的合法目标,要遵循必要性的原则,即对达到合法目标来说是必要的而且对知情权的损害程度不大于受保护权利获得利益的程度。"[③]这主要是由于知情权属于基本权利,只有当知情权与较大的公共利益或其他的基本权利冲突时,法律才能对知情权予以限制。

（二）利益平衡考量理论

法律的终极意义在于保护权利,当权利之间发生冲突时,就需要进行衡量和取舍。虽然权利本身无法比较大小,但权利所代表的利益则可以进行比较。现实中各种利益总是互为冲突,如果其中一方利益的实现是以另一方利益的减损为代价,就需要通过对冲突利益的估量和平衡,选择具有更高价值的利益。"法律的终极原因是社会的福利"[④],"公开信息的责任和获得信息的权利'必须根据保护其他权利和自由以及保护更广泛的公共利益而加以

---

① 肯·巴塔沙基:《信息自由:国际标准与比较最佳实践》,中欧人权学术交流会《中国人权年刊》（2003年第1卷）,社会科学文献出版社2004年版。

② 丹尼尔·西蒙斯:《对言论自由的可允许限制》,《国际新闻界》2005年第4期。

③ 同上。

④ ［美］本杰明·卡多佐:《司法过程的性质》,苏力译,商务印书馆1998年版,第39页。

平衡'"①。在必要情况下对知情权进行限制,是因为知情权所代表的利益明显小于政府信息公开的例外所代表的利益,因此,要舍弃知情权所代表的利益,只有这样才能实现整体利益最大化。公开与例外之争的实质就是利益之争。在进行价值选择时,应该考虑一方获益的程度和另一方受损的程度是否成比例。尽量做到对受损权利的侵害最小,且整体获得的利益最大。我国在政府信息公开与例外之间作出的选择,实质上就是建立在平衡各种利益的基础之上的,即协调知情权与公共利益之间的权利与权力的冲突,或者是协调知情权与个人利益之间的权利与权利的冲突。

我国《政府信息公开条例》第15条规定:"涉及商业秘密、个人隐私等公开会对第三方合法权益造成损害的政府信息,行政机关不得公开。但是,第三方同意公开或者行政机关认为不公开会对公共利益造成重大影响的,予以公开。"这一条中既包含了对公共利益和私人利益的平衡,也包含了当私人利益与私人利益冲突时的平衡。因为公民的知情权为私人利益,而商业利益和个人隐私同样属于私人利益,当二者发生冲突时就需要对其进行平衡考量。诚如德沃金所言,"当个人权利发生冲突的时候,政府的任务就是要区别对待。如果政府做出正确的抉择,保护比较重要的,牺牲比较次要的,那么它就不是削弱或者贬损一个权利的观念,反之,如果它不是保护两者之间比较重要的权利,它就会削弱或者贬损权利观念"②。当涉及商业秘密和个人隐私的私人利益与公共利益冲突时,行政机关同样面临利益衡量问题。

行政机关对各种利益进行平衡,一方面有利于保护例外信息所保护的利益,这种选择是利益平衡考量的结果,是为了实现整体利益的最大化,进而实现社会福祉的最大化。另一方面,明确规定例外信息的范围和内容,有利于知情权本身更好地行使。因为公开与例外是相辅相成的关系,只有更科学更精准地设计好信息公开的例外制度,才可以更彻底更明确地推动和促进信息公开。

---

① 联合国开发计划署:《信息权:实用指南说明》,2004年,第21—22页,http://www.undp.org/goverance/doc/A2I-Guides-RighttoInformation.pdf。转引自贺诗礼:《关于政府信息免予公开典型条款的几点思考》,《政治与法律》2009年第3期。

② [美]罗纳德·德沃金:《认真对待权利》,信春鹰等译,中国大百科全书出版社1998年版,第255页。

第三节　政府信息公开与例外的关系

厘清和正确处理公开与例外的关系,是促使公民真正成为政府信息公开的权利主体的要求,是履行世界贸易组织规则和我国对外承诺的要求,是提高工作效率、实现依法行政的必要条件,是世界各国信息公开法的主要任务和内容。公众的知情权以及对知情权的限制构成信息公开的主要内容。[①] 一项政府信息究竟是公开还是可以不予公开,往往是一个政府信息争议的核心问题,也是一项政府信息公开诉讼中各方当事人之间最重要的争论焦点。如此看来,政府信息公开及其例外之间仿佛水火不可相容,但事实并非如此。马克思主义哲学告诉我们:任何事物都是矛盾的统一体,信息的公开以及公开的例外就组成一个对立统一的整体,在这个矛盾的统一体中,信息公开是矛盾的主要方面,起主导作用,是信息自由法的主要目标,例外起制约和平衡作用。[②] 研究信息公开问题离不开信息公开的例外,廓清例外的范围是实现知情权的前提和要求。二者之间存在着相互依存、互为消长、相互影响、相互补充、相互贯通、相辅相成、不可分割的关系。

一、公开与例外之间的对立性

(一)二者之间的此消彼长关系

在政府信息总量一定的情况下,公开的信息越少,例外的信息就越多,

---

① 参见王名扬:《美国行政法》(下),中国法制出版社 1995 年版,第 953 页。

② 同上书,第 975 页。

公开的信息越多,例外的信息就越少,二者之间存着"此消彼长"的特殊对立关系。

(二)二者的理论基础和目的不同

信息公开的理论基础是人民主权理论和知情权理论,其制度设立的目的在于保护民众的知情权和当家作主的地位,促进国家民主政治的发展。信息公开的例外的理论基础是知情权限制理论和利益衡量理论,其制度设立的目的在于保护民众隐私权、商业秘密、维护国家必要的管理秩序和维护特殊的法律关系等。

(三)二者在实践中体现出的对立性

政府信息公开及其例外之间的矛盾对立性体现在实践中的多个方面:首先,在同一个时空点上,同一个信息不可能既是公开的,又是依法不予公开的,而必须择其一而居之。其次,从当今世界的发展趋势来看,信息公开的潮流势不可挡,公开内容的范围经历了从小到大的发展历程,例外的范围则不断得到缩小和细化。第三,从法律层面说,不同的法律对同一个信息是否公开规定之间可能存在冲突,科学的信息法律体系的建立是当务之急,信息公开法的基本法地位必须得到确立,法律之间的协调问题不可忽视。

二、公开与例外之间的统一性

(一)相同的价值追求与根本目标

"政府信息公开的价值与保密的价值并不冲突,从本质上说,二者是一致的。确定保密的范围是为了更好地公开,保密和公开都在于最终实现公共利益。"[①] 信息公开的目的是促进政治民主、经济发展和社会进步,信息公开的例外是为了维护国家的安全和利益(如国家秘密等)或保护公民权利(如个人隐私等),二者根本目标和价值指向具有一致性,都是国家利益、社会民

---

① 魏永征、张鸿霞主编:《大众传播法学》,法律出版社 2007 年版,第 38 页。

主进步和公民安宁幸福要求之所在,因此二者同等重要、不可偏废。

(二)二者均是相对而存在的

根据《保密法》的规定,"国家秘密是关系国家安全和利益,依照法定程序确定,在一定时间内只限一定范围的人员知悉的事项。"世界上没有不透风的墙,一项信息一经产生,就已经有人知晓,所谓秘密或公开的例外,只是限于"一定范围的人员知悉",而不存在绝对无人知晓的信息。同样的道理,所谓公开,也不能确保所有人知道,而是以主动公开或依申请公开的方式,以达到"应知尽知"的效果。因而,公开与例外均不是绝对的,而是相对而存在的。

(三)二者可以相互转化

公开的政府信息与例外信息之间是可以相互转化的。政府信息是否公开,客观上受到诸多因素的制约。时间、空间或针对对象等诸多因素的差异,都可能导致政府信息在公开或不予公开之间相互转化。比如在时间上,某信息在某一时间段内是例外信息,随着时间的推移,它就可能先是部分公开,继而逐步过渡到全部公开,或直接从公开的例外过渡到全部公开,完成由例外向公开的转变。在空间上,由于不同地区、不同人文风貌、不同社会风俗、不同经济发展条件等因素的影响,在某一地区可以公开的信息在另一地区可能需要不予公开才能更好的维持社会秩序的稳定和全局的控制。针对不同的对象,也可能导致同一信息在同一时间进行了公开与例外之间的相互转化。因此,从某种意义上说,政府信息公开与例外之间具有可转化关系。

(四)二者互为边界

公开的政府信息与公开的例外信息具有互补性,二者共同构成全部的政府信息。政府信息无论是公开还是例外,其范围都具有排他性,公开与例外彼此互为边界。因此,只有切实明确"例外",才能更顺畅、更有效地保障政府信息"公开"。在信息公开与例外这对矛盾统一体中,公开是绝对的,而例外是相对的,公开是对例外的重要推动,例外是对公开的保证,它围绕着公开而存在和发展。公开与例外之于信息，如同一枚硬币的两面，相辅相成，缺一不可。

信息公开是当今行政法治之潮流，是主流；例外得在法定情况下方可为之，为支流。就法理而言，公开与例外相伴而生，二者总是相对而言，不可彼此割裂存在。二者并非彼此独立存在，而是构成一个整体。在没有诸如危害国家安全和利益的少数情形下，政府信息是信奉公开原则的；当例外情况出现之时，豁免公开就成为当政者的不二选择。

从发展趋势来看，政府信息是一个不断开放的过程，但开放的范围和程度具有一定的阶段性和灵活性，执行的力度应随着整体外部环境的变化而调整。信息公开并不是指所有的信息都必须公开，出于本国公共利益需要，任何国家都会将部分信息列为豁免公开的信息进行特殊保护。在内容上、时间上无限制地公开所有信息，或者对公开的例外信息作过大范围的解释，或者在信息公开的方式和程序方面缺乏必要的规范，都会对国家安全造成威胁，甚至带来无可挽回的损失。一国政府出于总体社会利益和国家安全的考虑，总会结合不同的时期、不同的背景、不同的情态对信息公开法的执行作不同的把握。[1]

信息公开及其例外相辅相成，对于社会的稳定与发展同等重要，是立法者和执法者对私人利益和公众利益，一般利益和特殊利益，个人利益和国家利益考量的结果。[2] 因此，信息公开和例外如同车之双轮、鸟之双翼，是一个相互依存、相互贯通、不可分割的整体，信息公开和例外之间并非是对立不可调和的。通过立法协调完全可以将二者形成一个相辅相成、协调统一的制度体系。在信息公开及其例外这对矛盾的统一体中，公开是绝对的，例外是相对的，在处理两者关系时应坚持以公开为原则、不公开为例外，同时信守权衡利弊、适时、适度、合理等原则，划清公开与不公开的界限，做到既确保政府信息公开，又确保信息安全。

---

[1] 参见冯文语：《政府信息公开与保密及其策略选择研究》，黑龙江大学 2012 年硕士学位论文。
[2] 参见周晓红：《政府信息公开与保密》，《江南社会学院学报》2005 年第 7 卷第 3 期。

第四节 域外信息公开制度之发展及相关启示

世界上至今已经有八十多个国家制定了较完善的信息公开制度,这些国家尽管对信息公开的例外制度称谓有所不同,但无一例外都确立了本国的信息公开的例外制度,以保护国家、组织和个人的保密利益。美国、英国和日本的政府信息公开制度的发展具有一定的代表性,其例外制度各具特色,下文将对此三国的制度进行考察,以期对我国政府信息公开例外制度的完善提供有益的借鉴。

一、域外政府信息公开制度之演进

(一)美国政府信息公开制度的演进

在信息公开立法领域,美国由于具有先发优势对其他一些国家产生了较大的影响。美国前总统约翰逊曾指出:"人民能够得到在国家安全许可的范围内的全部信息时,民主政治才能最好地运行"。[①] 美国的信息公开制度经历了一个相对比较漫长的发展过程,对美国信息公开制度的演进历程和历史

---

① 王名扬:《美国行政法(下)》,北京大学出版社 2016 年版,第 716 页。

脉络进行梳理和研究,有助于深入地把握美国信息公开制度的特点。

从美国信息公开制度的起源来看,其最早的规范表现形式为 1789 年国会制定的《管家法》(*Housekeeping Act*)。该法授权行政机关的长官控制其所主管机关文件的公开。行政文件是否公开由行政机关长官自由决定。而公民只有在诉讼时基于查清案情或搜集证据的需要,才能请求公开或适用行政机关的文件。即使在这种情况下,行政机关长官可以主张行政特权而拒绝提供行政文件。在长达一百多年的时间内,美国的政府信息公开制度基本付之阙如,公民知情权步履维艰,这种状况一直延续到 20 世纪 30 年代才逐步得到改观。

20 世纪 30 年代以后,由于世界经济危机造成美国经济大萧条,美国政府开始加强对社会经济的调控力度,政府干预社会的力度在加大,由此带来了政府机构膨胀和政府职能的不断扩张,政府文件急剧增加,公众更加难以获得所需的信息。为了改变这种状况,美国国会于 1935 年颁布了《联邦登记法》(*Federal Register Act*),它授权美国国家档案馆设立联邦登记处,专门负责出版《联邦登记》日报,集中公布所有联邦机构的法规条例和政务信息。《联邦登记》成为联邦政府向公众及时、统一提供信息服务的重要渠道。

随着二战后民主运动的兴起,民众对知情权的呼声日益高涨,美国国会于 1946 年制定了《行政程序法》(*Administrative Procedure Act*,简称 APA),规定政府应把信息发布在《联邦政府公报》上,公众有权得到相关信息。《行政程序法》同时对知情权规定了广泛的限制、赋予行政机关广泛的裁量权,例如,该法要求公众向文书档案的保存单位提出查询申请,必须证明自己有"正当理由"而且不能损害"公共利益",否则官方有权拒绝。[①] 由于法律和司法解释没有明确界定"公共利益"的内容,政府部门往往援引其中的限制性条款拒绝公开信息,使得《行政程序法》变成了行政机关强化保密权限的护身符。

由于《行政程序法》本身的局限性造成信息公开渠道不畅,美国民众尤其是新闻界积极奔走,呼吁制定新法以取代《行政程序法》。美国终于在

---

① 参见刘杰:《知情权与信息公开》,清华大学出版社 2005 年版,第 95 页。

1966 年颁布《信息自由法》（*Freedom of Information Act*，简称 FOIA）。《信息自由法》规定，公众有权向联邦政府索取任何资料，联邦政府机关有义务对公众的请求做出决定。如果联邦政府拒绝公众的信息请求权，必须做出解释。《信息自由法》在美国法制史上具有重要地位，它改变了联邦《行政程序法》中规定的只有有正当理由且有直接利害关系的当事人才可请求查阅政府文件的作法，以成文法的形式确认公众能够在不提供任何理由的情况下接近可确定的政府档案。此后，该法经过 1974 年、1976 年、1986 年等几次大的修改，已成为美国政府信息公开制度的核心。

《信息自由法》颁布以后，公民对行政机关长期形成的掩饰政府信息而威胁个人隐私权的现象日益关注，从而促成了 1974 年《隐私权法》（*The Privacy Act*）的出台。《隐私权法》规定，公民有权获取行政机关控制的涉及公民姓名或其他标识（如相片、指纹等）或根据这些标识记载的相关信息。这些被控制的私人信息必须准确、完整并能得到及时更新。个人可随时检验与其本人有关的信息的准确度。行政机关在未取得公民的书面许可之前，不得公开此类信息。但和《信息自由法》类似，《隐私权法》中也规定了 12 种特殊情况可享受上述豁免，即行政机关无需取得本人的同意即可对外公开。《隐私权法》同时适用于美国公民和在美国依法享有永久居留权的外国公民。《隐私权法》是对《信息自由法》的重要补充，它解决了保护个人隐私与政府信息公开这两种制度之间的矛盾。1972 年的《联邦咨询委员会法》（*Federal Advisory Committee Act*）对政府信息公开有关的问题也有相对比较集中的规定。如该法的第 10 节列明了每个咨询委员会必须遵循的程序规定，首先就是每次会议都必须公开。[①] 为了让公众了解到会议的举行，该法要求对会议的通知应该预先在《联邦登记》上刊登，而且这种通知还需要由总统确定国家安全不会受到侵害。此外，行政官员需要起草公开通知，以保证相关利害关系人能够在会议召开之前得到通知。同时，该法还规定了咨询委员会各类会议资料的公开性要求，并对每个咨询委员会保存的历次会议的

---

　　① 该节允许任何利害关系人根据管理者所制定的此类合理的规则或规章，向咨询委员会提交声明。由总统或行政首长作出的判断所适用的公开限制必须以书面方式作出并应附记该判断的理由。

议程表的内容提出要求等等。

1976 年,美国参众两院通过《阳光下的政府法》(又译为《公开会议法》,*Government Under Sunshine Act or Open Meetings Act*),规定美国合议制行政机关会议除涉及九类例外情况外,均须向公众公开举行。它适用于领导由两名或两名以上人员组成的委员会制行政机关及其分支机构,委员必须是根据参议院的提议,然后由总统任命的。适用的会议也是特指"领导成员达到最低限度的人数,有能力代表行政机关采取行动的讨论会"。该法规定"公众有权利取得在联邦政府决策过程生成的有价值的信息",同时保护"个人的权利和政府履行职责的能力"。依据该法,公众不只可以知晓会议的进程,还可以取得会议的文件和信息。《阳光下的政府法》与《信息自由法》是姊妹篇,后者适用于政府文件的公开,而前者适用于委员会制行政机关会议的公开。①

当代美国的信息公开制度形成了以《信息自由法》及其修正案②、《阳光下的政府法》及其修正案③等为重要组成部分的制度体系。这些法律和司法判例在一定程度上保障了公民知情权的实现,具有一定的研究价值。

(二)英国政府信息公开制度的演进

由于英国具有根深蒂固的秘密主义传统,英国政府信息公开制度建立的过程就是信息公开与保密文化传统激烈碰撞和斗争的过程。正是因为这一原因,英国政府信息公开制度的建立较欧洲其他国家相对晚些,直到 20 世纪末才基本成型。

英国的保密文化从其 1889 年制定的《官方保密法》(*Official Secrets Act*)可见一斑。该法的第一部分主要和间谍活动有关,第二部分规定任何未经授权的信息披露构成违法犯罪。这部法律对"官方信息"内容界定十

---

① 潘汉典:《在阳光下的政府法——关于联邦政府机构会议公开的法律》,《环球法律评论》1979 年第 5 期。

② 信息自由法于 1974 年、1976 年、1986 年(信息自由改革法)、1996 年(电子信息自由法修正案)进行过修正。

③ 《阳光下的政府法》于 1995 年进行过修正。

分宽泛,且没有种类和等级的差别。根据规定,公务人员只有经过授权才可以披露所掌握的政府信息。为了避免因为泄露政府信息而遭到起诉的危险,各级政府公务人员一般都对政府信息严格保密,绝不随意披露。《官方保密法》在继承英国这个老牌的资本主义国家所固有的保密文化传统的同时,又通过法律的形式进行强化,对英国保密文化产生了深远的影响,严重限制了英国政府信息公开制度,制约了民主政治的发展。

20世纪70年代,在国际社会公开化浪潮的冲击和国内民主运动加快发展的影响下,英国开始了政府信息公开的努力。1972年官方发布的弗兰克斯报告(Franks report)中,建议废除《官方保密法》第二部分的内容、大幅度缩小国家秘密的范围,但是没有得到政府的接受和采纳。部分下院议员于1978年提交了信息公开立法的议案,该议案得到了议会大力支持,但是后因1979年的大选而搁浅。70年代是英国政府信息公开立法的初始阶段,标志着英国政府信息公开立法进程的开始。

80年代初,议员或民间组织相继提交的信息公开法案,大多遭到来自政府的反对,但英国的政府信息公开仍然势不可挡。1984年通过的《数据保护法案》(Data Protection Act)赋予公众通过计算机查阅个人信息的权利。同年出台的地方政府法(Local Government Act)给予公众获知地方议会的会议、报告和文件的权利。1987年通过的《个人资料获得法案》(Access to Personal Files Act)赋予了公众获知本人的社会保障信息和房产信息以及学业信息的权利。1988年《医疗报告获得法案》(Access to Medical Reports Act)赋予公众查阅自己医疗信息及查阅医师出具的诊疗报告和相关医疗保险信息的权利。1988年《环境和安全信息法案》(Environment and Safety Information Act)规定公众有获知机构或组织违反环境保护和安全的法令的相关信息和处理措施的权利。1989年政府对《官方保密法》第二部分作出修正,缩小了国家秘密的范围,将其限定在国家安全、国防、外交以及法律执行等领域。80年代陆续出台的多部法案包括了部分关于政府信息公开的内容,保护了公民在不同领域的知情权,同时通过对《官方保密法》的修改缩小了需要保密的国家秘密的范围,体现了信息公开立法过程中的重大成就。

1992年的《知情权法案》(The Right to Know Bill)和1993年的《开放

政府》白皮书（*Open Government white paper*）进一步论证了公民知情权的重要性,赋予了公民查阅政府关于个人信息的手工纪录及个人的健康和安全信息的权利。1996 年议会制定统一的《信息公开法》的提议再次遭到政府的反对。参加 1997 年大选的各政党纷纷向民众承诺获胜之后将制定信息公开法。但是尘埃落定之后,新政府再次搁置原计划,而代之以《你的知情权》（*Your Right to Know*）的信息公开白皮书,但承诺在 1998 年初制定出《信息公开法》草案。后来又几经呼吁,英国《信息公开法》于 2000 年终于由议会通过, 2002 年由女王批准, 2005 年 1 月 1 日开始实施。《信息公开法》在英国历史上第一次以法律形式宣示其以保护"一般信息获取权"为宗旨,规定任何人都有权获取政府信息,政府对于公众的请求必须答复;如有所需信息,一般应立即提供。[①] 该条款的规定在立法技术上采取以权利本位为主导的模式,对公共当局的信息规定得具体而明确,很易于操作。[②]《信息公开法》从根本上确立了政府信息公开的法律制度,标志着英国政府信息公开制度进入全新发展时期。

（三）日本政府信息公开制度的演进

日本的信息公开制度在世界范围来说并不完善。但是由于同属于亚洲国家,地理位置毗邻,而且日本又与我国具有相似的历史文化传统,因此,考察日本的信息公开制度,具有特殊的意义。

日本的政府信息公开立法同样经历了一条曲折的道路。受美国 1966 年《信息自由法》的影响, 20 世纪 60 年代,日本的信息公开运动首先由市民发动。先是部分社会团体发起倡议 , 越来越多的人和组织奔走呼吁 , 最终演化为有广泛支持的声势浩大的全国性运动。20 世纪 70 年代中后期,各种传媒对外国信息公开立法概况的评介,更使得保障知情权的理念在日本深入民心。1979 年 9 月,自由人权协会发表的《信息公开法纲要》进一步掀起了民众要求制定信息公开法的高潮。随后,有民间团体在 1981 年提出了《信

---

① See: legislation. gov. uk, *Freedom of Information Act 2000*, http://www.legislation.gov.uk/ukpga/2000/36/contents.

② 参见张越:《英国行政法》,中国政法大学出版社 2004 年版,第 523—524 页。

息公开权利宣言》和《信息公开八项原则》，引起社会强烈反响。1982年4月，日本的第一部信息公开方面的地方立法——《金山镇文书公开条例》出台了，之后日本地方性信息公开立法风起云涌。至1997年，日本全部都、道、府、县都建立了地方性的政府信息公开法规。

与美国和英国相似，日本信息公开法的最大阻力来自于政府。日本之所以迟迟未制定信息公开法，是因为日本政府想继续通过垄断信息，完全按自己的意图实行统治。如果实行信息公开，则意味着统治者的既得权力受到侵害。在社会舆论的强大推力和日益增多的地方立法活动的影响之下，日本内阁于1981年设置了临时行政调查会，开始对信息公开的立法问题展开专门研究，并于1983年提出了《最终咨询报告》，但该报告在总体上对信息公开立法仍持保守姿态。1984年3月，日本总务厅建立信息公开问题研究会，于1990年发表了题为《信息公开——走向制度化的课题》的报告。日本各省厅随后组成了"关于信息公开问题联络会议"，出台了《关于行政信息公开标准》。1993年12月，联合执政党内部提出了《为了信息公开法制定的计划》，标志日本政府在信息公开问题上开始采取明确方针。日本行政改革委员会于1995年设立行政信息公开部会，于1996年11月提出了《信息公开法纲要》。1998年3月，日本内阁向国会同时提出了《关于行政机关保有的信息公开的法律案》和《关于行政机关保有的信息公开的法律实施相关的法律整备法律案》。日本国会在1998年4月至1999年2月期间，对信息公开法案进行了四次审议和完善。1999年5月《关于行政机关拥有的信息公开的法律》通过，2001年开始实施，国家层面上的信息公开制度正式建立。

二、域外政府信息公开制度演变之启示

从以上三个国家信息公开制度发展建立的历程来看，美国经历了二百多年的历史，英国有一百多年的历史，日本则只经历了半个多世纪的发展。各国的信息公开制度都有比较深厚的社会基础，信息公开法是在民众对知情权的呼声日益高涨而当时的法律法规不能满足民众知情权需要的情况下出台

的。具体分析可以发现,信息公开制度的发展具有一些重要的特点。

(一) 信息公开制度的建立与完善不是一蹴而就的

美国从 1789 年《管家法》制定到 1966 年《信息公开法》的出台,中间间隔了一百七十多年,其间,有《联邦登记法》《行政程序法》等信息公开方面的法律相继出台,而每一部新法律的出台都把信息公开制度向前推进了一小步,直到 1966 年《信息公开法》颁布施行,由于《信息公开法》确立了"保护知情权"的立法目的、"以公开为原则、不公开为例外"的基本原则,并围绕着保护知情权的目的、依据"以公开为原则、不公开为例外"的原则进行一系列制度设计等,因此,美国的信息公开制度从权力主导模式过渡到权利主导模式。1966 年权利主导模式的《信息公开法》也并非完美制度的终点,它在其后几十年的时间里经历了数次修正和补充,最终形成《信息自由法》及其修正案、《阳光下的政府法》及其修正案等法律和司法判例为主体的制度体系。可以预见,美国信息公开制度体系将继续得到修正和完善,以适应社会发展和时代变迁的需要。

美国是一个信息公开制度历史相对漫长和经验丰富的国家。从美国信息公开制度的历史脉络来看,其并非完美无缺,而是面临不断的挑战而一直处于完善的过程之中。[①] 即使如美国这样一个后发资本主义的"新大陆移民国家",没有保密文化传统的历史包袱,其信息公开制度也是经历了从权力主导模式(以《管家法》为代表)、名为公开实则难以摆脱权力窠臼的《行政程序法》到在科学的立法目的和原则指引下不断完善的《信息自由法》转变,一步一个脚印,发展历程长达两百多年之久。所以说,信息公开制度的建立和完善不是一蹴而就的。

(二) 信息公开的历史潮流不可逆转

英国的政府信息公开立法历程及制度具有一定的代表性。由于英国顽固的保密文化传统与美国自由民主的历史文化背景之间的差异,英国的制度

---

① 胡锦光:《美国信息公开推定原则及方法启示》,《南京大学学报》2009 年第 6 期。

建设表现出不一样的特点。

英国的保密文化根深蒂固，一百多年前颁布实施的《官方保密法》使得固有的保密传统愈发枝繁叶茂。在 20 世纪民主化浪潮的推动下，民众的信息意识逐渐觉醒，对知情权的渴望日益增强，公民、非政府组织、议员等纷纷呼吁或采取行动向政府索要信息获取权，向选民承诺上台后出台信息公开法成为多届候选人的竞选技巧。但是，保密的文化传统依然根深蒂固，组阁之后的新政府往往将当初对选民的承诺束之高阁，要么拖延立法，要么出台个别领域信息的公开法案作为缓兵之计，总之千方百计阻挠或抵制统一的信息公开立法。但是，信息公开的历史潮流毕竟不可逆转。在一系列分散的信息公开法律面世、《官方保密法》不断得到实质性修改、民众呼声不断高涨的形势下，统一的《信息公开法》的出台成为历史的必然。

（三）渐进的立法方式可以缓冲社会矛盾

英国的信息公开制度正式起步于从 20 世纪 70 年代，改革的进程是渐进的。虽然分散的信息公开立法难以一步到位，零星立法难免产生经常性的额外成本，但是这种渐进的方式可以缓冲信息公开与保密文化之间的尖锐矛盾冲突，促使社会逐渐从"以保密为原则"过渡到"以公开为原则，不公开为例外"。

（四）良好的信息公开制度立法需要预备一定的社会基础

日本信息公开立法具有坚实的社会基础。从最初少数社会公共团体的倡导到全体民众的广泛参与和支持，再到国会和众参两院的反复争论和审议修改，最终到《信息公开法》的出台，走过了三十多年的风雨历程。在三十多年的酝酿和发酵中，信息公开的理念已经深深扎根于国民的心中，这是其信息公开制度得到较好施行的重要原因之一。

（五）"三重无限性"代表了信息公开制度的发展方向

日本《信息公开法》并未浓墨重彩地对主动公开制度进行描述，而是大胆致力于依申请公开制度的规范。根据《信息公开法》,日本政府信息公开制度基本结构可以概括为"三重无限性",即公开请求权主体、公开对象和公开方式的无限性。① 所谓公开请求权主体的无限性,是指根据日本《信息公开法》第 3 条 ② 的规定,"任何人"(包括本国国民、在日本定居的外国人以及无权利能力的社团)都可以提出政府信息公开的申请或请求。公开对象的无限性,是指知情权行使的客体是除了法律列举为不公开的信息种类外国家和地方公共团体的行政机关所拥有的全部文件。而公开方式的无限性,是指信息公开制度中的依申请公开实际上具有向全体公众公开的意义。此外,日本信息公开的主体范围也极其广泛,包括:依法在内阁中设置的机关以及内阁管辖的机关;《国家行政组织法》规定的国家行政机关(中央行政机关);《国家行政组织法》规定的特别机关,如国立大学、警察厅、检察院等。以上无限性和广泛性从一定意义上说明日本信息公开制度的彻底性,这代表了世界信息公开制度的发展方向——公开最大化。

从域外信息公开制度发展演进的历程可知,任何一个国家的信息公开制度的发展都不是一帆风顺的。即使是当前世界具有先发优势的国家,其信息公开制度的发展也经历了一百多年甚至几百年的发展和完善过程。但信息公开的世界潮流毕竟是不可逆转的,当今世界各国都在信息公开的道路上经历了和正在经历着曲折前进的历程。我国信息公开制度起步相对较晚,但三十多年来取得了西方国家一百多年甚至更长时间的巨大成就。这一方面得益于我国作为制度后发国家,可以在总结域外经验教训的基础之上避免少走弯路,甚至可以站在更高的起点上努力实现弯道超车;另一方面更得益于我国作为人民民主专政的社会主义国家,始终坚持以人民为中心的发展思想,具有集中力量办大事的制度优势。当前,我国信息公开制度还存在一些不完善的地方,结合我国实际并参考域外经验教训对我国的信息公开制度进行提升和优化,是完善中国特色社会主义法律体系的有机组成部分。

---

① 参见周汉华:《外国政府信息公开制度比较》,中国法制出版社 2003 年版,第 160—164 页。

② 《信息公开法》第 3 条规定:"任何人都可以根据本法的规定,向行政机关的首长请求公开该行政机关拥有的行政文件。"

第二章
政府信息公开例外制度的
基础性规定之完善

新《政府信息公开条例》于 2019 年 4 月 15 日由国务院通过,2019 年 5
月 15 日起开始正式施行,共包括 6 章 56 条。其中第一章是"总则",共包括
9 条,分别规定了《政府信息公开条例》的立法目的、政府信息的概念、政府信
息公开工作的主管部门、信息公开工作机构及其具体职能、信息公开的基本原
则、提高政府信息公开在线办理水平以及公民、法人和其他组织对政府信息公
开工作的监督、批评和建议权。第二章"公开的主体和范围"共包含 9 个条
文,与原《政府信息公开条例》相比,该章由"公开的范围"改为"公开的主
体和范围",增加了公开的主体。其中第 10 条规定了不同政府信息的不同公
开主体,第 11 条规定了信息公开的协调机制,第 12 条规定了信息公开主体编
制和公布信息公开指南和目录的要求。第 13 条到第 17 条规定了不予公开的
政府信息。第 17 和第 18 条,规定了信息公开审查机制和动态调整机制。

原《政府信息公开条例》第三章"公开的方式和程序"被修订为新
《政府信息公开条例》的第三章"主动公开"和第四章"依申请公开"两
章,分别包括 8 个条文和 19 个条文。前者规定了政府信息主动公开的范围、
途径、场所、设施、期限等;后者规定了依申请公开的申请主体、接受和审查
公开申请的主体、公开申请的具体要求、公开申请的审查和处理等。第五章
"监督和保障"部分包括 8 个条文,分别规定了政府信息公开工作考核制度、
社会评议制度和责任追究制度,政府信息公开的监督检查制度、信息公开工
作人员的定期培训制度、行政机关公布年度报告制度以及违法责任。第六章
"附则"中的 3 个条文对信息公开的义务机关进行明确并规定了《政府信息
公开条例》的正式施行时间。

2008 年《政府信息公开条例》的颁布施行,为我国政府信息公开提供
了法律依据,为构建阳光政府构建了重要基础,被称为中国政府改革的第三
次革命,[①] 是我国行政公开法制建设的重要里程碑。经过 2019 年的修订,

---

① 《行政诉讼法》和《行政许可法》的颁布实施被分别称为我国政府改革的第一次革命和第
二次革命。

《政府信息公开条例》回应了实践中的一些问题,在理论完善方面也取得了一定的进步。但是总体说来,我国《政府信息公开条例》仍然存在一些不完善之处,并由此造成《政府信息公开条例》实施中还存在一些问题和困难。

　　我国政府信息公开的例外规定本身存在不足,需要对立法进行修改和完善。但在修改信息公开的例外规定之前,掣肘信息公开例外制度良性发展的基础性问题应当首先得到科学的厘清,相关的制度规定应当先行完善,以便为科学严谨的信息公开的例外制度的建立扫清理念和制度方面的障碍。

第一节 政府信息公开制度立法目的之完善

　　立法目的是贯穿立法过程和立法条款始终的一种指导思想、原则和精神，是立法的起点和归宿，是统领一部法律的纲领，决定着法律的基本原则与具体内容，故一部科学严谨的法律必须以科学的立法目的作为指导。而立法目的的偏差，会导致整部法律偏离其应有的方向，难以实现制度创设的初衷。《政府信息公开条例》赋予了公民、法人和社会组织申请信息公开的权利，然而，实践表明《政府信息公开条例》的实施绩效不佳。之所以会出现这样的问题，《政府信息公开条例》立法目的的错位难辞其咎。

一、《政府信息公开条例》立法目的之检视

　　现代法律的立法目的大都具有法定性的特点，一般被明确规定在法律条文中。《政府信息公开条例》虽然也有立法目的的条款，但该条款所包含的内容是否就是政府信息公开制度应当设定的立法目的，则值得思考。

（一）《政府信息公开条例》立法目的解读之现状

　　《政府信息公开条例》第 1 条规定："为了保障公民、法人和其他组织依

法获取政府信息,提高政府工作的透明度,建设法治政府,充分发挥政府信息对人民群众生产、生活和经济社会活动的服务作用,制定本条例。"与2008年《政府信息公开条例》第1条的规定相比对,修改仅仅体现在由"促进依法行政"改为"建设法治政府",其他部分均不再有任何改变。对这一立法目的,有学者采取逐字渐次分解的解读方式,认为《政府信息公开条例》的立法目的有三:第一,为了保障公民、法人和其他组织依法获取政府信息。第二,为了提高政府工作的透明度,建设法治政府。第三,为了充分发挥政府信息对人民群众生产、生活和经济社会活动的服务作用。[①] 但这种解读存在界定依据和划分标准不明确的弊端,因为发挥服务作用同时也是依法行政的要求,二者没有本质区别,无法得出目的递进或不同的结论。

有学者从获取信息主体和公开信息主体两分法的角度考察《政府信息公开条例》的第1条,推导出《政府信息公开条例》有保障公民、法人和其他组织依法获取政府信息以及对政府提出公开信息之要求的二重目的。[②] 这种推导的基础如下:第一,保障"公民、法人和其他组织"依法获取政府信息,即建立公民、法人和其他组织获取政府信息的通道,这是《政府信息公开条例》所要实现的核心价值追求和目标定位。第二,"提高政府工作的透明度,建设法治政府,充分发挥政府信息对人民群众生产、生活和经济社会活动的服务作用",表明《政府信息公开条例》的另外一个立法目的针对的主体是行政机关。然而,后一方面实际上是信息公开主体进行信息公开活动所必然产生的附带效应,而且立法目的的二重性造成了立法价值的错位和立法内容的混乱。

此外,也有学者提出"为了保障公民、法人和其他组织依法获取政府信息"是《政府信息公开条例》的"首要的立法目的",该首要目的的实现,有利于实现"提高政府工作的透明度,建设法治政府""充分发挥政府信息对人民群众生产、生活和经济社会活动的服务作用"的目的,但这种分析混淆了立法目的与立法功能。

---

① 涂四溢:《〈政府信息公开条例〉的价值缺陷》,《行政法学研究》2010年第1期。
② 黄学贤、雷娟:《〈政府信息公开条例〉立法目的之检讨》,《浙江学刊》2012年第1期。

（二）《政府信息公开条例》立法目的规定之不足

对《政府信息公开条例》立法目的条款的解读出现以上困惑，与其说是法律解释存在的问题，不如说是《政府信息公开条例》对立法目的的规定存在不足所致。分析起来，《政府信息公开条例》对立法目的的规定主要存在以下问题：

1. 立法目的用词含糊

综观世界各国，大都在信息公开立法中将"知情权"作为明确的立法目的。我国《政府信息公开条例》的立法目的没有明确规定"知情权"，并特意在"为了保障公民、法人和其他组织依法获取政府信息"之后省略了"权利"的字眼。如此用词含糊导致了解释上的争论不休——《政府信息公开条例》到底有没有确认公民的知情权利？"依法获取政府信息"到底是公民的权利还是政府的恩赐？有的学者从解释学角度试图推导出公民享有"信息获取权"，也有学者一味强调公民"依法"获取政府信息的义务。这种犹抱琵琶的方式致使公民信息权利语焉不详，直接导致《政府信息公开条例》在保护信息权利方面缺乏底气，且整个条文设计不利于公民、法人和其他组织知情权的实现。

2. 立法目的与立法功能混淆

立法功能是立法对社会实践、社会关系和社会生活所产生的实际影响，而先行存在着的立法目的决定着立法功能的定位和方向。《政府信息公开条例》恰恰将二者混为一团。就《政府信息公开条例》第1条的规定而言，实现公民获取信息的权利，必定伴有建设法治政府、提高行政透明度的社会功能。公开政府信息，在客观上会产生提高政府工作的透明度、促进建设法治政府的作用，但并不因此就可以将此作用也理解为《政府信息公开条例》的立法目的，况且促进依法行政、建设法治政府是所有行政立法和行政活动的共性功能。而发挥政府信息对生产生活的服务功能是信息公开应有之义，是《政府信息公开条例》实施的必然结果，而非目的。将立法功能等同于立法目的，是将一个必须实现的关于社会的某些经济、政治或者社会问题改善的目标等同于实现此目标的外部表现，这种混淆尤其不利于立法目的对于整个立法发挥应有的指引作用。

3. 立法目的不当的多元化

法律的宗旨在于保护权利和规范权力，这是一个问题的两个方面。就政府信息公开法而言，要保护社会公众的知情权，当然意味着需要同时规定政府信息公开的义务，规范政府信息公开行为。遗憾的是，《政府信息公开条例》的目的条款一方面对公民的信息权利闪烁其词，另一方面又对政府承担的义务规定得模糊含混，但却将二者都作为立法目的。如此不当的目的多元设置必然会导致顾此失彼，无法在此长彼消的二律背反中找到平衡的支点。尤其是在立法目的本身存在不足的情况下，立法目的多元化无法起到立法目的对整部立法的指引作用。以上对《政府信息公开条例》立法目的的二重或三重解读，均无法解决处于权力天平两端的社会公众与行政机关之间的平衡问题。

（三）《政府信息公开条例》立法目的不足之根源

《政府信息公开条例》立法目的之所以存在上述不足，究其实质，是以权力为主导的立法模式造成的。"《政府信息公开条例》的目的不在于知情权的保护，而在于提高政府的透明度、建设法治政府和发挥政府信息对生产生活的服务作用，这就决定了《政府信息公开条例》必然是以行政为中心，不是以公民、法人和其他组织的知情权的保护为中心。"[1] 立法目的未确立保障知情权而是保障依法获取政府信息，两者看起来虽似一致，但却有本质差别。在保障知情权的条件下，政府信息公开必采用"以公开为原则，不公开为例外"的原则，相关制度内容应利于保障政府信息公开最大化、民众获取政府信息最便捷化。而在保障依法获取政府信息的条件下，相关制度内容仅保障在已有公开内容的前提之下，民众获取政府信息最便捷化，而公开内容或范围大小则无保障。[2]

《政府信息公开条例》的内容体现了权力主导的特征。《政府信息公开

---

① 王玉林：《〈政府信息公开条例〉立法目的解读——是保障知情权抑或其他？》，《云南大学学报》2010 年第 3 期。

② 黄全：《我国政府信息公开立法的两种风格——基于〈政府信息公开条例〉与地方规范的文本分析与比较》，《政法学刊》2011 年第 6 期。

条例》主要规定了行政机关公开政府信息的组织领导机构、实施机构、具体职责、各级政府信息公开的内容、公开方式和程序等。由此反映出政府信息公开在整体上是将政府信息"推"出去以让民众知道,民众对政府信息的获取是被动式的。如《政府信息公开条例》第16条规定:"行政机关的内部事务信息,包括人事管理、后勤管理、内部工作流程等方面的信息,可以不予公开。行政机关在履行行政管理职能过程中形成的讨论记录、过程稿、磋商信函、请示报告等过程性信息以及行政执法案卷信息,可以不予公开。"由于获取政府信息不是出于保障知情权的目的,所以行政机关对信息公开享有较大的自由裁量权,因而延续了"让你知道以监督"的权力模式,而非"想知道来获取"的权利模式。[①] 在不妥适的立法目的及其引致的立法内容偏误等因素的作用下,政府信息"公开"条例处处为政府"依法不公开信息"留有退路。

之所以存在这样的问题,是因为我国2019年《政府信息公开条例》依然是国务院制定的行政法规,是政府进行自我规范、勇于自我革命的表现和产物。如前面对域外信息公开制度发展历程的分析可知,各国信息公开立法的最大障碍就是来自于政府的阻力,各国政府均倾向于拖延信息公开立法或存在公开不彻底倾向,以最大限度保护政府的既得利益。因此,我国政府主动出台《政府信息公开条例》一方面作为政府主动提出、自我规范的产物,并且以坚强的决心在实践中得到推进和执行,是十分难能可贵的,但是另一方面,自我规范、自我革命的彻底性不够,行政法规的法律位阶层次偏低,这些固有的局限性确是《政府信息公开条例》在短时期内难以克服的。

二、政府信息公开制度立法目的之考证

我国政府信息公开制度的立法目的究竟应当是什么?综观当前世界各国的信息公开制度,知情权或一般信息获取权既是信息公开法的重要法理根基,也是绝大多数国家信息公开法的立法目的。

---

① 黄全:《我国政府信息公开立法的两种风格——基于〈政府信息公开条例〉与地方规范的文本分析与比较》,《政法学刊》2011年第6期。

（一）政府信息公开制度立法目的之法理根基

从法理上看,知情权和一般信息获取权是信息公开制度的重要法理根基,也是将其确定为这一制度立法目的的正当性所在。知情权(Right to know),也称"知的权利"或知悉权,最早由美国的肯特·库珀在 1945 年提出。20 世纪 50 到 60 年代在美国兴起的"知情权运动",促使知情权广泛传播、运用并很快作为公民的政治权利被各国法律确认。在民主的体制下,政府机关的权力为民所授,属于人民,因而应受人民支配。人民与政府之间的关系实质上是委托代理关系,人民是权力的所有者、委托人,政府则是人民权力的代理人、受托人。因此,人民是国家的主人,政府官员只不过是人民的公仆,主人当然有权知道公仆所做的事情。只有这样,才能控制和监督权力,维护自身利益,防止政府权力的异化和腐败。

同时,知情权本来也是公民的生存权、发展权的题中之意。个人需要足够的信息增长知识、形成和发展人格。尤其在现代社会中,信息已成为人们活动的基础和动力,每个人都需要大量信息来判断自身的处境并作出选择,离开了信息每个人必将落后于时代而无从发展。同时,现实生活中存在着大量诸如自然环境、社会治安、政府决策等与个人生活息息相关的信息,直接影响甚至威胁着个人的生存与发展。只有充分了解这些信息,公民个人才能采取各种手段予以应对,趋利避害。

正是由于知情权的上述重要性,世界许多国家的宪法都对公众的知情权或信息获取权加以确认。"从现代民主制度的角度来看,生存权、政治权利和自由以及社会文化权利等基本人权为人所必须,而知情权则是个人生存权与发展权的一部分,应作为公民的基本权利之一,是公民参与国家管理、保护自身利益的前提。"[①] 一系列国际法律文件也确立了其地位。1948 年《世界人权宣言》第 19 条规定:"人人有权享有主张和发表意见的自由。此项权利包括持有主张而不受干涉的自由,和通过任何媒介和不论国界寻求、接受和传递消息和思想的自由"。此后,联合国在 1966 年的《公民权利和政治权利国际公约》第 19 条中再次重申了此项权利,包括寻求、接受和传递信息的信息

---

① 　罗冰眉:《论知情权的法律边缘》,《现代情报》2005 年第 5 期。

获取权,从而使知情权成为国际社会普遍认可的基本人权。知情权与信息获取权既有联系又有区别:信息获取权可以分为一般信息获取权和特别信息获取权,特别信息获取权是基于某种需要的非普适性的获取权,而一般信息获取权是基于"知的权利"的普适性的获取权。因此,一般信息获取权因与知情权具有同一内涵,构成政府信息公开制度的理论根基。(详见本著第二章第二节相关部分)

(二)政府信息公开制度立法目的之法例佐证

第二次世界大战后,知情权是公民的一项基本人权已逐渐得到国际社会的普遍认可。据统计,截至 2008 年,在 69 个国家的信息公开立法中,有 52 个国家的立法文本明确提出要保护公众的知情"权利"。[①] 截至 2019 年,世界上已经建立信息公开制度的国家已经达到一百多个,且其中绝大多数明确保护知情权。

其一,美国《信息自由法》是为适应公民知情权保障的需要而制定的。约翰逊总统在签署《信息自由法》时也曾深情言道:"任何人都不可能对可以公开的决定蒙上一个秘密的屏幕而不损害公共利益……美国是一个开放的社会,这个社会里,知情权受到重视和保护。"[②] 可见,信息自由法是为保障知情权应运而生的,其全部条文的设计都围绕着知情权的保障进行,其后多次修正也都为了知情权的更好实现而为。作为世界上第一个单独制定信息公开立法的国家,1966 年美国的《信息自由法》体现了"right to know"。根据这项法律,公众有权向联邦政府索取任何资料,联邦政府机关有义务对公众的请求做出处理。如果联邦政府拒绝了公众的信息索取要求,则必须作出解释说明。作为《信息自由法》的重要补充,1974 年制定的《隐私权法》规定,任何公民都可以查看联邦政府机关保存的有关他们的个人信息。1976 年《阳光政府法》规定,政府机关的会议除涉及规定的例外情况外,均须向公众公开。1995 年的《削减公文法》对政府机关以版权之类的措施控制信息行为进行进一步限制。总之,经过几十年的发展和完善,这些制度在保护

---

① 范并思:《信息获取权利:政府信息公开的法理基础》,《图书情报工作》2008 年第 5 期。
② 王名扬:《美国行政法(下)》,中国法制出版社 1995 年版,第 27 页。

公众知情权方面发挥着日益重要的作用，right to know 作为立法宗旨而受到法律的保障。①《信息自由法》是美国历史上第一次明确公民知情权的法律，它改变了历史上政府对待政府信息的支配态度，限制了政府随意决定政府信息不公开的权力。

美国的信息公开制度的特点在于《信息自由法》赋予民众对政府信息的知情权，明确了政府有公开信息的责任和义务。如果民众与政府在信息的公开问题上产生争议，民众可以通过复议或诉讼维护自己的权利，②是"权利型的公开"③。

我国历史上曾经具有浓厚的保密文化传统，但是自上世纪80年代试行政务公开以来，我国的信息公开工作一步一个脚印取得了巨大的成就：2008年开始实施的《政府信息公开条例》赋予民众对政府信息的知情权，明确了政府有主动公开和依申请公开政府信息的法定职责，如果民众与政府在信息的公开问题上产生争议，民众可以通过复议或诉讼维护自己的合法权益，标志着我国信息公开制度的重要突破性探索；2010年新《保密法》确立了保密期限、定密责任人等重要制度创新，并在各个方面密切关注与信息公开制度的衔接，从而推动信息公开制度又向前迈出一大步；2019年新修订的《政府信息公开条例》在总结原条例施行以来十多年实践经验的基础之上对信息公开的例外事项进行了梳理总结，对依申请公开的程序进行了细化、对信息公开的电子化趋势做出了回应，具有重要的积极意义。与域外经过一百多年甚至几百年发展的国家相比，我国当前信息公开制度虽然起步较晚，但是发展速度很快，发展势头令人瞩目，充分发挥了制度建设方面的后发优势。然而，相对于信息公开制度比较成熟的国家已经走过几百年的发展过程，我国信息公开制度自2007年制定以来毕竟只经过了短短十多年的发展，难免还有一些需要完善之处。《政府信息公开条例》作为一部行政法规，其立法目的还不够明确，部分规定比较模糊，造成在实践中还有政府机关对信息公开

---

① 赵辉：《美国政府信息公开制度的历史考察》，湖南师范大学出版社2011年版，第14—20页。

② 魏哲铭、牛红亮：《中美政府信息公开制度比较及借鉴》，《情报资料工作》2008年第6期。

③ 李东业、江中略、丁羽：《中美政府信息公开制度比较研究》，《云南行政学院学报》2011年第5期。

问题享有较大的裁量权和决定权,可能存在"权力主导模式"或"权力型公开"的色彩。因此,当前还应顺应时代发展的要求,大力革除"权力型"色彩,致力于建立以权利为主导的信息公开制度模式。

其二,英国《信息公开法》第1条即开宗明义规定,其立法目的在于确认和保护公民对公共机构信息的"一般获取权"(General right of access to information held by public authorities)。所谓"一般获取权",是信息获取权的一种,而信息获取权又隶属于信息权。《世界人权宣言》与联合国《公民权利和政治权利国际公约》第19条都对信息权进行了规定。根据以上两部法律的规定,信息权利包括两个方面内容:一是"人人有权享有主张和发表意见的自由",即生产与发布信息的"信息表达权"。二是有权"寻求、接受和传递"信息的自由,即"信息获取权",主要由信息公开法保护。信息获取权构成信息权利的两大主要内容之一,是当代民主社会的基石。

值得注意的是,知情权与信息获取权在我国行政法学界有被混淆的倾向。为辨明二者关系,需引入两个对应性概念即"知的需要"(need to know,有需要才能知)与"知的权利"(right to know,有权利知)。与此对应,"信息获取权"有两种实现途径:一是以"知的需要"为前提和基础的信息获取,意指在特殊情况下,法律保证公民有权获得相关信息,可称之为"特殊信息获取权"。二是以"知的权利"为前提和基础的信息获取,其不以信息申请人对于信息需求为前提的、一般性和普适性的信息权利,可称之为"一般信息获取权"。[①] 信息公开制度虽在二者基础上均可生成,但区别是显而易见的:基于"知的需要"的"特别信息获取权"对政府信息公开采取"不公开推定",只有当信息被"需要"时才予以公开。从举证角度看,既然信息获取是基于"某种需要",那么,就要求信息申请人而非信息提供者证明"需要"相关信息的理由。而基于"知的权利"的"一般信息获取权"则相反,采纳"以公开为原则"的推定,只有当信息符合法定的豁免公开的条件时,才不予公开。从举证角度看,公开义务主体需要对不予公开信息承担说明理

① 蒋红珍:《知情权与信息获取权以英美为比较法基础的概念界分》,《行政法学研究》2010年第3期。

由的义务。^① 正因为二者存在如此差别,因此,将信息获取权等同于知情权,笼统地将"保护信息获取权"作为立法目的,而对两种不同的信息获取权不作区分,会有陷入仅仅保护"知的需要"的危险境地。而构成政府信息公开制度根基的只能是与现代民主大潮相吻合的"知的权利",世界主要国家的相关立法也无不如此,我国也不应例外。

其三,日本《信息公开法》第 1 条规定:"本法的目的是根据国民主权理念,就行政文书开示的请求权作出规定,依此规定谋求行政机关保有的信息更加公开,使政府的诸项活动向国民的责任得到履行,同时有助于推进在国民正确理解和批评之下的公正、民主的行政。"^② 其立法目的主要在于赋予公民行政文书开示请求权以及明确规定政府的说明义务。基于此,日本信息公开请求权没有申请主体资格方面的任何限制,不仅保护被动意义上信息知悉权,更以保护主动意义上的请求公开信息的权利为重要使命,从而有助于充分保障公民的知情权。根据日本理论界的主流观点^③ 和其《信息公开法》第 1 条的规定,公民的知情权不仅包括被动意义上信息知悉权,而且包含完全意义上的请求公开信息的主动权利。以权利为主导的立法模式符合信息公开制度本身的性质要求,知情权的立法目的为信息公开制度的整体架构和结构安排指明了方向。

其四,韩国《信息公开法》第 1 条规定:"本法律的目的在于保障国民的知情权,确保国民的参政权以及政策运行的透明性。"可见,韩国公开立法具有两个层次的目的:直接目的是保障国民的知情权,终极目的则是实现国民

---

　　① Jamie P. Horsley, Some Thoughts on Typical Exemption Provisions to Governmental Information Disclosure, *Journal of Politics and Law*, Mar., 2009, pp.37–41.

　　② 参见刘杰:《日本信息公开法研究》,中国检察出版社 2008 年版,第 5 页。

　　③ 参见［日］日本信息公开法研究会:《信息公开制度的要点》,东京行政社 1997 年版,第 18 页,作者称知情权包括"信息领受权"和"信息开示请求权";［日］井出嘉宪等编:《信息公开》,东京行政社 1998 年版,第 144 页,书中右崎正博教授称:"'表现的自由'不单是'进行表现的自由',要理解成当然包括'信息流通的自由'和'领受的自由(知的自由)'";［日］阪本昌成:《宪法理论Ⅲ》,东京成文堂 1995 年版,第 100—101 页,该作者认为知情权包括两方面,即对不断发出的信息领受者所主张的领受自由的权利和信息的发送方为了自己表现行为的自由而主张的获取信息的权利。

参与政治和增强国家机关活动的透明度。^①

通过以上分析可知,许多国家对信息公开法立法目的的规定,虽然措辞或表达方式存在差异,但其实质不外乎"知情权"或"一般信息获取权",且其全部条文均以此为核心进行构架。这种以权利为导向的立法模式,有利于具体而明确地规定公共当局的信息义务,使得整个信息公开制度易于操作。^②

三、我国政府信息公开立法目的之科学厘定

以上考察结果表明,知情权或一般信息获取权是当今世界多数国家信息公开立法的目的及法理根基。舍此可能导致这一制度在立法目的设置上的混乱,进而影响这一制度的科学建构。以此审之,我国应对这一制度的立法目的进行科学厘定。

(一)以"保护知情权"为立法目的

知情权或一般信息获取权是现代社会公民享有的一项基本权利,是政府信息公开制度的核心思想,因而构成当今世界各国政府信息公开立法的目的及法理根基。我国现行宪法虽没有直接规定公民的知情权,但我们不能否认知情权的存在。^③ 作为宪法的隐含权,"知情权"能够在人民主权原则、言论自由以及监督权等规定的内涵处,通过宪法解释的方法解释出知情权。^④ 我党权威性文件如《中共中央关于构建社会主义和谐社会若干重大问题的决议》和《高举中国特色社会主义伟大旗帜 为夺取全面建设小康社会新胜利而奋斗》,都明确提出要保障公民的知情权、参与权、表达权、监督权。因此,我国应修改《政府信息公开条例》第 1 条有关该项制度立法目的的规

---

① 章志远:《韩国信息公开法评述——兼及对中国的立法启示》,《河南司法警官职业学院学报》2003 年第 2 期。

② 张越:《英国行政法》,中国政法大学出版社 2004 年版,第 523—524 页。

③ 黄德林、唐承敏:《公民的"知情权"及其实现》,《法学评论》2001 年第 5 期。

④ 刘飞宇:《论知情权的请求权能》,《国家行政学院学报》2004 年第 6 期。

定,将该目的明确定位为"知情权"保护上。在理解和把握上,应将"知情权"与"一般信息获取权"在同一意义上使用。基于此,信息公开法立法目的可以确定为保护"知情权",也可以确定为保护"一般信息获取权",但是不能笼统地规定为保护"信息获取权",因为"信息获取权"包括一般信息获取权和特殊信息获取权。而在保护"特殊信息获取权"的语境下,政府信息公开采取"不公开推定"的原则,只有当信息由于其特殊而被"需要"时才予以公开,且要由信息申请人论证"需要"相关信息的理由。该种形态显然是不能满足当代民主政治的要求的。

将保护知情权作为我国政府信息公开制度的立法目的,就要纠正现有的以权力为主导的立法模式,改之以权利为主导。以权利为主导,就是要对某项权利进行确认、宣示和规范,并围绕这项权利进行制度架构。政府公开的信息对民众而言不仅仅发挥其服务作用,更是公民实现参与权、表达权、监督权的必要前提。在当今行政国出现、行政权力日益膨胀的时代背景下,改变以行政为中心的权力模式尤为必要。信息公开法的目的只能是保障知情权而非其他,信息公开只能是政府的义务。知情权作为一种宪法性权利,既是实现民主政治的要求,也是民主进程的动力和实现民主政治的管道。只有充分实现公民对政府信息的"知的权利",才能实现建设现代民主法治社会和全面深化改革开放的目标。

（二）实现立法目的一元化

我国政府信息公开制度将保护知情权确定为唯一立法目的,就意味着我国这一制度立法目的的"一元化"。立法目的一元化具有逻辑清晰、涵义明确等优势,在实践中可以避免法益衡量的不确定或非公正,有利于个案正义的实现。而目的多元化考量势必增加适用法律时权衡法益的难度和自由度。在执法中,当具体个案中依法行政、行政效率与知情权发生冲突时,知情权是信息公开法律所要保护的根本利益,这将大大有利于执法人员在作出裁判时以立法目的为指导,权衡利弊、作出正确选择。[①] 一元化目的也为审理疑难

---

① 折喜芳:《论我国反垄断法的价值目标》,《河北法学》2006 年第 4 期。

案件提供重要支撑,在适用法律冲突时充当利益考量的标准。"立法目的的基本贡献是提高了法律推理的合理性。"① 以公民、法人或者其他组织的知情权为唯一立法目的,在法律适用冲突时,以此为原旨进行解释,有利于疑难案件裁判的正当性。

（三）实现保护知情权的立法目的需提升我国这一制度的法律位阶

为了更好地实现政府信息公开制度的目的,保护公民的知情权,我国需要提升这一制度的位阶,宜由全国人大及其常委会制定《信息公开法》,以取代现行作为行政法规的《政府信息公开条例》。这主要是因为:第一,"知情权"这样一项理当属于基本权利范畴的、我国宪法的隐含权利,由《政府信息公开条例》这样一部行政法规进行确认似有不妥,而应当由法律进行宣示和保护。从各国的立法经验来看,信息公开作为国家的一项基本制度,也多是以法律的形式来规定的。第二,《政府信息公开条例》的制定机关是国务院。国务院作为我国国家的最高行政机关,其制定《政府信息公开条例》的行为在本质上属于行政机关的自我约束,这种自我约束固然有其积极意义,但始终难以脱除以行政权力为中心的局限性。权力模式下的《政府信息公开条例》出于自我维护的需要难免具有不彻底性。第三,《政府信息公开条例》是行政法规,级别较低,权威性不足。而以法律的形式明确赋予公民知情权,可以有效协调信息公开立法与其他法律如《保密法》《中华人民共和国档案法》之间的关系,减少法律适用中的矛盾和冲突。②

立足于"知的权利"的要求,在"保护知情权"立法目的的指引下,法律不能再为公开信息设定标准,信息获取权不再与拟获取信息存在特定的联系,公开义务机关也不应当过问申请信息的用途或目的,只要申请人申请获取的信息不在法律禁止公开之列就应当公开。并且,任何一项信息如果没有被政府机关主动公开,均属于可以申请获取的信息,除非法律明文限制或禁止公开之。

---

① ［美］P.诺内克、P.塞尔兹尼克:《转变中的法律与社会:回应型法》,张志铭译,中国政法大学出版社 2004 年版,第 92 页。
② 韩凤然、郝静:《政府信息公开之配套法律制度研究》,《河北法学》2010 年第 3 期。

　　信息公开制度的立法目的是将立法原则、公开范围、公开标准、公开程序以及监督救济等子系统关联起来的线索,立法目的得到科学的厘定之后,政府信息公开制度的这些内容也要进行重新设计和建构,本著后文将根据情况选择性地予以考察。

第二节 政府信息公开制度基本原则之探讨

政府信息公开制度的基本原则,是适用于信息公开制度的整个法律体系、体现法的基本价值的原则。由于法律制度的基本原则对法的制定、解释、实施等具有全程和全领域的指导和统领作用,因此对政府信息公开法律制度基本原则的探讨至关重要。

一、政府信息公开制度基本原则缺失之检视

"原则"一词来自拉丁语中的 principium,其语义是"开始、起源、基础"。 法律原则是"可以作为规则的基础或本源的具有综合性、稳定性特点的原理和准则"[1],是指导和规范立法、执法以及指导规范行为的实施和争议处理的基础性法则,是贯穿于法律具体规范之中,同时又高于具体规范从而体现法律基本价值观念的准则。法的基本原则体现着法的本质和根本价值,是整个法律活动的指导思想和出发点,构成法律体系中的灵魂,决定着法的统一性和稳定性。[2] 基本原则是一种比较宏观和抽象的指导性准则,

---

① 张文显:《法哲学范畴研究》(修订版),中国政法大学出版社 2001 年版,第 53—54 页。

② 张杰、耿玉娟、王喜珍、虎岩:《政府信息公开制度论》,吉林大学出版社 2008 年版。

适用和体现于整个法律体系的基本价值。基本原则与具体原则的区别在于该原则对人的行为及其条件的覆盖面的宽窄和适用范围大小。基本原则是一部法律中第一层次的、最基本的原则,具体原则是该法律部门中某一领域的原则。与具体原则相比,基本原则属于上位原则,具体原则或曰一般的法律原则属于下位原则,具体原则是在基本原则指导下适用于某一部分的原则。

　　法的基本原则一般规定在总则部分。原《政府信息公开条例》第5条规定,"行政机关公开政府信息,应当遵循公平、公正、便民的原则"。新《政府信息公开条例》第5条规定:"行政机关公开政府信息,应当坚持以公开为常态、不公开为例外,遵循公正、公平、合法、便民的原则。"对比新、旧《政府信息公开条例》的第5条发现,新《政府信息公开条例》增加了"坚持以公开为常态、不公开为例外"的表述,以及"合法"原则。下文将对新、旧《政府信息公开条例》的第5条分别进行解读,并进行对比分析。

(一)对原《政府信息公开条例》第5条的解读众说纷纭

　　由于原《政府信息公开条例》的第5条中出现了"原则"二字,且存在于《政府信息公开条例》的总则部分,因此学界将其解读为《政府信息公开条例》的基本原则条款,在具体解读时存在下列不同的理解。

1. 一原则说

　　一原则说认为政府信息公开制度的基本原则为"以公开为原则,不公开为例外"。2007年4月24日,国务院法制办公室副主任张穹在国务院新闻办公室新闻发布会上表示,政府信息公开条例体现以"公开为原则,不公开为例外"原则。[①] 有部分学者也认为尽管条例的条文没有这么表述,但实际上间接地肯定了"以公开为原则,不公开为例外"这项立法原则。[②]

----

① 参见 http://www.gov.cn/wszb/zhibo47/content_593775.htm。
② 易晓阳:《博弈之中定规则——〈政府信息公开条例〉与〈政府信息公开条例专家建议稿〉之比较研究》,《图书情报工作》2008年第6期。

2. 三原则说

三原则说又包含两种观点。一种观点认为,政府信息公开的原则是《政府信息公开条例》第 5 条所规定的"公正、公平、便民"三原则。[①] 该观点不仅是目前我国各政府网站宣传《政府信息公开条例》时的政策解读,也是部分学者所持的观点。另一种观点认为政府信息公开的基本原则是"公正、公平、便民原则;及时、准确原则;保障公共利益原则"[②]。

3. 六原则说

六原则说也分为两种观点。一种观点认为,政府信息公开应遵循权利原则、公开原则、利益平衡原则、不收费原则、自由使用原则及救济原则六大原则。[③] 另一种观点认为政府信息公开应遵循权利原则、公开原则、平等原则,便民原则、免费自由使用原则、救济原则六大原则。[④]

(二)对原《政府信息公开条例》的第 5 条各种解读的评析

其一,假设一原则说的观点成立,原《政府信息公开条例》第 8 条关于"三安全一稳定"的内容就不应该规定在总则部分,接下来第二章就不应该以列举的形式规定政府主动公开信息的范围,第 13 条更不应该对依申请公开进行种种限制。以上条款违背了"以公开为原则,不公开为例外"的基本原则。

其二,三原则说是不妥当的,其不妥之处在于混淆了行政法的基本原则和信息公开制度的基本原则。根据当今通说,行政法包含六大基本原则:合法性原则、合理性原则、程序正当原则、高效便民原则、诚实守信原则、权责统一原则。[⑤]《政府信息公开条例》属于典型的行政法范畴,因此行政法的基

---

① 中央政府门户网站:"解读政府信息公开条例:公开三类主体,遵循三原则"。http://www.gov.cn, 2007 年 4 月 24 日发布,最后访问时间:2017 年 12 月 1 日。

② 莫于川、林鸿潮:《中华人民共和国政府信息公开条例释义》,中国法制出版社 2008 年版,第 58—88 页。

③ 周汉华:《起草〈政府信息公开条例〉(专家建议稿)的基本考虑》,《法学研究》2002 年第 6 期。

④ 王勇:《政府信息公开制度的基本原则》,《科技与法律》2007 年第 5 期。

⑤ 参见姜明安:《行政法与行政诉讼法》,北京大学出版社、高等教育出版社 2019 年版。

本原则当然适用于《政府信息公开条例》,但并非《政府信息公开条例》专有的基本原则。上述三原则说中所列的原则均属于行政法六大基本原则的一部分,它们当然适用于《政府信息公开条例》,但并非《政府信息公开条例》专有的基本原则。

其三,六原则说也是不妥当的,其不妥之处在于它不仅混淆了行政法的基本原则和信息公开制度的基本原则,而且混淆了法律制度的具体原则和基本原则。六原则说中的公开原则、平等原则,便民原则等均属于行政法的基本原则,其当然适用于《政府信息公开条例》,但并非《政府信息公开条例》的专有原则。而不收费原则、免费自由使用原则等则是《政府信息公开条例》的具体原则,只是适用于信息公开制度的某一方面,而并非《政府信息公开条例》的基本原则。

(三)对新《政府信息公开条例》第 5 条的解读与评析

此处仅对新《政府信息公开条例》第 5 条相对于原《政府信息公开条例》第 5 条新增之处进行解读与评析。首先,新《政府信息公开条例》第 5 条增加了"合法"原则,与原《政府信息公开条例》原本存在的"公正、公平、便民"一样,都属于行政法基本原则,当然适用于《政府信息公开条例》,而非专属于《政府信息公开条例》的基本原则。

其次,关于"以公开为常态、不公开为例外"的表述,有人认为这是《政府信息公开条例》的基本原则,作者对此持有不同意见。这是因为:第一,第 5 条原文表述为"行政机关公开政府信息,应当坚持以公开为常态、不公开为例外,遵循公正、公平、合法、便民的原则"。从文义解释的角度出发,此条文要求行政机关公开政府信息应当坚持以公开为常态、不公开为例外,遵循公正、公平、合法、便民的原则,而刻意回避了将"以公开为常态、不公开为例外"表述为应当遵循的"原则"之一。第二,根据《现代汉语词典》的解释,"以公开为常态"的"常态"有两个含义,一是"固定的姿态或形态",二是"通常或本来的状态"。在本条中应当适用第二重含义"通常或本来的状态"。据此,"公开"只是行政机关公开政府信息的现实状态或将要努力达到的状态,而并没有被提升到具有指导或统领意义的"原则"的高度,因此并非《政府信息公开条例》的基本原则。

（四）行政法基本原则在信息公开制度中的适用

政府信息公开制度是我国推进依法行政、建设法治政府的重要举措，《政府信息公开条例》是我国行政法的重要组成部分。因此，行政法的六大基本原则当然适用于《政府信息公开条例》。下面对行政法基本原则在《政府信息公开条例》中的适用进行分析。

1. 合法性原则

合法性原则，是指政府公开的例外信息必须有法律明确规定，非因法律明文规定，不得豁免公开。政府信息公开例外的条件和标准必须为法律所规定，行政机关豁免政府信息公开的行为必须遵守法律。法律规定了政府信息公开例外的具体范围、内容、手段、方式等，行政行为必须以法律为依据，法无明文规定不得为；行政机关应严格遵守法律的相关规定，违法者必须承担相应的法律后果。据此，政府要想豁免公开一项政府信息，必须符合宪法、法律、行政法规的要求，不能任意扩大信息公开的范围从而泄漏国家秘密、个人隐私和商业秘密；也不得随意扩大豁免公开的范围、侵犯公民的知情权。

合法性原则具有以下内涵：第一，信息公开的例外应当存在法律依据；第二，该法律可以充分获知；第三，法律制定得足够准确；第四，法律为防止任意干涉提供了有效保障。[①] 合法性原则明确了政府信息公开例外的标准——法律明文规定，限制了政府自由裁量行为的实施空间，保障了公民在行使知情权时即使被拒绝也是因为法律明文规定，而非其他。合法性原则不仅是政府信息公开例外应该遵循的原则，而且是任何行政行为的基本准则，是依法治国的保证。

2. 合理性原则

符合"合法性原则"并不是构成政府信息公开例外正当性的唯一要求，政府信息公开的例外还必须符合理性原则的要求。这是因为合法性原则仅解

---

① 参见张志铭：《法理思考的印记》，中国政法大学出版社2003年版，第175页。

决了信息公开的例外是否合法以及违法时的法律责任问题，但对行政机关行使的自由裁量权的规范无能为力——实际上，"如果可以用统一的成文规则的话，也就用不着将判断权、选择权交由行政机关自由处理使用了"①。因此，合理性原则是对合法性原则的必要和重要的补充。合理性原则要求政府信息公开例外规定和行为的内容要适度、客观，符合公平、正义等法律理性。如随着时间的推移或空间的转移，有些信息需要适时地在公开与豁免公开之间进行转化，在这种情况下，应当运用"合理性原则"来确定信息是公开还是不予公开。

比例原则是合理性原则的重要子原则之一。信息公开例外制度中的比例原则，是指政府信息公开的例外不得超过保护相关利益的必要限度，而对所限制的利益造成不应有的损害。比例原则又被称为"最小侵害原则"或"禁止过度原则"，它倡导在法律许可的范围内，两害相权取其轻，两利相较取其大。它要求政府豁免公开信息时，对公民知情权的限制降到最低程度，以免对知情权造成过度的损害。

作为当代行政法中的"帝王条例"，比例原则具有丰富的内涵。②第一，特殊性，也称目的性或目的拘束原则。政府信息公开的例外必须符合正当目的，非因正当目的不得不予公开政府信息。政府信息豁免公开主要基于以下目的：保护公共利益（如维护国家安全和国防，维护公共秩序等）和保护个人利益（如保护个人隐私、商业秘密或防止披露负有保密意义的信息等）。非因保护这些利益的目的，不得设立豁免信息公开的条款。"'目的拘束'在德国文献上是一个经联邦宪法法院所肯定的资料保护之原则，其系源自资讯自决权以及国家权限分配所形成资讯权力分配，同时抗制权力过度集中以及透明化之原则。"③这一论述揭示了目的拘束原则在个人隐私保护中的制度价值。在公共行政领域的个人隐私权保护中，目的拘束原则主要用来对抗公权力的非法行使，其规范的方法就在于以个人信息收集、使用的法定目的来约束涉及个人隐私的行政行为，使其不逾越正当目的的界限，从而保持行政

①　杨海坤：《行政法与行政诉讼法》，法律出版社1995年版，第25页。
②　参见黄学贤：《行政法中的比例原则研究》，《法律科学》2001年第1期。
③　许文义：《个人资料保护法论》，台北：三民书局2001年版。

机关收集、处理、利用和传递个人信息等行政行为的合理性。目的拘束原则
贯穿在公共行政机关收集、处理、传递、利用中个人信息的每一个环节,其基
本含义主要有:公共行政机关在收集有关个人信息时,其目的应是明确的;其
后的利用应与收集时的目的相符;除非法律另有规定,公共行政机关处理个
人信息必须是为收集、利用个人信息的目的而进行;公共行政机关除非有特
定目的或法律有明确规定,否则不能将其收集的个人信息传递给其他公共行
政机关或私人机构。总之,个人信息只能为收集之目的储存、处理与利用,在
收集、处理与利用个人信息中必须保持目的的一致性。第二,必要性,也称不
可替代性。即为了达到第一项中的正当目的,该项豁免公开行为是给知情权
造成最小侵害的措施,没有任何其他的能给人民造成更小侵害的措施能取代
该项行为。第三,比例性或相称性,即行政权力所采取的措施与其所达到的目
的之间必须合比例。具体地说,是指豁免公开信息的行为虽然为达到行政目
的所必要,但如果其实施的结果会给公共利益或知情权造成超过行政目的价
值的侵害,该项豁免行为就违反了比例原则。例如,如果仅因为所申请公开的
信息中含有少量例外信息且可以区分,就拒绝整个信息公开的申请,是不符合
比例原则的。我国《政府信息公开条例》第37条规定:"申请公开的信息中
含有不应当公开或者不属于政府信息的内容,但是能够作区分处理的,行政机
关应当向申请人提供可以公开的政府信息内容,并对不予公开的内容说明理
由。"此即体现了比例原则比例性的要求。

3. 正当程序原则

正当程序原则是约束行政机关行政活动过程的重要原则,它要求行政
权力的行使应当遵循最低程度的程序要求。它的核心思想由两条根本规则
构成:一个人不能在自己的案件中作法官;人们的抗辩必须公正地听取。协
调政府信息公开与公民隐私权的保护应遵循这一原则,在政府信息公开实践
中,行政机关往往以公民隐私权涉及公共利益而对其加以限制。然而,公共
利益是一个不确定的法律概念,对是否涉及公共利益进行判断,并将公共利
益与私人利益进行比较,以确定是否应当限制公民的隐私权是一个行政过
程。同样,在个人利益之间发生冲突时,行政机关对不同利益的权衡和确定
也是一个行政过程,这些行政过程必须正当透明,否则,这种限制本身就可能

构成恣意和侵权。《政府信息公开条例》第15条对"商业秘密、个人隐私"的认定程序和机制做出了规定,但是,规定的内容比较抽象和模糊,给认定造成了一定的"活动"空间。如从主体上看,公开的主体是行政机关,而信息认定主体也是行政机关,虽然两者不是同一机关,但二者之间存在的上下级关系或某种利益关系不免使人们对认定机关的中立性产生怀疑。在这种情况下,确立信息豁免公开制度中的正当程序原则无疑是十分必要的。

(四)基本原则旁落体现了制度完善的曲折性

"以公开为原则,不公开为例外"已经是当下世界范围内政府信息公开立法的基本原则。[①] 世界上有信息公开立法的国家,大都明确规定了这一基本原则,并以该原则指导法律的制定、法律的解释和信息公开实践。我国在制定《政府信息公开条例》前的《专家建议稿》各个版本以及最后提交国务院的文本中,都明确规定"政府信息以公开为原则,以不公开为例外"的基本原则,但在《政府信息公开条例》正式颁布的版本中,这一条被删除。事实上,早在《政府信息公开条例》公开之前,我国广州等地方规定都明确了"以公开为原则,不公开为例外"的原则并以此指导信息公开实践。[②] 与《政府信息公开条例》的《专家建议稿》、草案及之前的地方法规相比,《政府信息公开条例》基本原则的缺失体现了制度制定和完善的曲折性。根据马克思主义唯物辩证法,事物发展是前进性和曲折性的统一。我国的信息公开制度总体上是在快速前进的,但为平衡多种价值之间的冲突,前进过程中的曲折性也是在所难免的。

二、政府信息公开制度基本原则之考证

如前文所述,法的基本原则是法的灵魂,体现着法的本质和根本价值,是整个法律的指导思想和出发点。基本原则的缺失,不利于法律制定与实施过

---

① 章剑生:《知情权及其保障——以〈政府信息公开条例〉为例》,《中国法学》2008年第4期。

② 参见《广州市政府信息公开规定》,《广州政报》2002年第23期。

程中的连贯性、统一性与稳定性。确立"以公开为原则,不公开为例外"的原则,规定政府的全部文件在申请人要求时都必须公开,不公开的信息仅限于法律明确规定的免除公开的情况,不仅是世界发展潮流和实现公民知情权的要求,实践中也是大多数实行信息公开制度国家的选择。

(一)政府信息公开制度基本原则之法理根基

1. 信息公开的国际背景要求以"公开"为原则

信息公开是当今世界之发展潮流,WTO 对各国政府透明度提出了具体而明确的统一要求。在这样的时代背景下,许多国家已经或将要建立以公开为原则的政府信息公开制度,我国也不能例外。但是,我国有着历史悠久的保密传统和保密文化。中华人民共和国成立之后,保密的工作作风也曾经"为维护国家安全和利益,保障社会主义事业的顺利进行,发挥了重要作用"[1]。但是,随着信息时代的到来,这一传统已经成为经济社会发展的障碍。信息公开是信息化时代解决信息不对称问题的要求,是建立法治政府和高效政府的需要,更是市场经济加快发展的必然要求。[2] 因此,我国已经和正在从制度实践逐步确立和巩固"公开"的原则。

2. 立法目的的实现要求确立"以公开为原则"

如前所述,我国的信息公开制度要确立保护"知情权"的立法宗旨与目的。要实现这一目的,就要努力实现政府信息的"公开",这是各国信息公开制度的不二使命。最大限度实现公民"知的权利",实现政府信息公开范围的最大化,都要求以公开原则的确立为前提。实行"以公开为原则,不公开为例外"的原则,是实现知情权的正义要求和保障,是权利导向的信息公开制度的基本要求。

3. 确立"不公开为例外"是知情权边界性的要求

保护"知情权"的立法目的要求我们贯彻"公开"原则,但是知情权的行使也不是没有边界的。公开原则固然是政府信息公开制度的灵魂,但是,

---

[1]　周汉华:《我国政务公开的实践与探索》,中国法制出版社 2003 年版,第 185 页。
[2]　裴婷婷:《论政府信息公开原则》,《行政与法》2010 年第 5 期。

毫无例外的全部公开却会对公民权利和公共利益造成难以弥补的损失,进而使政府信息公开制度陷入困境。因此,要落实好公开原则,保证公民、法人和其他组织的知情权,就必须先明确"不公开为例外"的问题,即必须首先确定"不公开"的范围,"例外"之余的部分应当一律公开。以"公开"为政府信息公开制度基本原则的同时,确立"以不公开为例外"是十分必要的。公开和例外既对立又统一,恰当处理二者之间的关系,是各国政府信息公开制度的立法重点。

(二)"以公开为原则,不公开为例外"之法例佐证

美国早期的《管家法》授权行政机关控制其所主管机关的文件的散布,行政文件是否公开由行政机关长官自由决定。该法所具有的权力主导特征使信息公开成为政府的自由选择,民众对于政府决定不公开的信息无计可施。后来的《行政程序法》虽然规定信息原则上应该公开,但是其本身包含的大量宽泛概念和模糊用语赋予行政机关过多裁量权,信息是否公开实质上仍然取决于行政机关单方面的意愿。1966 年《信息自由法》的颁布建立在充分认识到政府信息的公共财产性质和保障民众应当享有的知情权的基础之上,为了适应建设公开、透明的民主政府的需要,致力于限制政府自由决定信息是否公开的权力,要求全部政府信息在申请人要求时,都必须公开,除非法律规定了"例外"。"例外"的信息仅限于《信息自由法》第 2 条和第 3 条规定的内容。其中第 2 条规定了可以免除公开的九类例外信息,第 3 条是1986 年信息自由改革法增加的,规定了三类与执法有关的特殊信息可以排除在信息自由法的适用范围之外,以避免造成特定的损失。除了第 2 条和第 3 条规定之外,其他一切信息都应该公开。如果政府拒绝提供申请人要求的信息,必须承担举证责任或说明理由。政府举证不能时,必须按照申请人的要求提供信息,申请人不承担任何证明责任。

英国 2000 年《信息公开法》宣示其以保护"一般信息获取权"为宗旨,在该宗旨指引之下,进一步规定任何人都有权获取政府信息,政府对于公众的请求必须答复。如有所需信息,一般应立即提供。《信息自由法》明确列举了 25 类豁免公开的信息,其中 8 类信息属于绝对豁免信息,另外 17 类

为相对豁免信息。其他不在列举范围内的政府信息都属于应公开的内容。通过这种方式,实现了政府信息"以公开为原则,以不公开为例外"的原则,从而达到了政府信息公开范围的最大化。而日本《信息公开法》在第5条明确规定了"依公开为原则、不公开为例外"的基本原则。

三、我国政府信息公开制度基本原则之明确

实行"以公开为原则,不公开为例外"的原则,是实现知情权的正义要求和保障,是权利导向的信息公开法的基本要求,然《政府信息公开条例》却未规定这一原则。《政府信息公开条例》第5条虽规定,行政机关公开政府信息,遵循公正、公平、合法、便民的原则,但这一规定实际上是要求行政机关在信息公开工作中坚持标准的同一性,防止不公正的公开,全然未涉及公开义务人和公开权利人之间的关系、未涉及公开与否的问题。而"应当坚持以公开为常态、不公开为例外",只是信息公开工作的现实状态、工作目标或办事方针,远未上升到原则的高度,不利于信息公开法的立法初衷以及公民知情权的保护。为此,我国应当在适当的时机进行修法,确立"以公开为原则,不公开为例外"的原则,并在具体的内容架构中规定和体现除非法律明确规定不得公开,否则所有的信息都应当公开的基本旨意。

第三节　政府信息公开范围的规定方式之选择

　　《政府信息公开条例》立法目的的不妥适和基本原则的缺失,均对我国信息公开的范围产生直接的影响,造成信息公开的例外范围不当扩大。除了以上主要因素之外,政府信息公开范围的规定方式不妥当,也影响了我国政府信息公开的范围。

　　政府信息公开范围,是指法律规定的哪些信息应当公开,哪些信息可以不公开,是信息公开法的核心内容。确定政府信息公开范围的方式主要有三种①:肯定列举式②、综合概括式③和肯定概括加否定列举式④。为了使知情权得到最大限度的维护,许多国家采取肯定概括加否定列举式规定信息公开的范围。下面将以比较的研究方法,在分析原《政府信息公开条例》关于政府信息公开范围的规定方式的基础之上,着重研究新《政府信息公开条例》关于政府信息公开范围的规定方式之规定。

---

　　①　张杰明:《开放的政府:政府信息公开法律制度研究》,中国政法大学出版社 2003 年版,第 140—141 页。

　　②　肯定列举式是以列举的方式规定哪些信息应当公开,除此之外的信息可以不公开。

　　③　综合概括式是以概括的方式规定哪些信息应当公开,哪些信息可以不公开。包括肯定概括和否定概括两个方面的内容。此种方式存在较大不确定性,在实践中不易把握。

　　④　肯定概括加否定列举是以概括的方式规定应当公开的信息,同时以列举的方式规定豁免公开的信息。

一、原条例的政府信息公开范围规定方式及其影响

探讨原《政府信息公开条例》关于政府信息公开范围规定方式的规定,有利于把握我国相关制度发展脉络及其原因,并对制度的继续发展提供帮助。

(一)原《政府信息公开条例》关于政府信息公开范围规定方式

我国原《政府信息公开条例》采取的信息公开范围规定方式是肯定列举、否定概括加否定列举。首先,原《政府信息公开条例》第10、11、12条采取肯定列举的方式,分别列举了县级以上人民政府及其部门及乡镇人民政府依照原《政府信息公开条例》第9条应当重点公开的政府信息。其次,原《政府信息公开条例》第14条第3款规定行政机关不得公开涉及"国家秘密、商业秘密、个人隐私"的政府信息,其中"国家秘密、商业秘密、个人隐私"的内涵具有不确定性,在实践中易成为信息免除公开的挡箭牌。再次,总则第8条对"三安全一稳定"①的否定概括性规定,也因为其内涵的不确定性和外延的模糊性而易成为行政机关对抗知情权的法器。根据原《政府信息公开条例》第8条的规定,行政机关不能公开危及国家安全、公共安全、经济安全和社会稳定的政府信息,这是以否定概括的方式规定信息公开的例外范围。第14条第4款规定涉及国家秘密、商业秘密、个人隐私的政府信息不得公开,则是以否定列举的方式规定信息豁免公开的范围。采取否定概括和否定列举相结合的方式来规定政府信息豁免公开的范围,再加上肯定列举式的信息公开范围,使得政府公开信息的范围受到多重限制。

第8条的否定概括式规定体现在原《政府信息公开条例》的总则中,其对原《政府信息公开条例》的其他条文具有规范或指导的作用。具体而言,原《政府信息公开条例》的其他条文不得和总则中的条文相矛盾或冲突,其他条文应当贯彻或落实总则的精神或意旨。具体表现在,原《政府信息公开

---

① 原《政府信息公开条例》第8条规定:"行政机关公开政府信息,不得危及国家安全、公共安全、经济安全和社会稳定",简称"三安全一稳定"。

条例》第9至12条所列的行政机关主动公开的政府信息不得危及国家安全、公共安全、经济安全和社会稳定，如果有危及的不能公开。原《政府信息公开条例》第13条规定的依申请公开的涉及自身生产、生活、科研等特殊需要的信息也不得危及国家安全、公共安全、经济安全和社会稳定，如果危及就不能公开。

对危及"国家安全、公共安全、经济安全和社会稳定"的政府信息限制，既涉及对信息公开范围或种类的限制，也包括对信息公开程度的限制。如涉及国家秘密就属于种类上的限制，只要是国家秘密，政府信息就不能公开。如果涉及国防军费开支问题，就是受到公开程度的限制：作为财政预算决算的总军费属于政府信息公开之列，但作为军费支出明细会受到严格限制，不在公开信息之列。而对于信息是否危及"国家安全、公共安全、经济安全和社会稳定"的裁量权，按照原《政府信息公开条例》的保密审查机制，是由持有政府信息的行政机关或行政机关的主管部门或同级保密工作部门行使的。以下几个案例表明，"三安全一稳定"已经构成行政机关拒绝公开政府信息的挡箭牌。

在"屈松峰等诉郑州市物价局不公开经济适用房价格核算信息"[1] 案中，屈松峰等紫薇苑小区的几位准业主于2009年2月11日向郑州市物价局递交了公开紫薇苑经济适用房价格核算的详细信息的申请。市物价局收到申请后于2月25日向郑州市政府办公厅作了"关于屈松峰等申请政府信息公开的内容是否涉及商业秘密的请示"，市政府办公厅答复称：根据《政府信息公开条例》第8条的规定，（1）紫薇苑小区经济适用房征地、拆迁、安置费的原始凭证、补偿费用等不得公开;（2）郑州华瑞房地产开发有限公司报送底价的材料目录和审核结果可以公开。物价局根据市政府办公厅的答复于3月3日向屈松峰等公开了开发商向其审核价格的材料目录和审核结果，但拒绝公开其他信息。通观全部公开的材料及其附件，内容不包含任何成本项目数字，屈松峰等认为物价局的具体行政行为违反了《政府信息公开

---

[1]　参见《请公开房价成本遭拒、郑州市民告物价局一审败诉》，2009年9月10日，http://www.dahe.cn/xwzx/sz/t20090512_1551174.htm。

条例》第 26 条 ① 的规定,侵害了他们的合法权利,因此向郑州市中原区法院提起了行政诉讼。中原区法院经过审理后认为,被告郑州市物价局的该信息公开行为符合法律规定,判决驳回了原告的诉讼请求。本案中郑州市政府办公厅的答复回避了屈松峰等申请信息公开的内容是否涉及商业秘密的问题,笼统地适用《政府信息公开条例》第 8 条的规定将涉及"土地征用、拆迁、安置以及补偿"的问题公开后可能危及"三安全一稳定"而拒绝公开,但公开行为到底危及了"三安全一稳定"中的哪一项,为什么公开这些信息会造成危害后果,政府信息公开机关和司法机关都没有给出解释和说明。

由于没有明确的可操作性的判断标准,对于行政机关不愿公开的信息,行政机关可以无需任何解释地以第 8 条的规定为由拒绝公开。更有甚者,在现实中把公开政府信息后可能影响特定行政机关和特定行政机关负责人"形象"的政府信息当成可能危及国家安全、公共安全、经济安全和社会稳定,从而拒绝公开。② 如朱福祥一案中,审计署就以信息"社会关注度高,敏感性强,公开后可能对社会稳定带来不利影响"等为由,拒绝公开朱福祥提出的公开北京市违规使用土地出让金的数额等四项信息公开请求。③ 在周某诉上海市人力资源和社会保障局一案中,被告即以"公开后可能危及国家安全、公共安全、经济安全和社会稳定"为由,拒绝公开职称评审委员会组成人员的名单信息。④ 不难看出,第 8 条的规定是控制政府信息公开的总阀门,控制着政府信息是否释放以及流量的大小。"只要行政机关对这些概念作扩大化解释,在这些含义不定、但分量沉重的词汇面前,公民的知情权将变得微不足道。"⑤

这种"肯定列举""否定概括"与"否定列举"结合的公开范围规定方

---

① 《政府信息公开条例》第 26 条规定:"行政机关依申请公开政府信息,应当按照申请人要求的形式予以提供;无法按照申请人要求的形式提供的,可以通过安排申请人查阅相关资料、提供复制件或者其他适当形式提供。"

② 参见杨小军:《政府信息公开范围若干法律问题》,《江苏行政学院学报》2009 年第 4 期。

③ 何虹:《完善我国政府信息免予公开范围的思考》,《行政论坛》2011 年第 3 期。

④ 练育强:《〈政府信息公开条例〉第 8 条的理解与运用——就周某某不服政府信息公开案的法律分析》,《行政法学研究》2011 年第 2 期。

⑤ 王玉林:《政府信息不予公开规则的分析——以〈政府信息公开条例〉为例》,《理论月刊》2011 年第 12 期。

式,严重限制了政府信息的公开范围。根据这些规定,社会公众也许只能获取《政府信息公开条例》明确列举的部分政府信息,与知情权保护的要求大异其旨。

(二)原《政府信息公开条例》关于政府信息公开范围规定方式的影响

原《政府信息公开条例》对政府信息公开范围的上述规定方式,造成我国主动公开信息的范围受到限制。原《政府信息公开条例》第9条规定:"行政机关对符合下列基本要求之一的政府信息应当主动公开:(一)涉及公民、法人或者其他组织切身利益的;(二)需要社会公众广泛知晓或者参与的;(三)反映本行政机关机构设置、职能、办事程序等情况的;(四)其他依照法律、法规和国家有关规定应当主动公开的。"从中可以看出,行政机关主动公开的信息至少要满足"切身利益标准、需要参与或知晓标准"等之一。由于判断信息是否"涉及公民、法人或者其他组织切身利益"或者是否需要"广泛知晓或者参与"的主体是行政机关,行政机关可能由于其认知结构所限或立场不同而出现判断不能或判断错误,也可能出现同案不同判的情况。

《政府信息公开条例》中规定的政府信息公开审查机制,对政府信息公开的范围也有影响。《政府信息公开条例》第17条规定:"行政机关应当建立健全政府信息公开审查机制,明确审查的程序和责任。行政机关应当依照《中华人民共和国保守国家秘密法》以及其他法律、法规和国家有关规定对拟公开的政府信息进行审查。行政机关不能确定政府信息是否可以公开的,应当依照法律、法规和国家有关规定报有关主管部门或者保密行政管理部门确定。"按照政府信息公开审查机制的要求,行政机关公开信息,首先应当依照《保密法》以及其他法律、甚至"法规"和国家"有关规定"对信息进行审查,以确定是否可以公开。"不能确定是否可以公开时",要将信息报"有关主管部门"或"同级保密工作部门"确定。至于确定的依据,《政府信息公开条例》没有明确规定,这在一定程度上增加了政府信息公开范围的不确定性。

二、新条例的规定方式及其影响

新《政府信息公开条例》关于政府信息公开范围的规定方式与原《政府信息公开条例》有所不同,但并无本质区别,具体可从形式和实质两个方面进行分析。

(一)新《政府信息公开条例》相关规定在形式上具有进步性

从形式上看,在规定方式方面,与原《政府信息公开条例》为"肯定式列举、否定式概括加否定式列举"有所不同,新《政府信息公开条例》表现为"肯定式列举加否定式列举"。具体来看,新《政府信息公开条例》的19、20 和21 条,是对应当公开的政府信息的肯定式列举,而第14、15、16条是对政府信息公开的例外的列举。与原《政府信息公开条例》关于政府信息公开范围的规定方式的规定相比,由于删除掉了存在于原《政府信息公开条例》总则部分的对政府信息公开的"否定式概括",使得原来例外信息的范围扩大的态势得到有效的限制,新《政府信息公开条例》中信息公开例外的范围得到厘清。

具体看来,新《政府信息公开条例》第14 条列举了三项"不予公开"事项,分别是"国家秘密","法律、行政法规禁止公开的政府信息","公开后可能危及国家安全、公共安全、经济安全、社会稳定的政府信息",只要属于此三项中之一,即按照《政府信息公开条例》的规定"不予公开",并无自由裁量的余地,因此被称为"绝对例外事项"或"绝对不予公开事项"。第15 条中"商业秘密""个人隐私"由于涉及第三方的利益,需要在征得第三方同意或者进行公共利益衡量之后"予以公开"。"商业秘密"和"个人隐私"最终是否公开需要行政机关进行裁量之后作出决定,因此被称为"相对例外事项"或"相对不予公开事项"。第16 条也列举了三项例外信息,分别是"内部事务信息""过程性信息"和"行政执法案卷信息",按照《政府信息公开条例》规定,这三项信息被称为"可以不予公开",因此被称为"可以不予公开事项"。第15、16 条均为裁量例外事项,其中第15 条是从原《政府信息公开条例》开始一直都有的裁量例外事项,第 16 条是新《政府信息公开条例》增加的例外事项。新增例外事项在原《政府信息公开条例》时期实际上也大多被行政机关和司法裁判机关视为例外事项,但主要通过援引原《政府信息公开条例》第 2 条申请公开的信息是否为政府信息、原《政府信息公开条例》第 8 条"三安全一稳定"的方式或《国务院办公厅关于做好政府信息依申请公开工作的意见》第 2 条的规定作为例外信息处理。新《政府信息公开条例》以专门条款对此加以增列,是对实践工作的经验总结,使得我国信息公开的例外制度较之以前表述更加科学、含义更加明确、层次更加清晰。

（二）新《政府信息公开条例》相关规定在实质上具有局限性

然而从实质上看,新《政府信息公开条例》对政府信息公开范围的规定方式方面与原《政府信息公开条例》并无不同。这是因为,新《政府信息公开条例》第 14 条明确将"公开后可能危及国家安全、公共安全、经济安全、社会稳定的政府信息"列举为"不予公开"的三类信息之一。从这类信息所包含的用语可知,这些用语高度概括,含义不清,因此具有高度的不确定性,并不适合作为例外信息的列举事项之一。通过比较发现,这一规定在原《政府信息公开条例》中体现在第 8 条,具体表述为:"行政机关公开政府信息,不得危及国家安全、公共安全、经济安全和社会稳定。"如前所述,这项关于"三安全一稳定"的表述,不仅含义模糊不明、涵盖宽泛,而且由于处于原《政府信息公开条例》中总则部分,因此对整部条例具有指引和统领作用,在理论上增强了原《政府信息公开条例》公开不彻底的色彩。目前在新《政府信息公开条例》中,"三安全一稳定"虽然不再处于总则之中,其对整部《政府信息公开条例》的统领作用得到限制,但是其本身包含的范围过于宽泛,因此并不适宜作为例外事项进行列举;现在作为例外事项列举在第 14 条中,其实质为否定式概括。这影响了新《政府信息公开条例》在政府信息公开范围的规定方式方面的进步意义。

三、政府信息公开范围的规定方式之科学选择

确立"保护知情权"为立法目的和"以公开为原则、不公开为例外"为基本原则,我国对现行法律规定中的政府信息公开范围的方式应当修改:首先,对应当公开的信息进行肯定式概括规定,而非肯定式列举,因为列举式规定无论表面上列举得多么丰富和全面,都难免挂一漏万;其次,应当采取"列举式"的例外规定方式,并对列举事项进行明确和细化;第三,"三安全一稳定"本身相互之间存在交叉,且通过对国家秘密的保护已经能够有效保障"三安全一稳定",因此该条款并无单独存在的价值。且考虑到"概括式"因其本身具有扩大趋势,我国应该在适当的情况下修改、完善或删除"三安全一稳定"的规定。综上,我国信息公开制度应当对公开的信息进行概括式规定,对例外信息进行列举规定,即以"肯定性概括加否定性列举"的方式规定信息公开的范围。

第三章
我国绝对不予公开
制度之完善

　　我国《政府信息公开条例》中的信息公开例外制度的基础性规定存在
一些问题,可能造成信息公开例外规定本身难以独善其身。如上所述,我国
未来的信息公开法应该确立"保护知情权"的立法目的,采取"以公开为原
则、不公开为例外"的基本原则,并在此基础之上对与政府信息公开例外相
关的信息公开范围的规定方式等配套的法律制度进行修改和完善。在此基
础之上,政府信息公开的例外规定本身,是我国信息公开制度完善的核心和
重点。

　　新《政府信息公开条例》第14条规定:"依法确定为国家秘密的政府信
息,法律、行政法规禁止公开的政府信息,以及公开后可能危及国家安全、公
共安全、经济安全、社会稳定的政府信息,不予公开。"这是新《政府信息公
开条例》关于三项绝对不公开信息的列举式规定。其中"法律、行政法规禁
止公开的政府信息"列举在此是恰当和必要的。这一规定首先是为了保证
我国范围内法律制度的协调统一,避免制度上的矛盾冲突和实践中的相同情
况、不同处理;其次,世界上多数国家信息公开制度中都有相同或类似规定;
再次,由于我国信息公开制度目前仍停留在行政法规的层次,因此不仅对法
律的相关规定不能违背,对与其同一层次的行政法规也要相互协调,因此法
律和行政法规禁止公开的政府信息都不予公开;最后,我国现行《保密法》
第4条规定"法律、行政法规规定公开的事项,应当依法公开",这一规定与
新《政府信息公开条例》的相关规定达到了一致。

　　关于"公开后可能危及国家安全、公共安全、经济安全、社会稳定的政府
信息",前文已经有充分的分析论证。即使其从原《政府信息公开条例》的
总则部分调整为新《政府信息公开条例》中的"第二章 公开的主体和范
围"后,也并未消除其本身的局限性,建议下次修法时考虑删除这一规定,可
代之以具体的例外事项的列举。

　　关于新《政府信息公开条例》列举的三项绝对不公开事项中,更加需要
研究和完善的是"国家秘密"这一例外事项,对此,通过结合我国专门规定

保守国家秘密的基本法律《保密法》进行分析,发现相关规定存在以下几个方面的问题:

首先,"国家秘密"是内涵不清、外延不明的模糊宽泛的概念。新《政府信息公开条例》对本应花大篇幅进行详细规定的作为信息公开制度核心的"信息公开的例外制度"规定得相当粗疏,实则只是轻描淡写、浅尝辄止:宽泛而有限的列举事项、大量不确定法律概念的使用与极具弹性的行政解释和司法标准,构成我国信息公开立法中豁免公开条款的独特写照。①

其次,从域外立法例来看,有些国家并无专门的保密法,信息公开的例外情形均在信息公开法中列举,且占用到例外信息的多部分篇幅。而我国有专门的《保密法》,其法律位阶高于《政府信息公开条例》,不利于二者之间的协调和融洽。

再次,豁免公开的范围与其他法律或其缺失的冲突。与《政府信息公开条例》第 19—21 条主动公开的大量列举情形相比,"国家秘密""商业秘密""个人隐私"作为公开的例外情形,显得十分单薄。《政府信息公开条例》本身没有对"国家秘密""商业秘密""个人隐私"进行界定,因此,在操作中需要援引其他领域的法律法规,由此造成了其与其他法律法规(如《保密法》)之间的冲突,或与相关法律(如《商业秘密保护法》或《个人隐私保护法》)缺失之间的冲突。

目前,我国的国家秘密主要由《保密法》《中华人民共和国保守国家秘密法实施条例》调整。尽管《保密法》经过 2010 年的修订,保密制度着力于与信息公开制度的衔接,在若干方面得到了完善。比如明确规定了"法律、行政法规规定公开的事项,应当依法公开",上收定密权限、建立定密责任人制度、明确保密期限、完善解密制度、增设"对不应当定密的事项定密,造成严重后果的"行为的法律责任等。但国家秘密范围过大的问题并未得到有效解决,国家秘密宽泛化的问题没有得到改善。新《保密法》中一些规定也与《政府信息公开条例》存在不一致之处。② 如很多保密法规除了列

---

① 蒋红珍:《从"知的需要"到"知的权利":政府信息依申请公开制度的困境及其超越》,《政法论坛》2012 年第 6 期。

② 如将所属部门中长期发展规划列为国家秘密。

举国家秘密的具体范围外,还列举了一些虽不属于国家秘密但不得擅自公开的事项。这样一来,部分应当公开的政府信息,便可能依据保密法规或部门规章变成了国家秘密而成为豁免公开的信息。

除了《政府信息公开条例》第14条规定的"绝对不予公开事项"之外,第15条规定了商业秘密、个人隐私等"相对不予公开事项",第16条规定了"可以不予公开事项",这些事项的规定也存在一些问题。比如,目前我国的商业秘密主要由《反不正当竞争法》和《国家工商管理局关于禁止侵犯商业秘密行为的若干规定》进行规范。根据2019年修正的《反不正当竞争法》第9条规定:"本法所称的商业秘密,是指不为公众所知悉、具有商业价值并经权利人采取相应保密措施的技术信息、经营信息等商业信息。"此规定表明商业秘密有三个判定标准即秘密性、价值性和保密性。但这三个标准在实践中仍然比较原则而不具有操作性。因此,我国宜尽快制定专门性的《商业秘密保护法》,对商业秘密的范围、保护程序等进行规范,为政府信息公开提供规范和统一的参照标准。

再比如,个人隐私的法律概念在我国最早出现于《民事诉讼法(试行)》,但该法未对"隐私"的涵义作出解释。之后几十年间,随着世界范围内民权运动的兴起,个人隐私在我国多部法律法规中出现的,但一直没有法律或法规对个人隐私的概念作出明确的规定。由于个人隐私的具体内涵没有明确界定,在政府信息公开实践中难以判定个人隐私的范围,涉及个人隐私这一豁免公开的范围内容成了空中楼阁。2020年5月28日通过、2021年1月1日起实施的《中华人民共和国民法典》(以下简称《民法典》),对"自然人享有隐私权"进行规定,明确了"隐私"的含义和侵犯隐私的方式,并第一次在法律中阐述了隐私与个人信息的联系与区别,这将为我国信息公开制度中"个人隐私"例外提供重要指引。

除了商业秘密和个人隐私,《政府信息公开条例》新增的例外事项包括"行政机关的内部事务信息""过程性信息"以及"行政执法案卷信息"等,《政府信息公开条例》将这三种事项规定为"可以不予公开"事项,乃是我国所首创。第16条对这三项事项进行了列举性表述,然而这三项信息被规定为"可以"不予公开信息的正当性是否充分也需要进一步研究。

　　通过以上分析可以充分认识到,我国的信息公开的例外条款本身存在一些问题。本著将以包括本章在内的连续三章的内容重点探讨我国政府信息公开语境下"绝对不予公开制度之完善""相对不予公开制度之完善"以及"可以不予公开制度之完善"。本章着力对《政府信息公开条例》规定的绝对不予公开事项进行分析,并针对性地提出完善我国政府信息公开语境下的国家秘密例外制度的建议。

第一节　国家秘密的概念及其豁免公开的原因

　　观察世界范围内国家行政过程的变迁可以发现,相较于公开而言,保密是更为悠久的主题。信息公开是在二战后才呈现出来的一个趋势,[①] 而保密作为政府特权的一部分,自政府产生那一天起就如影相随,因此,保守国家秘密是一个古老的话题。《政府信息公开条例》颁布之初,公民申请政府信息公开的热情高涨,却出其不意频遭"玻璃门",这是因为行政机关动辄以《政府信息公开条例》的例外条款作为推托拒绝公开本应公开的信息,其中犹以"国家秘密"的使用频率最高。有数据显示,某市 2008 年政府各部门受理的政府信息公开申请中获批的不到六成,而在拒绝公众申请的理由中,逾六成是因为事涉"国家秘密","国家秘密"俨然成为政府信息公开的"拦路虎"[②]。深入挖掘国家秘密的内涵、严格界定国家秘密的边界,是解决我国政府信息公开实践中存在国家秘密保护过度和信息公开不足问题的关键。

[①]　王名扬:《美国行政法》,中国法制出版社 1995 年版,第 953 页。

[②]　参见人民网报道, http://www.people.com.cn/GB/181467/182802/182803/11040965.html,最后访问时间:2010 年 3 月 29 日。

一、国家秘密的概念和特征

世界各国对于国家秘密在规范上采取的定义方式分为"形式定义说"①、"实质定义说"②、"复合说"③ 三种，其中"复合说"由于结合了"实质定义说"和"形式定义说"二者之长，更有利于明确界定国家秘密的概念。我国《保密法》基本也采取这种方式来进行定义。《保密法》第 2 条规定："国家秘密是关系国家的安全和利益，依照法定程序确定，在一定时间内只限一定范围内的人员知悉的事项。"根据这一规定，"国家秘密"具备三个要素：一是"关系国家安全和利益"，该要素构成国家秘密的本质属性，是国家秘密区别于其他秘密的本质特征和实质要素。二是"依照法定程序确定"，这是构成国家秘密的程序要素。三是"在一定时间内只限一定范围的人员知悉"，这是构成国家秘密的时空要素。在第 2 条规定"国家秘密"实质规定的基础之上，《保密法》第 9 条规定了"国家秘密"的事项范围。④ 从以上规定可以得出国家秘密具有以下基本特征：

（一）国家秘密关系国家安全和利益

"关系国家安全和利益"是国家秘密的本质特征，这是准确判定一项信息是否国家秘密的关键。所谓"国家"安全和利益，是相对于"局部"安全

---

①　形式定义说指立法上不对国家秘密的本质进行概括，而只是在构成要件上列举出国家秘密的范围。

②　法律法规对于国家秘密的本质特征进行了高度概括，而对国家秘密的范围则未加规定，因此容许法官在适用法律时以解释及自由裁量的方式加以衡量。

③　复合说，又称"实质定义加形式定义说"，是指立法在高度概括国家秘密实质特征的同时，也以列举方式规定国家秘密的范围。

④　《保密法》第 9 条规定：下列涉及国家安全和利益的事项，泄露后可能损害国家在政治、经济、国防、外交等领域的安全和利益的，应当确定为国家秘密：（一）国家事务重大决策中的秘密事项；（二）国防建设和武装力量活动中的秘密事项；（三）外交和外事活动中的秘密事项以及对外承担保密义务的秘密事项；（四）国民经济和社会发展中的秘密事项；（五）科学技术中的秘密事项；（六）维护国家安全活动和追查刑事犯罪中的秘密事项；（七）经国家保密行政管理部门确定的其他秘密事项。政党的秘密事项中符合前款规定的，属于国家秘密。这是《保密法》对国家秘密范围的规定。

和利益而言的,必须关系国家"整体"的安全和利益,才可能构成国家秘密。同时所谓"关系到"国家安全和利益,是指事项一旦被公开或被泄露将"直接危害"国家安全和利益,如果只是间接地危害国家安全和利益,也不构成国家秘密。[1] 国家秘密关系到国家安全和利益已被大多数国家所认可,但是,基于各国国情各不相同,国家安全和利益的具体内涵并不一致,因此,各国关于国家安全和利益的规定存在较大差别。由于国家安全和利益是内涵模糊、难以界定的概念,出于既要保障国家安全和利益、又要最大限度地满足公众知情权促进信息公开和民主的双重考虑,许多国家的法律在界定国家秘密概念时,对"国家安全和利益"进行严格的限定。[2]

(二)国家秘密具有合法性

"国家秘密"依照法定程序确定,因此,具有"合法性",这是国家秘密的程序特征。国家秘密必须依照"法定程序"确定,在许多法治国家,国家秘密的确定和密级的划分、保密期限的确定以及国家秘密的变更与解密程序等都有明确而具体的规定,以防止国家秘密的核定由于程序缺失而导致过分膨胀和泛滥。一些国家明确规定关系国家安全和利益的事项必须经过严谨的法定程序,才能被确定为国家秘密。

(三)国家秘密具有保密性

"国家秘密"具有保密性是指国家秘密由于其性质的特殊性而享有的保密的必要性。由于具有保密性,各国纷纷采取必要的保密措施,如通过制定保密法针对不同等级的国家秘密规定相应的保密措施和保密制度。但是,国家秘密是"在一定时间内只限一定范围的人员知悉"的信息,因此,保密并不是绝对和无限延长的,它不是永远保密,也不是对所有人保密,而只是禁止一定范围之外的人知悉和获取。而且随着时间的延续和形式的发展,失去保密的必要性的信息必须按照法律的规定转化为应该公开的政府信息,这就

---

[1]　保密法比较研究课题组:《保密法比较研究》,金城出版社 2001 年版,第 117 页。

[2]　同上书,第 118 页。

是各国法律中规定的"解密程序"。

（四）国家秘密具有等级性

各国根据国家秘密与国家安全和利益的关系程度的不同及国家秘密一旦泄露对国家安全和利益造成的危害程度的不同，往往通过立法将国家秘密划分为不同的等级。法律对不同密级的国家秘密规定了不同的保密期限和不同的变更、解密制度。一般来说，国家秘密的密级越高，保密期限就越长，有权合法知悉、接触的人员范围就越小。密级制度有利于国家根据国家秘密的重要程度，最大程度地保护与国家利益和安全关系最紧密的国家秘密，从而达到维护国家安全和利益的目的。各国区分国家秘密等级的制度包括三分法和四分法两种。美国、日本和韩国采取三分法，将国家秘密区分为三个等级。我国也是如此，我国的《保密法》将国家秘密划分为绝密、机密和秘密三个等级。而德国、泰国等国家则将国家秘密区分为四个等级，如《泰国国家安全条例》将国家秘密区分为绝密、机密、秘密和内部资料四个等级。

（五）国家秘密具有不可转让性

不可转让性是国家秘密与商业秘密的重大区别，这是由国家秘密的本质特征和重要性决定的。一个事项一旦被确定为国家秘密就不能被转让，但这种不可转让性不是绝对的，如基于打击国际恐怖组织的需要，一国可以将其自身持有的与打击犯罪有关的国家秘密通报给他国，以增进国际合作。①

二、国家秘密豁免公开的理论基础

政府信息公开与保守国家秘密是一对矛盾的统一体，正确处理二者之间的关系，一方面可以有效保障公民知情权，促进阳光高效法治政府的建立，另

---

① 苏志鑫：《试论信息公开背景下的国家秘密保护制度——以国家秘密核定的法律控制为中心》，中国政法大学 2010 年硕士学位论文。

一方面可以确保国家秘密不致泄漏，从而更好地维护国家安全和利益。

（一）政府信息公开与保守国家秘密之间的冲突

首先，政府信息公开与保守国家秘密之间的冲突是一种私权利与公权力的冲突。政府信息公开与保守国家秘密之间的冲突，事实上是知情权（权利）和保密权①（权力）之间的冲突。知情权与保密权是一双对立的法学范畴，知情权是公民私人享有的私权利（Private right），保密权是国家机关享有的公权力（Public power or state power）。私权利具有"法无禁止即可为"的属性，而公权力是基于社会公益的目的而由国家机关依法享有和行使的强制性权利，二者存在着内在的对立统一关系。其中私权利是公权力的基础，公权力以保障私权利为目的并以私权利为界限。②

知情权与保密权之间的冲突，本质上体现的是私权与公权的冲突，是前者的能动性与后者的被动性之间的冲突。前者要求公开和了解信息，代表的是开放性。后者要求保守国家秘密，代表的是保守性。并且二者由于都具有保护的价值而在法律上都得到了认可和保护，因此，它们之间的冲突成为必然，公开与保密之间的冲突其实就是知情权与保密权之间的冲突，两者在动态的发展中寻求并实现平衡。

其次，政府信息公开与保守国家秘密之间的冲突也是个体利益与公共利益的冲突。一切法皆以保护人类的利益而存在，如果离开利益的要素，则法将不能存在。③ "权利代表利益，法律制度是各种利益冲突与妥协的结果。知情权与保密权的冲突实质上是利益之间的冲突。政府信息公开是为了保障知情权，实质上保护了公民个体利益。保守国家秘密是为了维护国家的安全和利益，实质上是保护了国家整体利益和公共利益。因此，从某种意义上说，知情权与保密权的冲突是个体利益与社会公共利益的冲突。一方面个体

---

① 保密权是国家享有的依法决定对涉及国家安全和利益的事项进行保密，不对公众公开的权力。

② 毕颖：《政府信息公开与保守国家秘密的冲突与平衡》，北京交通大学 2011 年硕士学位论文。

③ ［日］美浓部达吉：《宪法学原理》，欧宗佑、何作霖等译，中国政法大学出版社 2003 年版，第 66 页。

利益的实现要求政府信息公开,另一方面社会公共利益①的实现要求保守信息不被公开,个体利益和公共利益就表现出尖锐的矛盾冲突。

再次,政府信息公开与保守国家秘密之间的冲突也是自由与秩序的价值冲突。"权利真实地反映了法的价值属性,法的价值属性也主要是通过权利范畴才能全面、准确的反映出来。"②政府信息公开与保守国家秘密之间的冲突不仅体现了利益的冲突,更体现了自由与秩序的价值冲突。自由强调的是主体个性和自由的发挥,而秩序强调的是有序状态的建立与维持,二者之间的冲突在所难免。这种冲突表现在信息公开领域就是:知情权的保护出于法律对自由的充分保障,知情权即为法律赋予公民的获取信息的自由,而有序的信息公开秩序是以放弃一定个体的自由为代价的。通过适当地牺牲民事主体的部分信息支配权,以保证国家的安全和秩序。

政府信息公开和保守国家秘密分别代表着不同的价值追求和不同的利益取向,两者的冲突引发的问题是不容回避的。例如,为了维护秩序而牺牲个体自由应当控制到什么程度,即知情权在何种范围内向保密权作出让步的"度",是需要法律界定的。法律制度建设面临着一个两难的境地,它必须把握知情权和保密权的合理界限,平衡两者的冲突,让两者在协调中发展。

(二)政府信息公开与保守国家秘密之间的调和

"即便在一个民主的社会中,国家也必须被允许保守某些秘密,以保持其有效性。大多数人都承认,秘密禁毒警察的身份或战时军队的部署是合法的机密。"③虽然保守国家秘密与政府信息公开之间存在多方面的冲突,但是二者之间还同时存在相同的价值指向和终极目标——国家的安全和利益。

首先,保守国家秘密是为了维护国家安全和利益。国家秘密事项牵涉国家安全和重大利益,例如,一些涉及国防、军事、未成熟的外交政策、交涉谈判等的信息若被公开,将有损于国家安全或利益。"没有政府利益比国家安全

---

① 国家利益属于社会公共利益的一种。

② 张文显:《法哲学范畴研究》,中国政法大学出版社 2003 年版,第 343 页。

③ 〔美〕约翰·D.泽莱兹尼(John D. Zelezny):《传播法——自由、限制与现代媒介》,张金玺、赵刚译,清华大学出版社 2007 年版,第 82 页。

更加具有强制力,这是显然且毫无争议的,在一些外国情报工作及军事活动的安全事务中应当支持政府保有机密信息。"① 保守国家秘密,一方面是因为在当今世界之中,不同政治组织体之间存在更为激烈的竞争,面临的竞争形势更严峻,因此,保持政治实体的存在和安全是任何政治实体运作的首要原则。另一方面,国家和政府存在的前提是基于公民契约,成立的目的是为了公民社会的福利,福利社会的建设和正常运转离不开国家和政府的参与,因此,必须首先保护国家的利益和安全,才能保障政府履行宪法所蕴含的维护全体公民安全和利益的义务。

其次,保护公民的知情权是为了维护国家的安全与利益。"恐惧源自于未知",恐慌和不信任是人心不稳和社会动荡的催化剂。建立政府信息公开制度、保护公民知情权的初衷是"信任利益"的实现。保障公民享有知情权、获取政府信息,可以获得公民对政府的理解、信任、支持和配合,这有利于政府工作的顺利开展和国家的长治久安,因此,同样是对国家安全和利益的维护。所以,"公开本身并不是目的,公开的目的在于维护人民权利,而维护人民权利的目的在于实现公共利益。"②

通过分析可知,如果不保护国家秘密,就会损害国家安全和利益,公民知情权就得不到保障。如果不推进政府信息公开,公民知情权就无法得以实现,国家安全和利益最终也会受到影响。国家的安全和利益,是政府信息公开和保护国家秘密的共同目标,是平衡政府信息公开和保护国家秘密之间的根本支点,是政府信息公开和保护国家秘密之间的关系得以调和的根本原因。

---

① Halg v. Agee, 453 U.S. 280, 307（1981）.
② 魏永征、张鸿霞:《大众传播法学》,法律出版社 2007 年版,第 38 页。

第二节　政府信息公开语境下国家秘密制度存在的问题

　　我国自古具有浓厚的保密文化传统,中华人民共和国成立后,中央人民政府政务院于 1951 年颁布了《保守国家机密暂行条例》,标志着新中国保密立法工作的起步。全国人大常务委员会 1987 年通过了《中华人民共和国档案法》,对属于国家秘密的档案从管理体制、公开期限、公布主体、奖惩制度方面作出了严密的保护性规定措施。随后全国人大常务委员会 1988 年通过了《保密法》,《保密法》是我国保密法制建设的一个里程碑。国家保密局经国务院批准发布了《中华人民共和国保守国家秘密法实施办法》(以下简称《保密法实施办法》,已失效),此后相关职能部门出台了一系列规范国家秘密的规范性文件,至此一套完整的保守国家秘密法律制度体系初步形成。2010 年 4 月全国人大常务委员会又通过了对《保密法》的修改,在《保密法》修订之后的 2014 年,国务院颁行了《中华人民共和国保守国家秘密法实施条例》(以下简称《保密法实施条例》),对完善我国保守国家秘密法律制度体系具有重要意义。总体来看,我国现行保守国家秘密法律体系由两部分组成,一部分是直接对国家秘密进行规范的法律法规 ①,另一部分是其

---

　　①　这部分法律法规包括《中华人民共和国保守国家秘密法》《中华人民共和国保守国家秘密法实施办法》以及相关职能部门规范国家秘密的规范性文件等。

他的法律法规中涉及保守国家秘密制度的配套性规定①,这些法律法规和配套性规定共同组成了我国保守国家秘密的法律体系。

《政府信息公开条例》将国家秘密规定为法定的绝对例外事项,在这种情况下,国家秘密的范围界定将直接影响到一项政府信息是公开还是保密,从而直接关系到《政府信息公开条例》的功能发挥和实践效果。当前我国对国家保密的规定存在以下问题:

一、国家秘密的范围不明确

相对于 1988 年《保密法》,现行《保密法》对国家秘密的范围基本没有改进。《保密法》第 2 条规定了国家秘密的概念,随后第 9 条②又以列举的方式规定了国家秘密的事项范围。其中第 9 条的规定可能存在以下几个问题:

(一)秘密事项内容上存在交叉或重叠

《保密法》第 9 条第 2 款列举的七类秘密事项中的第一项是"国家事务重大决策中的秘密事项",对此应该如何界定?从字面理解,应当是在处理国家事务时作出的重要决定和制定的重要策略。然而,国家事务范围极广,涉及国家的国防、安全、经济、外交、文化、科技等诸多领域,国防事务、外交事务、经济事务等等都属于国家事务。而第二项中的"国防建设和武装力量活

---

① 这部分法律法规包括:《中华人民共和国宪法》的有关规定,《中华人民共和国刑法》的有关规定,《中华人民共和国档案法》的有关规定,《中华人民共和国测绘法》的有关规定,《中华人民共和国国家安全法》的有关规定,《中华人民共和国审计法》的有关规定,《中华人民共和国政府信息公开条例》的有关规定和其他法律法规的相关规定等。

② 现行《保密法》第 9 条规定:下列涉及国家安全和利益的事项,泄露后可能损害国家在政治、经济、国防、外交等领域的安全和利益的,应当确定为国家秘密:

(一)国家事务重大决策中的秘密事项;(二)国防建设和武装力量活动中的秘密事项;(三)外交和外事活动中的秘密事项以及对外承担保密义务的秘密事项;(四)国民经济和社会发展中的秘密事项;(五)科学技术中的秘密事项;(六)维护国家安全活动和追查刑事犯罪中的秘密事项;(七)经国家保密行政管理部门确定的其他秘密事项。

政党的秘密事项中符合前款规定的,属于国家秘密。

动"显然属于国防事务,其理所应当的属于国家事务了,与其相关的重大决策就属于"国家事务的重大决策",因此,第一项与第二项规定在逻辑上形成包含关系。依此类推,其他各项与第一项之间也存在着类似的情形。并列列举的各项内容之间存在包含、交叉、重复关系,不甚严谨。

（二）部分列举事项范围描述得过宽

以第9条第2款规定中列举的第四项"国民经济和社会发展中的秘密事项"为例,其几乎包含了经济、社会的各个领域,范围极其广泛,缺乏实践中的可操作性,增大了权力滥用的风险。而第七项"其他经国家保密工作部门确定应当保守的国家秘密事项"的规定也存在类似问题。由于第七项这一兜底条款的存在,直接造成只要"国家保密工作部门"愿意,"任何事项都可能被界定为国家秘密"的后果。

（三）关于政党秘密事项的问题

第9条第3款规定"政党的秘密事项中符合前款规定的,属于国家秘密"失之笼统。因为政党包括执政党和参政党,其中执政党作为国家的领导核心和大政方针的主要制定者,其秘密事项作为国家秘密的一部分受到特殊保护无可厚非,而其他政党的政治地位和作用决定了其党内事务不会对国家安全利益造成直接影响,因此,不应列入国家秘密的范畴。

二、定密主体范围失之过宽

国家秘密的范围和密级能够明确国家秘密信息的界限和级别,而根据范围和密级对相关信息事项进行处理的实际执行者是定密主体。所谓定密主体,又称为定密责任人,就是依照法定的标准和程序对特定信息进行判断和评估,进而认定其是否属于国家秘密的主体。

《保密法》第12条第1款规定:"机关、单位负责人及其指定的人员为定密责任人,负责本机关、本单位的国家秘密确定、变更和解除工作。"第14

条规定:"机关、单位对所产生的国家秘密事项,应当按照国家秘密及其密级的具体范围的规定确定密级,同时确定保密期限和知悉范围。"从中可以看出,《保密法》规定国家秘密的定密主体是"机关、单位负责人及其指定的人员",定密主体范围宽泛。原《保密法》规定的定密主体是"各级国家机关、单位",与原法相比,新法将"各级国家机关、单位"改成了"机关、单位负责人",却增加了"及其指定的人员"。这存在如下问题:

第一,"机关、单位"不仅涵盖了各级国家机关,还包括各类政党组织、企事业单位等其他单位。如此数量众多的机关、单位,其"负责人"何其多也。只要一个机关、单位产生了属于国家秘密范围的事项,根据第12条规定,该机关单位的负责人或其制定的人就是定密主体。法律如此规定直接造成的结果就是国家秘密产生的源头过多,定密权使用过滥。政府中的每个行政机关都可以自主行使定密权造成了行使定密权的主体分散,这种分散势必导致国家秘密源头过多过杂、产生的国家秘密数量庞大、国家秘密泛滥,结果导致政府信息趋于秘密化。

第二,根据《保密法》的规定,"机关负责人"是定密主体;而根据《政府信息公开条例》的规定,"各级人民政府"是信息公开主体。"政府通常倾向于过度保密,以避免陷入尴尬境地或避免民众的反对。"政府机关既是定密主体又是公开主体的制度设计,容易使政府在处理触及该机关的集团利益或首长个人利益的信息事项时徇私枉法。

第三,"机关、单位负责人及其指定的人员"中的"单位"包括所有的政党组织(执政党、参政党)、企事业单位(企业和涉及经济、文化、教育、体育等各个领域的事业单位)等,笼统地规定"单位负责人"具有定密权十分不妥。

第四,新《保密法》对保密主体增加了"及其指定的人员"的规定,却对被指定人员的范围、资历、程序等未作任何规定,有使定密主体比原《保密法》定密主体范围扩大的可能。

三、我国国家秘密保护制度中其他问题

除了保密事项范围和定密主体方面存在的问题之外,我国保密制度体系

中定密程序、定密期限、解密制度、法律救济等方面也存在一些不足,限于篇幅,以下择其要者述之:

其一,新《保密法》中涉及定密和解密程序的规定较少。该法第12条第2款规定:"机关、单位确定、变更和解除本机关、本单位的国家秘密,应当由承办人提出具体意见,经定密责任人审核批准。"这种程序性规定是原则性的和模糊性的,如承办人提出具体意见是采取书面形式还是口头形式,意见要包括哪几个方面的内容等均未规定。《保密法》第16条规定:"国家秘密的密级、保密期限和知悉范围,应当根据情况变化及时变更。国家秘密的密级、保密期限和知悉范围的变更,由原定密机关、单位决定,也可以由其上级机关决定。"法律法规没有对"国家秘密的密级、保密期限和知悉范围的变更"的变更条件进行规定,也没有对变更程序进行规定,只是笼统规定由"原定密机关、单位"或"其上级机关"决定。

其二,原《保密法》只规定了泄露国家秘密和疏于保守国家秘密的法律责任 ①,却对借用国家秘密之名保护非国家秘密事项的情形未作限制。新《保密法》进一步明确了泄露国家秘密和疏于保守国家秘密的法律责任,仍然未对滥施职权、随意定密、恶意定密等不当限制信息公开行为进行规定。如新《保密法》第44条规定:"违反本法规定,有下列行为之一,依法给予处分;构成犯罪的,依法追究刑事责任:(1)将涉密计算机、涉密存储设备接入互联网及其他公共信息网络的;(2)在未采取防护措施的情况下,在涉密信息系统和互联网及其他公共信息网络之间进行信息交换的;(3)使用非涉密计算机、非涉密存储设备存储、处理国家秘密信息的;(4)非法复制、记录、存储国家秘密的;(5)在未采取保密措施的有线和无线通信、互联网及其他公共信息网络中传递国家秘密的;(6)在私人交往和通信中涉及国家秘密的;(7)擅自卸载涉密信息系统的安全技术程序、管理程序的;(8)将未经安全技术处理的退出使用的涉密计算机、涉密存储设备赠送、出售、丢弃的;(9)

---

① 如旧《保密法》第31条规定:"违反本法规定,故意或者过失泄露国家秘密,情节严重的,依照刑法第一百八十六条的规定追究刑事责任。违反本法规定,泄露国家秘密,不够刑事处罚的,可以酌情给予行政处分。"第32条规定:"为境外的机构、组织、人员窃取、刺探、收买、非法提供国家秘密的,依法追究刑事责任。"

非法获取、持有国家秘密载体的;(10)通过普通邮政等无保密措施的渠道传递国家秘密载体的;(11)非法买卖、转送或者私自销毁国家秘密载体的;(12)邮寄、托运国家秘密载体出境或者未经有关部门批准,携带、传递国家秘密载体出境的。有前款行为尚不构成犯罪,且不适用处分的人员,由保密行政管理部门给予警告,并处1000元以上5000元以下的罚款;有违法所得的,没收违法所得。"第45条规定:"机关、单位违反本法规定,严重危害国家秘密安全或者发生重大泄密案件的,由有关机关依法对直接负责的主管人员和其他直接责任人员给予处分;不适用处分的人员,由保密行政管理部门给予警告,并处1000元以上5000元以下的罚款。"这些规定仍然侧重于强度泄密的法律责任,对恶意定密等行为没有明确限制。

从以上分析可以看出,新《保密法》的修订重心在于强化保密管理、严格保密责任[①],而对于确定国家秘密和政府信息公开之间的界限,以及解决《保密法》导致的阻碍透明政府建设与公民知情权保障等问题,并无多大助益。《保密法》高度的义务本位、缺乏与公众交流互动的状况基本没有得到改善。各国的实践一致表明,行政既得利益才是信息公开的最大阻力,只有恰当定位并合理设计国家秘密保护制度,才能适应改革开放时代民主政治发展的需要。

---

① 强化保密管理、严格保密责任也具有一定的和理性与必要性(因为全国人大内务司法委员会的一项调研报告显示:目前保密工作正处于泄密高发期,其中计算机网络泄密发案数占泄密案发总数的70%以上,并呈逐年增长趋势,国家安全与利益受到严重威胁),但是保密必须是在公开原则指导下的保密。

第三节　政府信息公开语境下国家秘密制度的完善

当今时代信息公开是主要潮流,保密只能是在确保国家安全的前提下,在保证公民知情权和信息公开情况下的例外,故作为国家的信息公开制度体系的《政府信息公开法》应是基本法,其他的法律如《保密法》《隐私权法》等只能作为基本法之下的特别法。基本法与特别法的关系反映在社会实践中就是:在信息公开领域一般情况下都适用基本法,特殊情况下才适用特别法。特别法必须以基本法的立法目的为立法目的。特别法要以基本法的基本原则为自己的基本原则,并以该基本原则指导自己的立法实践。对《保密法》进行准确定位以后,应该对其进行修改和完善,以便与政府信息公开制度相协调。

如前所述,2010 年《保密法》的修改主要针对网络泄密增多这一客观问题进行了以强化保密管理、严格保密责任为导向的修改,对信息资源合理利用规定不够,公众所殷殷期望的通过修改达到与《政府信息公开条例》相衔接的效果没有很好呈现。但是,随着我国信息公开探索的脚步不断加快,《保密法》本身作为信息公开制度中的一部分,必须酝酿进行新的修改。

一、修改《保密法》的基本原则

（一）《保密法》基本原则及其不足

原《保密法》第4条规定"保守国家秘密的工作，实行积极防范、突出重点、既确保国家秘密又便利各项工作的方针"，新《保密法》第4条规定："保守国家秘密的工作（以下简称保密工作），实行积极防范、突出重点、依法管理的方针，既确保国家秘密安全，又便利信息资源合理利用。"以上规定存在以下不足：

其一，新旧"保密法"第4条中都包含了"方针"二字，是不科学的。严格意义上分析，"方针"由于带有强烈的政治色彩而并非严谨的法律用语，不应当出现在国家的法律文本中。用"基本原则"代替"方针"，是比较妥当的选择。

其二，旧《保密法》通过"积极防范、突出重点、既确保国家秘密又便利各项工作"以达到"保守国家秘密"的目的，实际上采取了"以不公开为原则，公开为例外"的基本原则，公开仅为了"便利各项工作"而进行。虽然新《保密法》新增加的"法律、行政法规规定公开的事项，应当依法公开"为信息公开打开了口子，但是，与信息公开制度"以公开为原则、不公开为例外"的要求依然相去甚远，政府信息"透明、公开之路犹远"①。

（二）《保密法》基本原则的修改

《保密法》与《政府信息公开条例》所针对的对象具有同一性，都是作为整体的政府信息。如若《保密法》和《政府信息公开条例》在公开与否的问题上采取相反的基本原则，则必然割裂作为整体的政府信息内在的完整性和逻辑上的统一性。

《保密法》与《政府信息公开条例》之间的衔接是我国《政府信息公开

---

① 秦旭东：《〈保密法〉草案：透明、公开之路犹远》，《法制与社会》2010年第5期。

条例》颁布实施以来的难点与热点问题。事实上，由于指向对象的同一性，《保密法》与《政府信息公开条例》之间关系的理想状态不是衔接而是相融。《保密法》应当作为我国信息公开制度中的一项特殊制度，与信息公开法之间是特别法与基本法的关系。特别法的立法目的、基本原则等应该与基本法相协调。

为了保护公民的知情权这一宪法性权利，我国未来的信息公开法必然确定"保护知情权"的立法目的。为了保障这一目的的顺利实现，又必然确定"以公开为原则、不公开为例外"的基本原则，这就意味着政府信息应当全部公开，除非有法律明确规定某项信息可以不公开。以政府信息为指向对象的《保密法》必须被纳入我国的信息公开制度体系之中，采用"以公开为原则、不公开为例外"的基本原则，成为与整个政府信息公开制度体系相融合的有机组成部分。因此，我国应当在适当时机重启修法程序，使《保密法》将"以公开为原则、不公开为例外"原则作为基本原则进行规定，并在该原则的指导下谋篇布局。

二、完善国家秘密的定密过程

"国家秘密"是为国家安全和利益而豁免公开的信息，属于绝对豁免信息。世界大多数国家对于此类信息的规定多采取详细列举式。

根据美国《信息自由法》，美国确定国家秘密的法律依据主要有两部分组成：一是依法定密的原子能信息。1954年颁布的《原子能法》，规定原子能信息"天生"就是国家秘密，不存在定密的问题。二是依照总统行政命令确定的国家安全信息和特别接触方案。1995年克林顿总统颁布了第12958号总统行政命令——《国家安全信息保密》，2003年布什又颁布第13292号总统行政命令对该命令进行了修订。这是美国政府定密工作的主要依据，定密官员根据这一行政命令来确定国家秘密。根据上述法律法规，美国的国家秘密具体包括以下几个方面：（1）军事计划、武器系统或者其运转情况；（2）外国政府信息；（3）情报活动（包括特种活动），情报来源或方法，或者秘密情报系统；（4）美国政府的对外关系或者对外活动，包括秘密来源；

（5）涉及国家安全的科学、技术以及经济事项,包括防御国际恐怖主义的信息;（6）美国政府保护核原料或者设施的方案;（7）与国家安全相关的系统、军事设施、基础设施、工程、计划或防卫部门的弱点或能力,包括防御国际恐怖主义的信息;（8）与大规模杀伤性武器相关的信息;（9）其他法律法规规定的国家秘密。

根据《国家安全信息保密》规定,定密权只能由下列人员行使:总统、副总统,总统任命并在《联邦日志》上公布的有关机构负责人和官员,以及上述具有原始定密权人以书面形式授权的其他官员。根据这一规定,在美国只有总统、履行行政职能的副总统、总统任命的有关机构负责人,以及得到授权的政府官员这三类人才可以定密。明确的、狭窄的定密主体范围对于国家秘密产生的数量具有天然的限制作用。

综上,美国《信息自由法》确立的定密制度有如下特点:第一,美国对国家秘密范围的事项列举准确、细致,主要限制在军事、外文、情报等几个非常具体的领域,不存在内容上相互交叉或重复的现象。美国的法律还特别规定了不得对信息定密的情形:为掩盖违法低效或者行政管理失误;为阻止对个人、组织和机构不当行为的批评;为抑制竞争;为了阻止或者延误无须以国家安全名义保护的信息的公开。① 第二,美国定密主体范围狭窄,只有总统、履行行政职能的副总统、总统任命的有关机构负责人,以及得到授权的政府官员才能定密。第三,美国法律规定了定密异议制度和秘密审查制度,保证不当定密得到及时纠正。

再以加拿大为例,加拿大 1983 年《获取信息与隐私法》列举了 16 项豁免公开的信息,涉及的范围十分宽泛,为改变这一情况,加拿大 2001 年又出台了《信息安全法》。② 《信息安全法》列举了危害国家安全利益的行为,包括:（1）出于政治、宗教或意识形态等目的的犯罪以及有助于国外实体或恐怖主义集团的犯罪;（2）加拿大境内或境外的恐怖主义活动;（3）通过妨碍公共或个人的设施或系统,以达到对加拿大人民的健康、经济或财政福利、公共安全、国家安全或对加拿大任何政府部门的运转造成重大不良攻击的行

---

① 秦旭东:《〈保密法〉草案:透明、公开之路犹远》,《法制与社会》2010 年第 5 期。

② 孙光明:《加拿大:从保密法到信息安全法》,《海外资讯》2005 年第 9 期。

为（如损害加拿大重要的基础设施）；（4）可能对加拿大军事能力造成损害的行为；（5）可能对加拿大的安全情报能力造成损害的行为；（6）可能对加拿大处理外交事务或进行国际谈判的能力造成危害的行为。此外，受保护的信息还包括联邦政府或省政府正在采取措施进行保护的信息和"特殊敏感信息"①。

　　我国的保密制度可以从以下几个方面进行进一步完善：首先可以考虑将国家秘密事项界定在国家防卫（如武器、军事）、情报、国际关系以及对外承担保密义务等较窄的合理范围内。其次，虽然行政活动涉及社会生活的方方面面，但是与国家安全和利益直接相关的领域却十分有限，我国应该通过法律规定，定密主体由行政机关的最高领导人即国务院总理统一行使，法律可以规定总理经审查根据一定的条件和标准授权少数的政府官员行使定密权。第三，定密要遵照一定的程序性规定，符合一定的条件和标准，要接受专门机构的审查和质疑。

三、完善有关国家秘密的救济程序

　　政府信息公开和保守国家秘密涉讼案件与一般行政案件相比具有特殊性，因此，审理过程应该不对外公开并采取书面审理方式进行。特别是在审理涉及国家秘密的政府信息公开案件时，应该引入特殊审查程序，采取"单方审理程序"，即被告方单独参与的方式审理，确保案件中涉及国家秘密的信息不致泄露。

　　对于是否赋予人民法院和法官对国家秘密的实质审查权，是救济制度设计的关键所在。法院和法官如果只享有形式上的审查权，就无法对申请公开的政府信息内容是否属于国家秘密作出科学精准的判断，这种救济制度的

____

① "特殊敏感信息"是指政府正在采取措施进行保护的如被泄露则可从中推断出具体信息的信息，具体包括：（1）过去或现在对加拿大政府进行秘密援助的相关信息和情报来源；（2）加拿大政府在过去、现在或将来对其提供秘密援助的地区、人物、团体或实体的信息；（3）任何从事上述秘密活动者的身份；（4）军事行动计划；（5）政府保护信息的方法及其存在的缺陷；（6）来自外国实体或恐怖集团的与上述信息相关的信息。

设计也就起不到维护实质正义的效果。英国一位法学家曾提出："一位法官可以很清楚地认识到,如果他不亲自翻阅有争议的文件,他就不能很好地进行权衡。法官自己翻阅文件似乎是正当的,如果法官翻阅文件后有所发现因而作出公正的结论,便更加证明这是非常必要的了。"① 对此美国规定了"秘密审查"即"法官私人办公室内审查"（in camera review）制度:"法官对机密性质的文件,在私人办公室内审查,不对外界公开"②,日本也有类似的对"禁止屏蔽审查"审理模式的法律规定。

我国行政诉讼在一般情况下适用公开审理原则,同时,我国的《行政诉讼法》中的第 54 条规定人民法院有权对于那些"涉及到国家秘密、个人隐私以及法律另有规定的"案件采取不公开审理的方式,但这里所提到的"不公开审理"与"不公开审查"仍然有所不同:不公开审理是说强调案件的审理不向社会公开,既不允许旁听,也不允许新闻媒体的报道,但是案件对于双方当事人是完全公开的。而不公开审查是指法院在当事人不在场的情况下审理案件的方式,它不仅不向社会公开,而且不向当事人公开。最高人民法院《关于审理政府信息公开行政案件若干问题的规定》（以下简称最高法 2010 年司法解释）第 6 条规定:"人民法院审理政府信息公开行政案件,应当视情采取适当的审理方式,以避免泄露涉及国家秘密、商业秘密、个人隐私或者法律规定的其他应当保密的政府信息。"为了防止国家秘密在审查的过程中泄密,作者建议我国可以建立有关国家秘密的不公开审查制度。

同时,我国也应该大胆地赋予法官对涉及国家秘密的政府信息的实质审查权,法官可以依法对目标信息是否属于法定的国家秘密事项范围、是否按照法定程序被定为国家秘密等进行审查。当然,如果被告方能够提供证据证明其拒绝公开的政府信息已经依照法定程序确定为国家秘密,或者有国家保密工作部门出具的"政府信息涉及国家秘密、建议保密"的审查结论的,法院可以不再做实质性审查。

国家安全是一个国家最大的利益,而国家秘密就是为了确保国家安全而

---

① ［英］丹宁勋爵:《法律的未来》,刘庸安、张文镇译,法律出版社 1999 年版,第 266 页。
② 王名扬:《美国行政法》,中国法制出版社 1995 年版,第 1010—1011 页。

生。因此国家秘密不予公开是当今世界各国的通行做法。综上,我国应当在确保国家安全和利益的前提下,在适当时机重启《保密法》的修订程序,按照信息公开制度的目的和要求对《保密法》进行修订,以达到与《政府信息公开条例》的有效衔接、充分保障公民的知情权。这样,才能够更好地助推权力在阳光下运行。

第四章
我国相对不予公开制度
之完善

　　根据《政府信息公开条例》第15条的规定,我国政府信息中相对不予公开事项包括商业秘密和个人隐私两项,由于二者在权利主体、权利性质、侵权方式、保护手段等方面均具有较大差异,因此本章分为两节内容分别对其制度之完善进行探讨。

第一节　我国商业秘密例外制度之完善

一、商业秘密的概念及基本理论问题

（一）商业秘密的概念

根据《政府信息公开条例》的规定,商业秘密是豁免公开信息。但是,与国家秘密不同的是,国家秘密属于绝对豁免公开的信息,而商业秘密是相对豁免公开的信息,表现在"经权利人同意公开或者行政机关认为不公开可能对公共利益造成重大影响的涉及商业秘密的政府信息,可以予以公开"。同时与国家秘密相比,我国并没有制定专门法律对商业秘密进行保护,保护商业秘密的法律规范零散地分布在《民法典》《著作权法》《刑法》等的规定之中。实践中与国家秘密保护过度不同的是,商业秘密保护不足。

尽管我国现行的多部法律条文频繁地提到"商业秘密",但是,首次对这一概念作出明确界定的通常认为是 1993 年通过并颁布实施的《反不正当竞争法》。该法第 10 条规定:"商业秘密是指不为公众所知悉、能为权利人带来经济利益、具有实用性并经权利人采取保密措施的技术信息和经营信息。"《反不正当竞争法》(2019 年修正)第 9 条第 4 款规定:"本法所称的商业秘密,是指不为公众所知悉、具有商业价值并经权利人采取相应保密措施的技术信息、经营信息等商业信息。"1995 年 11 月由工商管理局正式公布的《关于禁止侵犯商业秘密行为的若干规定》中,进一步对"商业秘密"作出了描述:"技术信息和经营信息一般可以包括设计、程序、产品配方、制作工艺、制作方法、管理诀窍、客户名单、货源情报、产销策略、招投标中的标底及标书内容等商业信息。"另外,我国国务院法制局所组织编写的《中华人民共和国反不正当竞争法释义》对"技术信息"进行了描述。

我国作为成员国有义务遵守世界贸易组织的各项规则。《与贸易有关的知识产权协议》(简称 TRIPS 协议)用专章详细对"商业秘密"进行了规定。根据 TRIPS 协议的规定,一项信息至少应该同时符合下列三个条件才能构成商业秘密:第一,该信息的整体或者其包含的内容对于通常的进行相关工作的人来说,不是可以普遍感知或容易获取的;第二,该信息必须具有一定的商业价值;第三,合法拥有和控制这一信息的人已经根据需要使用了合理的保密措施对信息进行保护。我国应该遵守 TRIPS 协议对商业秘密的相关规定。

(二)商业秘密的特征

根据国内和国际上法律法规对商业秘密的规定,商业秘密具有以下特征:

1. 商业秘密具有秘密性

秘密性是指商业秘密具有不被公众知悉的属性。这是判断一项信息是否属于商业秘密的本质的属性。秘密性主要指两点:(1)该信息不被权利人以外的其他人所获取或知悉。(2)该信息在同行业或其被应用的领域内,也未被其他人所获知。比如早期一个关于经济适用住房成本是否属于商业秘密的案例,由于国家相关法律法规①明确规定经济适用住房建设成本和销售价格由市场物价部门批准后按项目向社会公布,因此,并不具有秘密性,不属

---

① 建设部《关于印发经济适用住房价格管理办法的通知》中第 8 条规定,经济适用住房价格由有定价权的政府价格主管部门会同建设主管部门按照本办法有关规定,在项目开工之前确定并向社会公布。哈尔滨市人民政府《关于加强经济适用住房建设管理工作的通知》也规定,经济适用住房销售价格实行政府指导价,按保本微利原则,由成本和利润构成,利润限定在 3% 以下,经济适用住房建设成本由市建设主管部门审核,销售价格由市场物价部门批准,按项目向社会公布。

于商业秘密。[1]

2. 商业秘密具有实用性或价值性

实用性是指信息能为掌握这一信息的权利人带来或创造一定的经济利益。商业秘密的价值或重要性的根本就在于这项信息所包含的商业实用价值。

3. 商业秘密具有保密性或管理性

保密性是指信息的权利人对信息在主观上具有保护意图并对信息采取了保密措施。这种保密措施客观上将会导致其他人通过合法正当途径是无法获取该信息的。实践中,权利人采取的保密措施的方式可以是:(1)限制商业秘密的接触范围;(2)明确了接触商业秘密的准许条件;(3)采用限制商业秘密被接触的技术手段;(4)要求接触商业秘密的人员没有得到授权不能使用和披露商业秘密;(5)接触到这一商业秘密的人员都肯定可以识别和认识这一信息是商业秘密。[2]

4. 商业秘密具有可处分性

因为商业秘密权是一种私权利,因此所有权人拥有完全的支配、使用、收益和处分的权利,权利人进行有价转让、作价入股、自愿公开等处分商业秘密的行为都是法律容许的。可处分性是商业秘密与国家秘密之间不同的地方之一。

（三）商业秘密的性质

我国的法律法规虽然对商业秘密的概念作出了规定,但是,鲜有涉及商业秘密的性质。而对商业秘密的性质进行探讨,有利于对信息公开语境下的商业秘密保护问题的适当定位和商业秘密的救济制度的建立。

1. 商业秘密权的财产权性质

根据《牛津法律大辞典》的解释,"财产"(property)主要有三种含义:第一,被拥有或可能被拥有的事物;第二,基于所有权唯一拥有、享有和使用某物的权利;第三,归某人合法所有之有形财产（如土地、货物等）和无形

---

[1]　亓树新:《哈尔滨市物价局被法院判决公开经济适用房成本》,《中国青年报》2006年10月18日。

[2]　孔祥俊:《商业秘密的保护法原理》,中国法制出版社1999年版,第118页。

财产（如著作权、专利权等）①。关于商业秘密究竟能不能作为财产权对待，理论界长期争论不休。有学者认为商业秘密是无形的，因此，不能以界定产权（占有权）的方法来加以保障。有学者认为商业秘密能为权利人带来经济利益或竞争优势，因此，可以称为财产。②作者认为，第一种观点将财产等同于有形财产是欠妥的。商业秘密是一种承载了价值的信息，能为权利人带来实际或潜在的经济利益，因此，构成一项财产——信息财产。国际上其他国家也大都将商业秘密作为一项财产看待，视侵犯商业秘密为侵犯财产权看待。③

商业秘密的财产性主要表现在：第一，商业秘密能够创造财富，在现代经济生活中已成为企业的重要资产，其重要性甚至可能超过有形财产。比如，作为商业秘密的技术信息如果转化为生产力，能够提高生产率和减少生产成本。产品、设计工艺等能够满足人们的生产生活需要，代表人类的精神和文化财富。客户名单等经营信息可以减少市场中的搜寻成本，缩短收益时间。商业秘密权甚至还可以通过许可使用、有偿转让等方式来实现其价值。第二，商业秘密作为财产的另一个原因在于它的稀缺性。作为商业秘密的信息并不是天然存在的自然资源，而是人类创造性智力劳动的成果，对它们的获得是需要高智力劳动和成本投入的。这就决定了商业秘密作为稀缺资源的价值性和竞争性。④

2. 商业秘密权的知识产权性质

财产可分为有形财产和无形财产。《牛津法律大辞典》对"无形财产"的解释是"没有实体或没有物理存在形式的财产客体享有的法律权利"⑤。知识产权（intellectual property）的字面含义为"智力财产"，是一种设定在

---

①　[英]戴维·M.沃克：《牛津法律大辞典》，北京社会与科技发展研究所组织编译，光明日报出版社1989年版，第729页。

②　张五常：《商业秘密》，载于博客中国网之张五常的博客专栏，http://blog.sina.com.cn/s/blog-4784laf70l0004od.html，最后登录时间：2009年1月11日。

③　日本在《知识产权战略大纲》中提到，信息财产与知识财产是21世纪最重要的财产。郑成思在《知识产权——应用法学与基本理论》一书中认为"信息财产"及"知识财产"与"信息产权"及"知识产权"是含义相同的，只是在中文里的表述不同。

④　张成立：《论商业秘密权》，《哈尔滨学院学报》2003年第7期。

⑤　参见[英]戴维·M.沃克：《牛津法律大辞典》，北京社会与科技发展研究所组织编译，光明日报出版社1989年版，第226页。

特定智力创造成果上的依法享有的专有权利,是一种无形财产权。

从法学角度来看,商业秘密是人们在生产过程中创造出来的特定智力创造成果(具有非物质性),以其为客体的商业秘密权也就具有了知识产权的属性,享有法律保护,法律通过赋予商业秘密权利人对商业秘密的排他独占权以实现权利人的利益。与传统知识产权不同的是,传统的知识产权人以公开的方式独占其商业秘密,而商业秘密的权利人却以保密的方式维持排他占有。然而,不管是商业秘密还是传统的知识产权,二者在本质上都是具有丰富价值的信息财产,都是以智力创造成果为客体依法所享有的专有权利。

从经济学的角度分析,商业秘密的生产需要投入人力、物力和财力,而一旦生产出来又极易被人模仿或复制和不当利用,持有人往往难以对其实施有效控制独占使用,造成"无偿分享"。这种结果明显有违法律上的公平原则和经济学上的投资收益原理,会对商业秘密权利人发明创造和智力开发的积极性造成严重打击,不利于维护商业道德和竞争秩序。只有通过知识产权保护的方式,才能帮助权利人收回成本并获得利润。可见,商业秘密权的本质特征、保护目的、保护原理与知识产权并无二致,商业秘密权显然具有知识产权的性质。

(四)商业秘密豁免公开的理论基础

1. 知情权与商业秘密权的冲突

商业秘密是在市场经济发展中由权利人付出一定成本生产的、具有丰富价值的无形财产,因此,商业秘密的权利人享有针对商业秘密的财产权和知识产权,商业秘密保护的法律制度就是基于这种理论而逐渐确立的。商业秘密保护制度属于私法制度的领域。为实现"以人为本"这一科学发展观的核心理念,目前世界各国私法都对公民的私人权利进行全面和充分的保护。商业秘密虽然是属于商业秘密权人的私人利益,但行政机关由于行政权力的特性及其行使,往往掌握一些有关商业秘密的资料。这些资料在为政府所掌握后,政府即对其享有了占有和在一定条件下使用的权力。

当今时代是一个信息爆炸的时代,离开了信息人们将举步维艰。有统计表明,政府所掌握的信息占社会全部信息的百分之八十以上。政府使用纳税人的税金在行政管理过程中搜集和制作的信息不是政府的私有财产,而是属于全体民众,因而应当公开以促进社会进步,因此,没有合理的理由,政府不得拒绝公开政府信息。① 另一个方面,实行政府信息公开所体现的公共利益能够一定程度上满足民主政治的公共需要,因为阳光是最好的防腐剂和消毒剂。历史经验已经反复表明:保密的信息越多,政府就越腐败,建立符合时代需要的政府信息公开制度刻不容缓。

可见,知情权与商业秘密权的冲突实质上是信息公开制度与商业秘密保护制度之间的冲突,是公共利益与私人利益之间的冲突。

2. 知情权与商业秘密权之间的调和

知情权和商业秘密权之间并不存在不可调和的矛盾,二者之间可以通过两个途径进行协调:

（1）权利人的同意。根据《政府信息公开条例》第14条第4款的规定,行政机关不得公开涉及商业秘密的政府信息。但是经权利人同意公开的涉及商业秘密的政府信息,可以予以公开。这一规定包含以下两层含义:第一,一般情况下,行政机关不得公开涉及商业秘密的政府信息;第二,权利人同意公开涉及商业秘密的信息的,可以公开。其中既体现了国家对私权利的保护,又反映了商业秘密权的可处分性。

（2）公共利益的衡量。根据《政府信息公开条例》第14条第4款的规定,行政机关不得公开涉及商业秘密的政府信息。但是行政机关认为不公开可能对公共利益造成重大影响的涉及商业秘密的政府信息,可以予以公开。根据该规定,当出现"重大的公共利益"需要时,行政机关可以公开商业秘密。

需要进一步说明的是,此处商业秘密作出让步的条件是出现"重大的公共利益",如环境利益或者公众的健康利益。"将产品卖给公众或向环境排放污染物的私人企业不具有绝对的权利来阻碍公开其产品或设备,即便该信息属于商业秘密或其他类型的有价值的商业信息也是如此。"② 当商业秘密权与公众的健康利益或者环境保护发生冲突时,法律保护的天平应当毫不犹豫地倾向于后者。因为公众的健康利益和良好的自然环境是社会发展的根

---

① 参见张明杰:《开放的政府——政府信息公开法律制度研究》,中国政法大学出版社2003年版,第104页。

② 李广宇:《政府信息公开诉讼:理念、方法与案例》,法律出版社2009年版,第94页。

本利益,任何私益都不能与之相抗衡。美国的两个案例可以为这一论断提供佐证。

第一个案例是美国历史上著名的"安德森诉健康和人类服务部案"①(Anderson v. Department of Health and Human Services)。20世纪60年代早期,大约200万妇女做了胸部移植外科手术。但大量的患者由于进行此类手术后产生了很大的副作用,向法院提起了诉讼,同时提出了赔偿和信息公开的诉讼请求。她们诉称:"之所以进行了手术,是因为事先对手术会导致的副作用完全不知情"。安德森是该案的起诉人之一。安德森接受该项外科手术后产生了不良反应,她认为应当将液体硅胶制造商的相关文件公之于众,使得其他患者免受其苦。法院虽然认识到"完全扣置这些信息显然不符合公共利益,公众有权知晓硅胶注射的危险性",但最终仍然以保护商业秘密为由②拒绝判决公开相关文件③。

但是,法院在随后的"哥伦比亚特什公司诉食品药品管理局案"(District of Columbia in Tech v. FDA)中作出了突破性判决。法院认为"说明产品的安全性是不可置疑的公共利益,披露这些信息的重要性要远大于被告声称的对企业竞争地位的损害"④。随后,参议院对此页表示支持,并希望通过立法进一步增强公众的知情权。可见,商业秘密要以公共利益的维护为界限。

二、政府信息公开语境下商业秘密保护制度的不足

由于我国自古以来存在重公权、轻私权的法律传统,加之政府信息公开制度和商业秘密保护制度在我国起步都比较晚,我国信息公开语境下的商业秘密保护制度存在一些不足之处。

---

① Anderson v. Department of Health and Human Services, 907 F 2d 936, 7 Admin L. J. Am. U. 213, (1993).

② 法院分析认为如果同意安德森不受限制的披露健康和安全信息,那么相关企业的研究动力将会消失,而且披露商业秘密会直接导致行政机关的效率下降。

③ 王红一:《免于公开的商业秘密的界定问题》,《暨南学报》(哲学社会科学版)2005年第5期。

④ 赵正群、崔丽颖:《判例对免除公开条款的适用——对美国信息公开判例的初步研究》,《南京大学学报》(哲学、人文科学、社会科学版)2008年第6期。

（一）商业秘密的范围界定不明确

我国的政府信息公开的规范性文件分布具有中央和地方的双重特性，无论是中央的《政府信息公开条例》，还是地方的信息公开规定，都无一例外地给予商业秘密豁免公开的法律保护。但令人遗憾的是，每一部规范都只是对商业秘密进行原则性规定，而未见对商业秘密的概念、内涵或判断标准进行规定，也没有明确其中的"商业秘密"需援引其他法律中的商业秘密规定。这就为我们带来了关于政府信息公开中商业秘密界定的疑惑，并造成在司法实践中相关争议层出不穷。

除此之外，不具有完全商业秘密特征的"准商业秘密"或者与商业秘密相关的商业信息（又称"商业秘密相关信息"）是否应该得到信息公开法的豁免，法律规范也没有给出答案。由于这两类信息在保密的情况下也能给信息权利人带来商业利益或竞争优势，在实践中存在保护的价值，许多国家也采取措施进行保护。

（二）商业秘密保护的程序缺位

程序是事物运动的时间顺序、方法和步骤所构成的一个连续过程。[①] 行政程序是行政主体在依职权所实施的、影响行政相对人权利和义务时所应当遵循的基本原则、步骤和方法所构成的一个连续的过程。[②] 程序正义是实体正义的前提，美国大法官 F. 福兰克弗特曾说："自由的历史基本上是奉行程序保障的历史"[③]，就充分说明了程序的价值。

《政府信息公开条例》用大量的条款列举了主动公开的信息内容，但对商业秘密豁免公开的程序却规定得过于原则。如《政府信息公开条例》第32条规定："依申请公开的政府信息公开会损害第三方合法权益的，行政机关应当书面征求第三方的意见。第三方应当自收到征求意见书之日起15个工作日内提出意见。第三方逾期未提出意见的，由行政机关依照本条例的规定决定是否公开。第三方不同意公开且有合理理由的，行政机关不予公开。

---

① 徐银华、泽想：《关于行政程序几个基本理论问题的认识》，《南京社会科学》1999年第5期。

② 章剑生：《行政程序法原理》，中国政法大学出版社1994年版，第6页。

③ 季卫东：《程序比较论》，《比较法研究》1993年第1期。

行政机关认为不公开可能对公共利益造成重大影响的,可以决定予以公开,并将决定公开的政府信息内容和理由书面告知第三方。"该条规定了"征求意见"制度和"书面通知"制度,要求行政机关必须利用利益冲突协调机制平衡处理商业秘密,但因没有规定实际操作性的标准,可能造成行政机关滥用职权歪曲公共利益的标准。

《政府信息公开条例》第51条规定:"公民、法人或者其他组织认为行政机关在政府信息公开工作中侵犯其合法权益的,可以向上一级行政机关或者政府信息公开工作主管部门投诉、举报,也可以依法申请行政复议或者提起行政诉讼。"但是,公民、法人或者其他组织具体应该通过什么程序进行投诉和举报,上级行政机关、监察机关或者政府信息公开工作主管部门依据哪些规定进行调查和处理,这些都没有规定,因此,此处的投诉权和举报权只具有形式意义。

(三)商业秘密救济途径不健全

权利的实现需要救济制度的保障,救济是权利存续的依据。因为利益之间的差异性,权利存在着随时遭到侵犯的风险,因此,法律应当在设置、宣示权利的同时,配置救济的程序制度。[①] 权利的保障离不开必要的救济程序,"无救济就无权利"。但我国的商业秘密在政府信息公开领域的救济制度不完善甚至存在欠缺。

对商业秘密的司法救济包括民事侵权救济、刑事侵权救济和行政侵权救济。根据我国《反不正当竞争法》及《刑法》的相关规定,对商业秘密的民事侵权行为和刑事犯罪行为主要是以"不正当竞争手段"的认定为前提和构成要件的,[②] 将侵犯商业秘密行为的主体限定为自然人、法人或其他组织。

---

① 夏勇:《走向权利的时代》,社会科学文献出版社2007年版,第441页。

② 《反不正当竞争法》第10条规定:经营者不得采用下列手段侵犯商业秘密:(一)以盗窃、利诱、胁迫或者其他不正当手段获取权利人的商业秘密;(二)披露、使用或者允许他人使用以前项手段获取的权利人的商业秘密;(三)违反约定或者违反权利人有关保守商业秘密的要求,披露、使用或者允许他人使用其所掌握的商业秘密。

第三人明知或者应知前款所列违法行为,获取、使用或者披露他人的商业秘密,视为侵犯商业秘密。

《刑法》第219条和《关于禁止侵犯商业秘密行为的若干规定》第3条有着同《反不正当竞争法》一样的商业秘密侵权行为的界定。

而行政机关公开信息导致商业秘密泄露,并不构成《反不正当竞争法》及《刑法》中规定的"不正当手段",因此,无法通过民事或刑事诉讼的途径寻求法律保护。[①] 虽然我国有一些零星立法规定了政府对商业秘密的保密义务,[②] 但并无救济途径的规定,从而导致商业秘密的权利人的权利受到侵害无法得到有效保障。

《政府信息公开条例》规定了商业秘密的豁免公开制度。根据《政府信息公开条例》第32条规定,行政机关认为申请公开的政府信息涉及商业秘密、个人隐私,公开后可能损害第三方合法权益的,应当书面征求第三方的意见;第三方不同意公开的,不得公开。但是,行政机关认为不公开可能对公共利益造成重大影响的,应当予以公开,并将决定公开的政府信息内容和理由书面通知第三方。根据第51条规定:公民、法人或者其他组织认为行政机关在政府信息公开工作中侵犯其合法权益的,可以依法申请行政复议或者提起行政诉讼。《行政诉讼法》第12条第2款规定:"人民法院受理公民、法人或者其他组织提起的下列诉讼:除前款规定外,人民法院受理法律、法规规定可以提起诉讼的其他行政案件。"最高法2010年司法解释第1条规定:"公民、法人或者其他组织认为下列政府信息公开工作中的具体行政行为侵犯其合法权益,依法提起行政诉讼的,人民法院应当受理:(一)向行政机关申请获取政府信息,行政机关拒绝提供或者逾期不予答复的;……(三)认为行政机关主动公开或者依他人申请公开政府信息侵犯其商业秘密、个人隐私的。"据此分析可以认为,我国信息公开领域与商业秘密有关的救济制度存在如下特点和不足之处:

其一,《政府信息公开条例》中规定的救济模式是"行政内部救济与司法救济选择型模式"[③]。选择型模式的缺点在于容易片面造成司法系统的负担过重,且不利于发挥行政机关的专业特长。

---

① 参见刘文静:《WTO透明度原则与我国行政公开制度》,法律出版社2008年版,第130页。

② 如《价格法》第36条规定政府部门价格工作人员不得泄露当事人的商业秘密。《审计法》第14条规定审计人员对其在执行职务中知悉的国家秘密和被审计单位的商业秘密,负有保密的义务。《会计法》《统计法》《对外贸易法》和《进出口商品检验法》等法律皆有明确各自领域内的工作人员对其服务的对象具有保守商业秘密的义务等。

③ 这种选择型模式与其他国家的穷尽行政内部救济模式有很大的不同。

其二,信息公开领域有关商业秘密的诉讼争议,包括两大类基本类型:第一,某项信息应公开而未公开的争议,即普通的信息公开诉讼[①];第二,某项信息不当公开给第三人造成损害的争议,又称"反信息公开诉讼"[②]。法律法规对这两种诉讼形式的规定都非常笼统,造成实践中困难重重。

其三,最高法 2010 年司法解释第 11 条第 2 款规定:"诉讼期间,原告申请停止公开涉及其商业秘密、个人隐私的政府信息,人民法院经审查认为公开该政府信息会造成难以弥补的损失,并且停止公开不损害公共利益的,可以依照《行政诉讼法》第 56 条[③] 的规定,裁定暂时停止公开。"这是我国对反信息公开诉讼中的"禁止令制度"[④] 的首次规定,这对于防止损害后果的发生无疑是必要的。"禁止令制度"是最高人民法院针对反信息公开诉讼的特点建立的制度,是我国相关制度借鉴国外经验的表现。

其四,根据《政府信息公开条例》第 32 条的规定,行政机关享有判断是否对公共利益造成重大影响的裁量权,这一规定再次证明了《政府信息公开条例》以行政权力为主导的特点和明显的权力主义倾向。根据相关规定,行政机关可以独断"公共利益"的标准,即便裁量不当,机关直接负责人也只需受到法律处分或行政处分,至多承担所谓的"刑事责任",但法律法规对此没有明确的程序规定。而在"禁止令制度"中,法院同样面临着"公共利益"裁量的难题。

---

① 信息公开诉讼是指信息公开的申请人对行政机关拒绝公开政府信息的行为不服,依法提起行政诉讼,要求法院判决被告公开其所申请的政府信息的诉讼。

② 反信息公开诉讼是为了阻止行政机关公开某项政府信息提起的诉讼。最早来自美国司法实践中的"反《信息自由法》的诉讼("reverse–FOIA" suits)。

③ 《行政诉讼法》第 56 条规定:"诉讼期间,不停止行政行为的执行。但有下列情形之一的,裁定停止执行:(一)被告认为需要停止执行的;(二)原告或者利害关系人申请停止执行,人民法院认为该行政行为的执行会造成难以弥补的损失,并且停止执行不损害国家利益、社会公共利益的;(三)人民法院认为该行政行为的执行会给国家利益、社会公共利益造成重大损害的;(四)法律、法规规定停止执行的。当事人对停止执行或者不停止执行的裁定不服的,可以申请复议一次。"

④ 即反信息公开诉讼的原告在提起诉讼后,往往请求司法机关在判决前发出预先禁止信息公开的命令,法院经审查认为符合一定条件的,裁定"暂时停止公开"的制度。

三、政府信息公开语境下商业秘密制度的完善

在明确商业秘密的性质和给予法律保护的正当性和必要性的同时,下面将结合政府信息公开语境下商业秘密保护制度所存在不足之处,有针对性地探讨对商业秘密如何进行保护的问题。

(一)合理界定商业秘密,使之明晰化

权利是法律制定的原因和目的,而商业秘密权是一种具有财产权和知识产权性质的、需要法律给予必要和适当保护的权利。为此,我国应当尽快着手制定统一的《商业秘密保护法》,对商业秘密的性质、范围、判断标准、救济制度进行统一和明确。这样,既有助于对商业秘密进行全面地保护,又可以为信息公开领域的商业秘密的判断提供一定的标准和依据,为此宜从以下几个方面着手:

1. 合理界定和划分商业秘密

要合理界定商业秘密,这首先应当从商业秘密的三要素或三个特征即秘密性、实用性和管理性入手。秘密性就是"不为公众知悉",是指相关信息不被该所属领域的有关人员普遍知悉和容易获得,反之,如该信息已经公开或可从其他公开的渠道轻易获得,则不认为具有"秘密性"。所谓实用性,是指该信息具有现实的或潜在的商业价值,能够为权利人带来商业上的竞争优势。所谓管理性是指权利人是否对该信息采取了合理适度的保护措施,如果权利人为防止信息泄露采取了与其商业价值相适应的保护措施,即可认定为信息具有管理性。

其次,要分析信息与权利主体之间的联系。同时具备以上三个特征,是一项信息判定为"商业秘密"的前提。符合这个前提条件之后,还要分析信息与权利主体之间的具体联系:除了法律要求强制公开的商事主体名称、营业场所、经营范围、运行章程这些信息外,商事主体所拥有的信息大致可以分为两类:一类是商事主体生产经营过程中需要的信息,一类是商事主体生产

经营活动所产生的结果信息。前者常见的有产品生产配方、发明专利、生产成本、外观设计、实用新型等,这类信息的特点是被运用于生产经营的过程之中,是维持生产经营活动所必不可少的。后者包括企业的财务报表、盈利和负债状况以及相关法律纠纷、所受处罚情况等,这类信息的特点是信息产生于商事主体生产经营活动以后。第一类信息由于和生产经营活动息息相关,影响甚至决定生产经营活动的胜负成败。因此,一旦被商事主体采取了保密措施,就应当认定为商业秘密。而第二类信息由于只是生产经营状况的一种事后的反映,不会对生产经营过程产生直接影响,因此,不应当列入商业秘密范畴。

2. 探寻知情权保护和商业秘密保护之间的平衡

由于信息公开制度的立法目的是保护公民的知情权,因此,为了最大限度保障知情权,豁免公开的"商业秘密"应该从严解释,而与以保护私权为宗旨的私法中的"商业秘密"有所区别。但为了防止商业竞争对手恶意利用信息公开法进行不正当竞争,也不能对商业秘密一味地"从严从紧",还应当通过设计相应的程序制度保护商业秘密。

需要说明的是,信息公开法所豁免公开的商业秘密,不应仅指《商业秘密保护法》中的商业秘密本身,对与商业秘密相关的信息也应当豁免公开。这是为了防止商业秘密被利益相关人利用高科技手段进行重组和分析之后拼凑、整合和推导出商业秘密本身。随着科学技术的发展,在现实生活中类似的情况已经越来越多,对商业秘密的保护提出了挑战,并造成很大的冲击。因此,未来的信息公开法应当将商业秘密豁免准确规定为"商业秘密或以不公开为前提条件进行提供的其他信息"。对相关信息的判断标准可以归纳为:(1)行政机关已经对信息提供者作出保密承诺;(2)信息提供者并没有在日常向公众公开该类信息;(3)公开此类信息可能影响到行政机关以后再获得类似必要信息;(4)公开相关信息可能会对该信息提供者的地位造成实质性的危害。

3. "公共利益"衡量问题

为了防止行政机关任意发挥自由裁量权歪曲"公共利益",法律应当对行政机关课以严格的举证责任。行政机关如果为了公共利益而公开一项商业秘密,它必须举证证明公共利益确实存在,证明不公开该信息对公共利益造成的损害发生的确定性,以及不公开信息对公共利益造成的损害比公开信息对商业秘密权利人造成的损害明显大。除此之外,行政机关应该对公开信息对商业秘密权利人造成的损害进行适当的弥补或补偿。

(二)有关商业秘密保护程序的完善

法律目前设计的程序不能完全适应信息公开语境下商业秘密保护的需要。在对商业秘密的性质和特征进行深入分析和深刻认识的基础上,笔者认为可以考虑从以下几个方面着手对保护商业秘密的程序规则进行完善:

1. 建立听证程序

商业秘密一旦泄露,便覆水难收,会对权利人带来无法弥补的损失,会使得社会逐渐失去对企业创新发展的激励功能。为了避免这种后果的发生,世界各国都规定了信息公开中的商业秘密权人异议制度。我国《政府信息公开条例》规定了第三方意见制度以及公开决定的说明理由制度,但也只是简略式的一笔带过。建议借鉴广州市的《依申请公开政府信息办法》中的第三人异议制度进行具体规定,即强制规定公开义务人应当在收到信息公开申请书 5 个工作日内书面征求第三方意见,第三方应该在收到书面通知之日起15 个工作日内书面答复,并且当行政机关决定公开信息时,必须将信息内容和理由书面通知第三方,并告知救济途径。这样的规定无疑更具体明确便于操作。

为了促进行政机关对公开信息可能对商业秘密权人的利益造成损害的大小进行提前评估,同时保证行政机关将商业秘密权人的意见作为信息是否公开的重要衡量因素而非置之不理,有必要在信息公开立法中规定行政机关应当对商业秘密权人的意见给予足够重视,应当根据该书面意见对政府信息进行严格审查,包括权利人的抗辩意见是否成立,该信息公开是否具备明确的法律根据等。[1] 而要使商业秘密权利人的异议能够真正起到影响,涉及公共利益的商业秘密的信息公开决定作出前,还应由行政机关组织听证程序,各方主体在听证会上应该充分发表各方的观点,但听证程序不得涉及商业秘

---

[1]　参见汪全胜:《政府信息公开过程中的第三人权利保护》,《档案学研究》2006 年第 1 期。

密的实质内容,以免造成商业秘密不当泄露。尤其重要的是,行政机关必须将听证笔录作为信息是否公开的重要考量因素之一,不能听而不证、流于形式。作出信息公开的决定时行政机关必须详细说明所做决定的具体理由,其中的解释不能仅仅由简单套用在相关法条中的诸如"公共利益"和"重大利益"等过于笼统和抽象的词语而形成。相反,行政机关应当说明其所作的决定对听证笔录的引用情况,行政机关的理由必须对涉及的公共利益的具体内容进行解释,并说明公开商业秘密的内容、公开范围等,对商业秘密权利人的利益带来的影响作出合理评估并提出补偿方案。

2. 对商业秘密权人进行公平保护

《政府信息公开条例》对政府主动公开信息和依申请公开信息涉及到商业秘密、个人隐私时的处理有所不同:依申请公开的信息涉及商业秘密的,明确规定"应当书面征求第三方的意见",而依职权主动公开的信息只是笼统地规定"经权利人同意公开或者……的政府信息,可以予以公开。"规定所存在的这一差别是不具有正当性的:无论是依职权公开的信息还是依申请公开的信息,只要涉及商业秘密权的,都应该通过"书面"的形式征求权利人的意见。不能因为公权力的介入,就忽视对相关权利按照正当程序原则进行缜密和系统的保护。同样道理,《政府信息公开条例》规定在申请公开的情况下第三方不同意公开但"行政机关认为不公开可能对公共利益造成重大影响的,应当予以公开,并将决定公开的政府信息内容和理由书面通知第三方",而在依职权公开的情况下,只规定"行政机关认为不公开可能对公共利益造成重大影响的涉及商业秘密、个人隐私的政府信息,可以予以公开",此处未规定行政机关决定公开之后对第三人的"说明告知"义务,是不公平的。

(三) 有关商业秘密救济程序的完善

1. 建立穷尽行政内部救济制度

如前所述,我国《政府信息公开条例》确定的救济模式是"行政内部救济与司法救济选择型模式"[①]。有人认为由于我国行政权力的地位异常强势,

---

① 这种选择型模式与其他国家的穷尽行政内部救济模式有很大的不同。

实行选择性模式更能保障行政相对方的权利、避免政府权力滥用。[1] 但是，选择性模式在目前信息公开诉讼数量还不是太多的情况下也许可行，在信息公开诉讼数量激增的情况下，将造成司法系统不堪重负；且行政机关在各个领域具有专业优势的特长不能很好发挥出来。况且，随着我国以建设"阳光政府、服务政府"为目标的行政改革的不断深入，我们有理由相信行政复议能够正本清源、担负起其应当担负的法律使命。

若将视线转移到域外，也许可以寻找到更科学的行政救济方式。日本在行政救济中建立的"信息公开审查会"制度，堪称日本信息公开救济制度中的一大特色。信息公开审查会是独立于信息公开机关的中立第三人，担任行政救济制度中咨询机关的角色。信息公开审查会采用"合议制"责任形式对有关信息公开争议的案件进行调查审理并提出咨询报告，咨询报告的内容主要包括相关信息应否公开的意见及理由。但是，咨询报告并无强制力，行政机关是否采纳由其自主决定。为了防止行政机关不当的自利性[2]及上下级行政机关之间利益联系，我国可以建立类似于"信息公开审查会"的中立第三人审查制度，并对这一制度进行适度创新，如赋予我国"信息公开审查会"独立和中立的地位，确立其较高的行政级别等。

2. 实行不公开审查制度和实质审查制度

商业秘密与国家秘密的一个相似的地方在于，一旦秘密泄露将造成难以弥补的损失，因此，为防止法院审查环节的不当泄密，秉持防患于未然的原则，应当采取不公开审查模式，向双方或单方当事人不公开案件审理情况，而由法院单独审查或在只有一方当事人参与的情况下审查。这无疑一方面需要法院加强对该类案件的监督和管理，另一方面需要我国的法官具有更高的职业道德和更专业的业务知识。同时，为了保证实质正义的实现，法官应当对案件进行实质审理而非仅仅进行形式审理，这要求法官对于在案件审理过程中掌握的商业秘密承担保密义务。实行不公开审查制度和实质审查制度，是保护商业秘密和保护国家秘密的共同要求。

---

① 参见张水霞：《论政府信息公开中的商业秘密保护制度》，暨南大学 2009 年硕士学位论文。

② 政府自利性指政府在公共利益的背后隐藏着对自身利益的追求。自利性具有一定的正当性但必须被限制在合理的限度之内；公共性是政府的第一属性，自利性具有附属性。

3. 法院的公共利益审查标准

在禁止令制度中，"可能对公共利益造成重大影响"构成公开的事实要件。因此，如果原告起诉后，被告或者具体行政行为确定的权利人以"公共利益"为由申请法院先予执行，就会产生与原告要求停止执行的申请针锋相对的效果。这时，法院就要对"公共利益"是否存在以及公共利益的大小进行判断和权衡。法院在作出这类裁判时应当考虑下列因素：（1）原告提出的理由是否有很大的胜诉希望；（2）原告是否因法院不发出预先禁止的命令而可能受到不可弥补的损害；（3）法院发出预先禁止命令是否会损害公共利益。反之，对于被告或者具体行政行为确定的权利人提出的先予执行申请，也要考虑相同的因素。①

---

① 江必新、梁凤云：《政府信息公开与行政诉讼》，《法学研究》2007 年第 5 期。

第二节　我国个人隐私例外制度之完善

　　世界绝大多数国家的信息自由法均将"个人隐私"规定为信息公开的豁免事项,我国原《政府信息公开条例》和新《政府信息公开条例》也都对"个人隐私"作为政府信息公开的例外事项进行了规定。隐私观念与人类相伴久远,隐私的内容十分丰富,隐私的边界在不同传统文化中表现各异,且始终处于不断拓展和变动不居的过程之中。因此,试图对隐私的外延进行考证往往是徒劳而无功的,世界各国大多通过剖析隐私的内涵对之进行规范和保护。我国立法和司法在此方面也进行了初步的尝试,但其中还存在许多值得推敲和完善之处。

一、个人隐私的基本理论问题

　　"法学必须根据概念来发展理念"[1],因此,探讨个人隐私的概念是规范隐私权保护的逻辑起点。同时,世界各国不约而同地将个人隐私作为本国信息公开的例外事项,是因为个人隐私的保护具有特别重要性和深厚的理论基础。本部分将对隐私和隐私权的概念以及隐私权保护的理论基础进行深入分析,以期为后文的理论探讨做好铺垫。

---

[1]　[德]黑格尔:《法哲学原理》,范扬、张企泰译,商务印书馆2013年版,第2页。

（一）政府信息公开中的个人隐私

在我国，隐私是伴随着刑事诉讼法的制定而开始出现在大众视野的，其作为一个法学意义上的概念出现在我国仅有三十多年的历史。[①] 随着互联网的普及和大数据的发展，侵害个人隐私的现象越发普遍，保护隐私权的任务也显得日益迫切和紧要。

"'私隐'是一个非常模棱两可并且感情色彩非常强烈的词"[②]，任何试图为隐私找到一个统一的定义或理解的尝试都是徒劳无功的。[③] 然而，这并不妨碍我们出于学理研究和学术讨论的需要，对在一个国家的特定历史时期的隐私和隐私权概念的某些面向进行描述，或能达成某种程度的共识。

隐私作为一种观念与人类的诞生相伴而生，但作为一种权利被真正赋予法学涵义则始于 1890 年美国两位法学家萨莫尔·沃伦和路易斯·布兰戴斯在《哈佛法学评论》上发表的《隐私权》一文。西方学者对隐私权内涵的认识经历了从消极意义到积极意义上认识发展的过程。[④] 隐私权是关于隐私的权利，隐私包括私和隐两个方面的内容，"私"是与他人及公共利益无关的私人事务，"隐"是指私人事务不被他人打扰和侵入，是一种对公共性的脱离。[⑤]

1. 个人信息与个人隐私

国内意义上的个人隐私可从 2020 年 5 月 28 日出台的《民法典》中探寻，《民法典》第一次明确提出对"隐私权"进行全面细致的保护。"隐私权"规定在《民法典》第四编"人格权"的第六章"隐私权和个人信息保护"。现对个人隐私和个人信息的关系进行探讨。

（1）个人隐私及其特征。

通过对《民法典》进行全文查找，其中共有 12 处提到"隐私"。根据《民法典》的规定，"隐私是自然人的私人生活安宁和不愿为他人知晓的私密空间、

---

① 参见徐丽枝：《政府信息公开中的个人隐私保护问题研究》，法律出版社 2019 年版，第 16 页。

② ［美］理查德·A. 波斯纳：《正义／司法的经济学》，苏力译，中国政法大学出版社 2002 年版，第 239 页。

③ 张天上：《隐私权的经济分析》，《法制与社会发展》2006 年第 1 期。

④ 宋超：《政府信息公开与个人隐私权保护》，《民主与法制》2005 年第 3 期。

⑤ 王秀哲：《隐私权的宪法权利属性与两种立法责任》，《甘肃政法学院学报》2009 年第 7 期。

私密活动、私密信息"①。对这一规定进行细致分析可知,隐私具有以下特点:

第一,个人隐私的权利主体是自然人。隐私具有私人专属性,这意味着隐私是与特定个人密不可分的,离开了特定的个人可能就不属于隐私的范畴了。② 因此只有自然人可以享有个人隐私,法人和其他组织不是隐私的主体,其相关权利需要通过商业秘密等其他途径予以保护。第二,个人隐私的内容包括私密空间、私密活动和私密信息三个方面,可分别称之为空间隐私、活动隐私和信息隐私。三种隐私之间是可以相互转化的,当空间隐私或活动隐私以某种形式转化为一项信息的时候,就成为了信息隐私。政府信息公开中的个人隐私,仅指其中的信息隐私。第三,隐私具有非公开性。"隐私"一词中的"隐"意味着一种远离他人的私密状态,因此隐私必须是还没有被一般人所知晓的事情。③ 如果信息本身已经被众人所知,或者是具有开放性的空间以及公开举行的活动,因其不具有"隐"的特质,所以不是隐私。第四,隐私具有主客观统一性。无论是私人生活安宁还是组成私人生活安宁的私密空间、私密活动、私密信息,均是属于特定自然人的客观存在的事实或者状态,因此隐私具有客观性。同时,"不愿为他人知晓"又体现了隐私的主观性。比如,一般人认为自己的身高、体重、三围属于个人隐私而不愿公开,而影视明星主观上愿意公开自己的身高、体重、三围等个人信息,这些信息将不再是影视明星的个人隐私,这充分体现了个人隐私的主观性。总之,个人隐私的内涵随着社会的发展而发展,根据所处国家文化传统的差异而不同。但以上四个核心特征却可以使得隐私与其他概念区分开来。

(2)个人信息及其特征。

根据《民法典》的规定,"个人信息是以电子或者其他方式记录的能够单独或者与其他信息结合识别特定自然人的各种信息,包括自然人的姓名、出生日期、身份证件号码、生物识别信息、住址、电话号码、电子邮箱、健康信息、行踪信息等。"④2021 年 8 月 20 日通过的《中华人民共和国个人信息保

---

① 《民法典》第 1032 条第 2 款。
② 徐丽枝:《政府信息公开中的个人隐私保护问题研究》,法律出版社 2019 年版,第 23 页。
③ [日]五十岚清:《人格权法》,铃木贤、葛敏译,北京大学出版社 2009 年版,第 155 页。
④ 《民法典》第 1034 条第 2 款。

护法》(以下简称《个人信息保护法》)第 4 条规定:"个人信息是以电子或者其他方式记录的与已识别或者可识别的自然人有关的各种信息,不包括匿名化处理后的信息。个人信息的处理包括个人信息的收集、存储、使用、加工、传输、提供、公开、删除等。"有学者认为,个人信息是"一切可以识别信息主体的信息的总和,这些信息包括了一个人的身体的、心理的、智力的、体力的、个体的、社会的、经济的、文化的、家庭的等等方面"[①],据此可知个人信息具有以下特征:

第一,个人信息的权利主体是作为"个人"的自然人,具有个人专属性。第二,个人信息的本质特征在于"可识别性",这种可识别性既可以是单独具有可识别性,也可以是与其他信息结合之后具有可识别性。第三,个人信息的形式是电子方式或者其他方式记录的信息。第四,个人信息既具有财产属性,又具有人格属性,个人信息能够为个人带来经济利益,因此具有财产属性。[②] 但是个人信息由于来源于信息主体,其内容无时无刻不反映着个人的身份、言行、私生活等,因此个人信息首先具有人格属性。第五,个人信息的内容具有广泛性。

(3)个人隐私与个人信息的关系。

由以上分析可知,个人隐私包括私密空间、私密活动、私密信息三种形式,即个人隐私包括个人空间、个人活动和个人信息三个方面。而个人信息不包括个人空间和个人活动,因此仅仅是其中的一个方面。但是个人隐私与个人信息的本质区别在于其主观上"不愿为他人知晓的"信息的私密性和敏感性。

从另一方面来说,如果根据信息是否具有敏感性把个人信息分为一般个人信息和敏感个人信息,那么其中的敏感个人信息就是个人隐私,是个人隐私中的信息隐私。《个人信息保护法》第 28 条规定:"敏感个人信息是一旦泄露或者非法使用,容易导致自然人的人格尊严受到侵害或者人身、财产安全受到危害的个人信息,包括生物识别、宗教信仰、特定身份、医疗健康、金融账户、行踪轨迹等信息,以及不满十四周岁未成年人的个人信息。"根据《民法典》规定,"个人信息中的私密信息,适用有关隐私权的规定;没有规定的,

---

① 齐爱民:《拯救信息社会中的人格》,北京大学出版社 2009 年版。

② 谢远扬:《个人信息的私法保护》,中国法制出版社 2016 年版,第 19—21 页。

适用有关个人信息保护的规定"①。因此,在我国专门的隐私权法正式出台之前,对隐私信息的保护暂行适用《民法典》和《个人信息保护法》的相关规定。

综上所述,个人隐私中的信息隐私属于个人信息的范畴,而个人隐私中的空间隐私和活动隐私不属于个人信息;同时,政府信息公开中的个人隐私是指个人隐私中的信息隐私,也就是个人信息中的敏感信息。有学者认为个人信息包罗万象,包括一般个人信息和敏感个人信息,而个人隐私即为其中的敏感个人信息,因此,个人信息和个人隐私具有种属关系,个人信息中的"敏感"信息属于个人隐私,是值得商榷的。② 个人信息包括一般个人信息和敏感个人信息即隐私信息,从这个意义上来讲,个人信息是隐私信息的上位概念;但是个人信息却无法涵盖个人隐私中的空间隐私和活动隐私,因此将个人信息和个人隐私之间的关系定位为种属关系不甚妥当,个人隐私和个人信息之间是交叉重合关系。

鉴于《政府信息公开条例》规定的个人隐私主要是指个人隐私信息,《个人信息保护法》第二章第二节"敏感个人信息的处理规则"对个人隐私信息的处理和保护进行了专节规定。因此,目前可以按照这部分规定对信息公开中的个人隐私信息例外进行把握。

2. 个人隐私与隐私权

隐私权的产生源于人们刺探隐私的恶行。正如有学者所称,"不义所造成的恶行,迫使我们设计出一套权利体系来防止它们再度发生"③。权利是人为了满足其特定的利益而自主享有的权能和利益,是法律赋予人实现其利益的力量。随着社会的发展和权利意识的觉醒,人们需要更多的隐私空间和自由,而社会所提供的保护机制并不足够,在这种情况下,由法律保护隐私利益的隐私权应运而生。因此,法律上的个人隐私是隐私权保护的客体,隐私权是隐私受法律保护的权利状态。④

(1)隐私权的内涵经历了从消极到积极的发展历程。

隐私权最初的涵义为"孤独之权利",即消极不受侵扰的个体自由,系

---

① 《民法典》第 1034 条第 3 款。

② 孔繁华:《政府信息公开中的个人隐私保护》,《行政法学研究》2020 年第 1 期。

③ [美]艾伦·德肖维茨:《你的权利从哪里来?》,黄煜文译,北京大学出版社 2014 年版,第 72 页。

④ 徐丽枝:《政府信息公开中的个人隐私保护问题研究》,法律出版社 2019 年版,第 26—28 页。

"私人生活不受干扰即不被偷窥、偷拍、窃听、录音、录影及私事或私下秘密不被公开的权利"。这一内涵反映了个人对于"完全属于自己的、不对他人产生影响的一切行动享有绝对的主权",是早期自由资本主义社会中自由概念的反映。隐私权产生之初,世界各国主要通过民法典、侵权法及其他附属性法规等私法对之进行保护。

在科技、网络的迅速发展和行政权力不断膨胀的双重作用下,学者们开始重新审视隐私权的价值内涵。美国法学家威斯廷于 1967 年在《隐私权与自由》中指出,所谓隐私权"指个人拥有决定在何时、以何种方式、在何种程度上将自己的信息传达给他人的权利"[①]。1970 年美国学者米拉在《对隐私权的攻击——电脑、数据库及文件》中又从积极角度将隐私权定义为"控制有关自己信息传播的权利"[②]。这种将隐私权从消极意义上"免受私生活干扰"到积极能动的"自己信息自己控制"的转变使隐私权的真实内涵日渐清晰:权利主体对自己的个人信息的收集、存储、传播、修改享有决定权;对自己的个人信息的传播方式、传播范围享有决定权;对他人擅自收集、储存、传播甚至歪曲本人的个人信息有阻止和追诉权。

随着时代的变迁、科技的发展和行政权力的膨胀,隐私权逐渐发展成为内涵更加丰富、内容更加复杂、地位更加重要的一项权利,仅靠私法已经不足为隐私权提供全面保护,世界各国在继续私法保护的同时,纷纷转向重视采用行政法等公法保护隐私权。根据 1974 年美国《隐私权法》,"隐私就是个人希望某些信息不被泄漏,信息的范围包括事实、图像[③] 以及毁谤的观点等。如果该个人具有适当的敏感,一旦在私人场所透露出的关于他的机密性个人信息被泄漏给第三者,可能会使他感到窘迫或者情绪压抑。"根据我国的相关规定,隐私权是自然人对个人隐私进行独立支配并排除非法干涉的具体人格权。[④]

（2）隐私权的分类、权能和特征。

---

① 刘迪:《现代西方新闻法制概述》,中国法制出版社 1998 年版,第 5 页。

② 同上书,第 119 页。

③ 例如照片、录像带等。

④ 徐亮:《论隐私权》,武汉大学 2005 年博士学位论文。

第一，隐私权可以通过不同的标准进行分类：以行使方式为标准进行划分，隐私权可以划分为隐私的决定权、保密权、查询权、更正权、删除权。从行使主体上分，可以分为个人隐私和共同隐私。从内容上分，隐私权主要包括个人生活安宁权、个人信息保密权、个人通讯秘密权及个人隐私利用权等。[①]但是，这种内容上的划分也不是绝对的，如一部分私人生活可以转化为个人信息，从而使私人生活可以通过信息表现出来。

第二，政府信息公开中隐私权的权能主要包括：（1）保密权，指自然人对自己的隐私有隐瞒而使其不为他人所知的权利和禁止他人非法披露、公开、利用个人隐私的权利；（2）知情权，自然人可以向行政机关提出书面申请查阅及复制行政机关持有的个人的材料，对行政机关收集、加工、储存、传播、利用其个人信息的情况进行了解的权利；（3）利用权，自然人有依照自己的意志利用自己的隐私满足自己精神上和物质上的需要的权利；（4）修改权，是指自然人可以对档案中不准确、不相关、不适时、不完整的内容提出修改的请求权；（5）救济权，指自然人在行政机关未能满足其在个人信息的公开、查询、修改或保密要求时有通过寻求法律途径解决问题的权利。

第三，隐私权的主要特征包括：（1）隐私权的主体只能是存活的自然人，这是隐私权的"私"，隐私权的主体不包括法人和其他组织；（2）隐私权具有"隐"和私密的特性，即为外人所"不知"；（3）隐私权是一种具有财产权内容的人格权；（4）隐私权在法律性质上属于绝对权（或对世权），任何人相对于他人的隐私权都是义务人，都负有不得侵害的义务，即使是行政机关搜集、利用和保管的个人隐私信息，也只有特定的自然人为该隐私的权利人，而行政机关只是该隐私的占有人或使用人；（5）隐私权的处分性。一般情况下隐私具有秘密性，但作为一种私权利的权利主体，隐私权人有权在不违背法律规定和善良风俗的前提下依据自己的意志自由处分其隐私；（6）隐私权主观性很强、边界模糊，隐私权的内涵随时代的变迁不断发展；（7）隐私权具有很强的国别性，在不同的国家具有不同的内涵、受到不同程度的保护，这与一国的民主发展水平和人权发展状况有关。

① 郑宇：《电子健康档案中个人信息隐私的保护》。http://www.wsfx.net/xslt/detail.asp?n_id=117.

（4）现代隐私权的权利属性。

早期隐私权的核心内容是"私"，"隐"只是保护"私"的手段。"首先因其是私才隐，而不是因其隐而私，事实上有许多隐的并不一定会允许其成为隐私的。"[①] 因此，隐私权的核心价值在于保护个体的"私"能够"隐"，通过"隐"保障"私"不受侵犯。在近代政府权力有限、社会生产力水平较低、信息交流水平不高的背景下，个人通过退避即"隐"就完全可以保护"私"，因此，近代立宪中没有隐私权的明确地位，隐私权是通过"隐"于社会生活之外并通过私有财产神圣不可侵犯而间接得到保护的。如前所述，隐私权产生之初，世界各国主要通过民法典、侵权法及其他附属性法规等私法进行保护。[②]

随着第二次世界大战后干预行政的到来，行政权不断扩张和科技信息发展的迅猛推进，政府对个人活动的控制范围及政府对个人提供服务的范围都达到了前所未有的程度。生活在科技进步带来的高度物质文明中，人们越来越发现在精神方面受到痛苦和忧伤远甚于人们在某些情况下身体受到损伤的痛苦。行政的触角几乎涉及个人生活的每个角落，政府通过各种行政手段收集了大量的个人信息并记录于政府文件中。在"电脑存储、收集、传播"等作用下，他人几乎毫不费力地点击到所需的个人信息资讯。人们惊呼，人类已无个人隐私可言了！人们在不得不交出隐私从而几乎没有隐私的情况下进一步意识到隐私权保护的至关重要性。与传统社会通过"隐"实现"私"的情况不同，在隐私权无法"隐"的情况下，人们转而主张尊重和保护"私"，即个人通过自主决定"私"、掌控"私"，进而决定是否回归"隐"。在个人没有明确表示的情况下，所有机关和单位必须尊重"私"，继而实现"隐"。这是现代社会隐私权保护的最重要的变化。这一变化彰显了个人在无法脱离社会公共生活时对个体独立地位的维护，即从个体角度出发，个人自主决定个人隐私；从社会集体生活的角度出发，交出隐私时能够控制隐私并要求隐私不受侵犯。在这种形势下，寄生在私有财产权中的隐私权逐渐成长

[①]　参见［美］理查德·A.波斯纳：《正义/司法的经济学》，苏力译，中国政法大学出版社2002年版，第239—356页。

[②]　黄进发：《隐私权从私法保护到公法保护的发展》，《东南学术》2012年第3期。

为独立的基本权利寻求宪法保护，① 现代隐私权是一项宪法性的基本权利。

隐私权也是我国的一项宪法性权利。《中华人民共和国宪法》（以下简称《宪法》）对隐私权采取间接保护的方式，我国隐私权保护的条文依据是《宪法》第 37、38、39 和 40 条对人身自由、住宅、通信自由和通信秘密和人格尊严的保护来实现的。如《宪法》第 37 条规定："中华人民共和国公民的人身自由不受侵犯。任何公民，非经人民检察院批准或者决定或者人民法院决定，并由公安机关执行，不受逮捕。禁止非法拘禁和以其他方法非法剥夺或者限制公民的人身自由，禁止非法搜查公民的身体。"第 38 条规定："中华人民共和国公民的人格尊严不受侵犯。禁止用任何方法对公民进行侮辱、诽谤和诬告陷害。"第 39 条规定："中华人民共和国公民的住宅不受侵犯。禁止非法搜查或者非法侵入公民的住宅。"第 40 条规定："中华人民共和国公民的通信自由和通信秘密受法律的保护。除因国家安全或者追查刑事犯罪的需要，由公安机关或者检察机关依照法律规定的程序对通信进行检查外，任何组织或者个人不得以任何理由侵犯公民的通信自由和通信秘密。"人身自由、人格尊严、住宅、通信自由和通信秘密都是隐私权的主要内容。《民法典》第四编第六章以专章形式对隐私权予以保护，可见其重视程度。行政法对隐私权的保护，突出体现在政府信息公开制度中。

政府信息公开制度是现代行政法上的一项重要制度。在政府信息公开制度中，公民的隐私权主要体现为对档案，文件或记录中的文字、影像、数据等载体所透露出的个人隐私信息加以保护。当隐私权从消极内涵发展到积极内涵之后，政府信息公开制度中的隐私权就具有了启动行政诉讼、监督和制约行政权力、把宪法基本权利具体化等各项功能。从权利内容看，政府信息公开中的个人隐私本质上是信息隐私，隐私权的支配权包括排他、保有、利用、处分的权利。信息隐私权主要表现为信息自决权，即对涉及自己隐私的个人信息的公开与否、如何公开以及公开程度的决定权；信息知情权，指权利人在自己的信息被获取、利用、披露前有收到相应通知的权利，权利人对自己的信息是否完整或正确享有知情权；安全保障请求权，即信息权人有权要求自己提供的信息得到信息处理者的安全保障，以防止自己的隐私信息被泄

---

① 王秀哲：《隐私权的宪法权利属性与两种立法责任》，《甘肃政法学院学报》2009 年第 7 期。

露、修改或用于自己不同意的目的。①

（二）个人隐私公开豁免的理论基础

政府信息公开制度中隐私权豁免公开的理论基础,来源于知情权与隐私权之间存在的对立统一关系,具体表现为知情权与隐私权之间的冲突及其协调。权利冲突的本质是法律所保护的合法利益之间的冲突,具体表现为权利的义务主体由于履行义务而产生的冲突。另一方面,权利冲突协调的根源在于利益之间的内在一致性或曰调和性。

1.知情权和隐私权之间的冲突

由于立法者的有限理性、社会的变动性和法律语言的模糊性等诸多因素的影响,法定权利的界限在立法上未必都能被界定清楚,权利冲突在某种程度上不可避免。② 具体到政府信息公开领域,与隐私权相对应的是公民的知情权。相对于隐私权而言,知情权是一个年轻的权利范畴。如第一章所述,知情权作为一种知悉、获取信息的自由和权利,包括知政权、社会知情权、个人信息知情权。同样,作为一项宪法性权利, ③ 知情权也是一种十分重要的权利。如果不尊重知情权,在一个国家乃至在世界上便无政治自由可言。④ 美国前总统杰弗逊(Thomas Jefferson)曾有言,"如果让我来选择一个没有报纸的政府或者是没有政府的报纸的话,我会毫不犹豫的选择后者",民众只有获得充分的信息才能充分参政并在选举中作出明智的决定。

政府信息公开是满足公民知情权的需要,知情权是法治社会公民的一项重要的民主权利。第二次世界大战后世界各国蓬勃兴起的信息公开立法运动深深植根于民众的"知情权"意识之中。其主要目标在于让公众"知道他们的政府在忙些什么",即了解政府履行职责的情况,这正是信息公开所蕴涵的公共利益之所在。知情权作为一种法律权利,对于知情权的权利主体而言,就获得了一项向义务人提出要求的请求权。对于它的义务主体而言,

---

① 徐丽枝:《政府信息公开中的个人隐私保护问题研究》,法律出版社 2019 年版,第 58—68 页。
② 梁迎修:《权利冲突的司法化解》,《法学研究》2014 年第 2 期。
③ 刘作翔:《信息公开、知情权与公民隐私权的保护》,《学习与探索》2004 年第 4 期。
④ 宋小卫:《美国"情报自由法"的立法历程》,《新闻与传播研究》1994 年第 2 期。

就承担了一项向权利主体提供相关信息的法定义务。因此,为满足这一权利要求,需要信息公开这一手段。知情权的重要性在于其是作为民主制度的保障而存在的,而隐私权的价值在于保护人的自由和尊严,"自由的人格及其尊严在宪法秩序的内部秩序中具有最高位阶的价值"①,两种权利都十分重要,但是又存在冲突。公民知情权的行使又有可能与其他公民的个人隐私权发生冲突,有时候一方想要了解的信息可能是另一方隐私权保护的对象,这就出现了政府信息公开中个人利益之间的冲突。

在政府信息公开领域,知情权和隐私权的冲突主要表现在三个方面:第一,一般第三人的隐私权与公众知情权的冲突。这类冲突是政府信息公开中最主要的冲突类型。第二,公职人员的隐私权与公众知情权之间的冲突。由于政府具有公共性,因此公职人员的隐私权会受到一定程度的克减。第三,公众人物的隐私权与公众知情权之间的冲突。公众人物之所以成为公众人物,是因为他向公众让渡了一部分隐私权,并以此换取公众的接纳和支持。可以肯定的是,无论是在主动公开领域还是在依申请公开领域,均普遍地存在以上三种形式的权利冲突。这种权利冲突,直接来源于公众知情权与隐私权人的隐私权之间的利益关系是方向相反的对立关系。即作为信息保有者的行政机关无论是作出信息公开的决定,都还是作出拒绝公开的决定,都会对公众(或信息申请人)或者隐私权人的权利造成一定的限制,而对另一方带来不利,从而表现出巨大的张力。

2. 知情权和隐私权之间的一致性

知情权和隐私权之间的对立和冲突并不是绝对的,二者之间存在着内在的一致性。当今时代是一个信息爆炸的时代,信息公开的广度和深度对经济发展速度起着至关重要的作用。国家的经济实力在很大程度上决定着国家的综合国力和国际地位。中华民族要实现民族的伟大复兴、屹立于世界强国之林,就必须注重信息公开、增大经济发展过程中的信息含量,以助益于本国综合国力的不断增强。相反,如果经济不强、国运不振,国家就无力切实地保护包括知情权、隐私权等在内的一系列公民权利。个人隐私保护与政府信息

---

① 德国联邦宪法法院第一法庭 1957 年 1 月 16 日的判决,详见《联邦宪法法院判例集》(第六卷)第 32 页。

公开之间是对立统一的。"没有政府信息的公开,公众对政府活动缺乏了解,不可能有效地监督政府,民主政治将受到妨碍;个人隐私权没有保障,则个人自由不能存在,民主政治价值也将受到损害。"① 如果说知情权所要求的政府信息公开制度是公民权对行政权的"控权",那么,隐私权保护制度就是公民权与行政权的"平衡"制度,其二者最终目的都是促进社会进步。②

无论是知情权还是隐私权,其享有的主体都是作为权利主体的"人",从权利的性质而言,知情权和隐私权都从自己的角度对政府提出了一定的限制和约束的要求,行政机关不仅不能侵害二者之中的任何一项权利,而且对二者都负有保护的义务,因此应该按照一定的原则平衡二者之间的关系、兼顾各方的利益。

因此,对政府信息公开与公民隐私权保护之间的冲突进行协调,是政府信息公开过程中所必然面临的重要问题。各国的信息公开法所规定的豁免公开规则,反映了立法机关对公众知情权和个人隐私权保护之间的平衡。

综上所述,政府信息中的知情权和隐私权之间的矛盾不是不可调和的,二者之间所固有的对立统一关系要求国家在建立和完善信息公开制度的过程中充分兼顾隐私权的捍卫与保护。

二、政府信息公开语境下隐私权保护制度的不足

个人隐私作为我国《政府信息公开条例》第 15 条所明确列举的豁免公开事项之一,与商业秘密一样都属于私权利,属于相对豁免公开事项,也都存在保护不足的问题。在政府信息公开的语境之下,隐私权保护同样存在缺乏明确的范围界定、程序缺失、救济制度落后等问题。与商业秘密不同的是,由于缺乏直接的经济利益的刺激,隐私权的保护在我国起步更晚、保护力度更小、存在的问题更多。

（一）个人隐私权保护的范围没有明确界定

《政府信息公开条例》第 15 条规定了行政机关不得公开涉及个人隐私

---

① 朱炜:《论政府信息公开法律制度的构建》,《浙江工商大学学报》2004 年第 4 期。

② 参见夏淑梅、丁先存:《政府信息公开中的隐私权探析》,《行政与法制》2004 年第 9 期。

的政府信息,但却没有明确界定个人隐私的具体内涵和范围。隐私权内涵不清、范围不明必将导致行政机关在政府信息公开实践中难以对涉及个人隐私的政府信息进行精准的判定。

第 15 条还规定,"行政机关认为不公开可能对公共利益造成重大影响的涉及个人隐私的政府信息可以予以公开"。何为公共利益?究竟哪些个人隐私不公开会对公共利益的实现造成重大影响,都是实践中难以把握的问题。由于法律的不完善,不得不赋予行政机关极大的自由裁量权,而自由裁量权又对公民隐私权构成巨大的隐患和威胁。实践中大量案例证明了涉及个人隐私的信息公开案例中公共利益难以把握。

(二)配套的法律体系不健全

原《政府信息公开条例》颁布之后,虽然陆续发布了《国务院办公厅关于施行〈中华人民共和国政府信息公开条例〉若干问题的意见》和最高法 2010 年司法解释,修改了《保密法》,但是整体上来说并没有形成与《政府信息公开条例》相配套的基本的法律法规体系。如虽然《政府信息公开条例》规定了个人隐私豁免公开,但是,《政府信息公开条例》本身并未对何为个人隐私进行说明和描述。我国宪法和其他多部法律法规 [1] 虽然都规定了隐私权,但是,至今没有一部法律法规规定过隐私权的具体范围。公民具体享有哪些隐私权?行政机关为保护公民隐私权应履行哪些具体义务?如何保护公民隐私权?这些问题的解决都要求立法有所作为,呼唤执法水平提高。

---

① 如 1988 年 4 月最高人民法院《关于贯彻执行〈中华人民共和国民法通则〉若干问题的意见》第 140 条规定,"以书面、口头等形式宣扬他人的隐私,或者捏造事实公然丑化他人人格,以及用侮辱、诽谤等方式损害他人名誉造成一定影响的,应当认定为侵害公民的名誉权的行为"。最高法院《关于审理名誉案件若干问题的解答》规定:"对未经他人同意,擅自公布他人的隐私材料或以书面、口头形式宣扬他人隐私,致人名誉受到损害的,应按照侵害他人名誉权处理。"《妇女权益保障法》第 42 条规定:"妇女的名誉权、荣誉权、隐私权、肖像权等人格权受法律保护。"《计算机信息网络国际联网安全保护管理办法》第 7 条规定:"用户的通信自由和通信秘密受法律保护,任何单位和个人不得违反法律规定,利用国际联网侵犯用户通信自由和通信秘密。"《计算机信息网络国际联网管理暂行规定实施办法》第 18 条规定:"用户应当服从接入单位管理,遵守用户守则,不得擅自进入未经许可的计算机,篡改他人信息。不得在网络上散布恶意信息,冒用他人名义发出信息,侵犯他人隐私。不得制造传播计算机病毒及从事其他侵犯网络和他人合法权益的活动。"

（三）个人隐私权保护的程序规则不够完善

根据我国《政府信息公开条例》第32条的规定，行政机关认为申请公开的政府信息涉及个人隐私，公开后可能损害第三方合法权益的，应当书面征求第三方的意见。但是，《政府信息公开条例》没有规定实际操作性的标准，为行政机关滥用自由裁量权留下很大余地。如《政府信息公开条例》对第三方的答复应该采取什么形式没有规定，在具体的公开实践中，一方面申请人申请公开的政府信息是否涉及第三方的个人隐私因没有明确的法律标准而无法判断，另一方面则因为第三方的答复意见无需具备法定形式而为行政机关滥用裁量权留下更大的空间。对于申请人要求公开、第三方不同意公开的政府信息，行政机关可以以涉及他人隐私作为理由而拒绝履行信息公开义务，也可以以第三方没有明确反对而进行信息公开。无论如何都不利于对个人隐私权的切实保护。①

（四）个人隐私权的救济途径不畅

随着我国社会的发展和民主法治的不断完善，公民对个人隐私权保护的要求越来越高。但是在我国，个人隐私和商业秘密一样面临着有效的救济途径不完善的困境。根据《政府信息公开条例》的规定，"公民、法人或者其他组织认为行政机关在政府信息公开工作中侵犯其合法权益的"，可以提起行政诉讼。因此，如果公民、法人或者其他组织认为行政机关公开政府信息不当、侵害了自己的隐私权，可以提起信息公开诉讼，这就是反信息公开诉讼。但是，目前反信息公开诉讼还面临针对性配套制度缺失、公共利益衡量难题等问题。"无救济即无权利"，如果不尽快建造畅通、有效的救济制度，公民的隐私权必将成为镜花水月。

三、涉及个人隐私的信息公开案例及其启示

公民知情权和个人隐私都具有极高的保护价值，不能为了保护其中一

---

① 参见崔冬、胡敏：《试论政府信息公开中个人隐私权的保护》，《成都行政学院学报》2010年第2期。

项权利而忽视另一项权利。因此在实践中,不能"一刀切"地以涉及个人隐私作为不公开政府信息的挡箭牌,也不能为了公开政府信息肆意泄露个人隐私,应当在两种权利的保护之间寻找恰当的平衡点。

(一)应当对个人隐私和个人信息进行不同保护

如前所述,个人信息包括一般个人信息和个人隐私。《政府信息公开条例》对一般个人信息和个人隐私给予不同的保护。根据《政府信息公开条例》的规定,个人隐私是政府信息公开的例外信息,但除了个人隐私之外的一般个人信息不是例外信息,对此应当予以区分。下面这个案例可以对此予以佐证。原告傅某租赁了张某部分厂房,在山东省济南市历城区从事家具生产经营。后来该部分厂房因为位于济青高铁建设范围内而被征收,征收给傅某的财产造成了严重损失。于是,傅某向济南市历城区人民政府申请政府信息公开,要求公开傅某本人及厂房出租人张某的拆迁补偿费用清单、房屋拆迁及其补偿、营业损失、搬迁补偿、临时安置补偿、装修补偿等补助费用的发放、使用情况以及空调附着物等设施评估报告。

但是,因傅某申请公开的信息中包含了与第三人张某的有关信息,济南市历城区人民政府遂以"涉及个人隐私第三人不同意公开该信息"为由拒绝公开相关信息。傅某遂向济南市人民政府提起行政复议,复议机关责令历城区人民政府在法定期限内对申请人的政府信息公开申请重新作出答复。但之后历城区人民政府仍未公开原告申请的内容。于是傅某向济南市中级人民法院提起诉讼,请求法院撤销被告作出的政府信息告知书,并责令被告依法公开原告申请的政府信息。

法院经审理认为,政府信息以公开为原则,以不公开为例外,本案所涉及的信息属于政府应当公开的政府信息,因此最终支持了原告的诉讼请求,判决被告在规定期限内对原告申请的信息予以公开。该判决作出后,双方均未上诉。①

---

① 《政府信息公开碰上个人隐私,该咋办》,《法制文萃报》2018 年 9 月 11 日,来源:北京圣运律师事务所 _ 集团诉讼网, https://www.sohu.com/a/246727650_99904332。

　　根据《政府信息公开条例》第15条的规定①,涉及个人隐私等公开会对第三方合法权益造成损害的政府信息不得公开。本案例中,张某的拆迁补偿费用清单等并非个人隐私,而是个人信息。根据前文分析可知,个人隐私和个人信息虽然有着密切联系,但又有明显不同:个人信息的范围包罗万象,包括涉及个人的情况和特点的所有信息,但个人隐私只是其中具有私密性的一部分。根据《政府信息公开条例》第15条的规定,个人隐私不得公开,但是除个人隐私之外的个人信息则不属于信息公开的例外事项。况且,《政府信息公开条例》第21条也同时规定,"土地征收、房屋征收"属于设区的市级、县级人民政府及其部门、乡(镇)人民政府应当主动公开的政府信息。

　　在本案中,基层政府未能有效区分个人隐私和个人信息,一方面是由于立法不够精细所致,另一方面是传统保密思维造成的懒政怠政所致,因此最终不得不承担败诉的法律后果。

(二)对涉及个人隐私的"公共利益"进行衡量

　　在涉及公民个人隐私的政府信息公开中,政府应当对其中的个人利益和公共利益进行衡量。以下案例再现了涉及公民个人隐私的政府信息公开中的公共利益衡量过程。2013年3月,杨政权向肥城市房产管理局等单位申请廉租住房,因其家庭人均居住面积不符合条件,未能获得批准。后杨政权申请公开经适房、廉租房的分配信息并公开所有享受该住房住户的审查资料信息(包括户籍、家庭人均收入和家庭人均居住面积等)。肥城市房产管理局于2013年4月15日向杨政权出具了《关于申请公开经适房、廉租住房分配信息的书面答复》,答复了2008年以来经适房、廉租房、公租房建设、分配情况,并告知,其中三批保障性住房人信息已经在肥城政务信息网、肥城市房管局网站进行了公示。杨政权对肥城市房产管理局的答复不服,遂向人民法院提起诉讼,要求一并公开所有享受保障性住房人员的审查材料信息。区人民法院经审理认为,杨政权要求公开的政府信息包含享受保障性住房人的

---

① 《政府信息公开条例》第15条规定:"涉及商业秘密、个人隐私等公开会对第三方合法权益造成损害的政府信息,行政机关不得公开。"

户籍、家庭人均收入、家庭人均住房面积等内容,此类信息涉及公民的个人隐私,不应予以公开,判决驳回杨政权的诉讼请求。

杨政权对一审判决不服,提起上诉。泰安市中级人民法院经审理认为,《廉租住房保障办法》《经济适用住房管理办法》均确立了保障性住房分配的公示制度,《肥城市民政局、房产管理局关于经济适用住房、廉租住房和公共租赁住房申报的联合公告》也规定,"社区(单位),对每位申请保障性住房人的家庭收入和实际生活状况进行调查核实并张榜公示,接受群众监督,时间不少于 5 日"。申请人据此申请保障性住房,应视为已经同意公开其前述个人信息。与此相关的政府信息的公开应适用《政府信息公开条例》第 15 条经权利人同意公开的涉及个人隐私的政府信息可以予以公开的规定。申请人申报的户籍、家庭人均收入、家庭人均住房面积等情况均是其能否享受保障性住房的基本条件,其必然要向主管部门提供符合相应条件的个人信息,以接受审核。当涉及公众利益的知情权和监督权与保障性住房申请人一定范围内的个人隐私相冲突时,应首先考量保障性住房的公共属性,使获得这一公共资源的公民让渡部分个人信息,既符合比例原则,又利于社会的监督和住房保障制度的良性发展。被告的答复未达到全面、具体的法定要求,因此判决撤销一审判决和被诉答复,责令被告自本判决发生法律效力之日起 15 个工作日内对杨政权的申请重新作出书面答复。①

本案例的争议焦点在于享受保障性住房人的申请材料信息是否属于个人隐私而依法免于公开。该问题实质上涉及了公共利益与保护公民隐私权两者发生冲突时政府信息公开的处理规则。保障性住房制度是政府为解决低收入家庭的住房问题而运用公共资源实施的一项社会福利制度,直接涉及公共资源和公共利益。在房屋供需存有较大缺口的现状下,某个申请人获得保障性住房,会直接减少可供应房屋的数量,对在其后欲获得保障性住房的轮候申请人而言,意味着机会利益的减损。为发挥制度效用,依法保障公平,利害关系方的知情权与监督权应该受到充分尊重,其公开相关政府信息的请

---

① 最高人民法院:《最高人民法院公布的政府信息公开十大案例》,人民出版社 2014 年版。

求应当得到支持。因此,在保障性住房的分配过程中,当享受保障性住房人的隐私权直接与竞争权人的知情权、监督权发生冲突时,应根据比例原则,以享受保障性住房人让渡部分个人隐私的方式优先保护较大利益的公共利益,相关政府信息的公开不应也不必以权利人的同意为前提。

(三)信息公示不能泄露公民隐私

在政府信息公开工作中,一方面存在以各种借口作"挡箭牌"违法不公开应该公开的政府信息的情况,与此相反,另一方面还存在行政机关通过信息公开行为有意无意泄露公民个人隐私或企业商业秘密的情况发生。前者固然为信息公开制度所不容,后者也并不符合信息公开制度的立法宗旨。随着信息公开工作向纵深发展,前者得到了理论和实务界足够的重视,并正在接受严格的制约和规范。而后者却成为日益常见的现象,而且即使泄露了不该泄露的信息,也并未受到应有的制裁。在实践中,多地政府专项工作网站被曝出在信息公开工作中存在泄露公民个人隐私的情况。登录某市政府信息公开网站,发布的市医疗救助对象花名册中,居民住址、联系电话,甚至个人病情等隐私赫然在列;某政府门户网站关于发放创业补贴的文件里,除了创业者姓名、项目名称、补贴金额等信息,创业者身份证号、家庭住址等隐私也被过度公开……[1] 而相关行政机关工作人员表示,全部公示是为了信息的完整度,更好地接受监督。

公示暴露隐私,名义上是为了更好地接受监督,其问题实质在于工作人员保护公民隐私的意识薄弱,对私权利的重视不足甚至漠不关心,以简单粗暴完成任务为目标,丝毫不在意服务对象的真实感受。固然,行政机关在开展相关工作的过程中按照要求实施公示,是以信息公开促进公平公正的重要方式,理论上说当然是公开的信息越充分,透明度越高。但是,透明度并不是越高越好。这是因为:首先,在现实中,由公示所带来的个人隐私风险和可能遭遇的人格尊严侵犯,同样需要予以高度重视。其次,在信息公示中屏蔽部

---

[1]　吴姗、甄子锐:《政府网站泄露隐私受关注 各地整改升级保护机制》,《人民日报》2017年12月6日。

分信息或者对信息进行适当地隐藏处理,丝毫不会影响公示的效果,同样可以达到信息公示既定的目的。

信息公示中如何把握信息公开的度? 如何平衡公众知情权和个人隐私权? 如何防止政府信息公开不彻底带来的"雾里看花、水中望月""越公开越糊涂",同时又避免过度公开带来的伤害和危险? 微观上来说,只公布姓名、生日等部分信息,就能避免多数情况下因重名出现的误会。退一步讲,即使确需公布手机号码、身份证号,也应对其中部分数字进行技术处理,用星号代替。① 从宏观上来看,需要树立保护公民私权利的法律意识,完善相关规章制度的制定并将规定落到实处,建立严格的监管机制和流程。

(四)不同类型主体的隐私权保护范围不同

"公众人物是指其在关系到公共问题和公共事件的观点与行为上涉及公民的程度,常常与政府官员对于相同问题和事件的态度和行为上涉及公民的程度相当。"② 公众人物可以分为政府官员和社会公众人物。毫无疑问,即使是公众人物,也毫不例外地享有《宪法》赋予的隐私权。但是由于公众人物关涉公共利益,因此,公众人物的隐私权应当遵循克减原则。正如恩格斯所说:"个人隐私一般应受到保护,但当个人私事甚至阴私与最重要的公共利益—政治生活发生联系的时候,个人私事就已经不是一般意义的私事,而属于政治的一部分,它不受隐私权的保护,而成为历史记载和新闻报道不可回避的内容。"③

与普通公民相比,公众人物的隐私权具有公众兴趣性、与公共利益相关性等特点。因此,公众人物的级别越高,关涉的公共利益越大,享有的隐私越少,隐私权限制越大。对于普通公民而言,诸如年龄、学历、经历、健康状况、财产来源等都属于个人隐私;对于政府官员而言,这些个人情况是他们能否恰当履行职责的必要条件,因此应当向公众公开。人们有理由认为,一个道德败坏或精神有缺陷的官员,是难以代表公众,为公众谋福利的。对政府官

---

① 张淳艺:《公示不是泄露公民隐私的"免责区"》,《检察日报》2019 年 12 月 25 日。
② Curtis publishing Co v. Butt 3, 388 U.S. 1967, p.130.
③ 马克斯、恩格斯:《马克思恩格斯全集》第 18 卷,人民出版社 1997 年版。

员隐私权限制的目的是为了公共利益,公共利益的价值高于政府官员部分隐私利益的价值。

但是,公众人物的隐私权克减不是没有底线的。与公共利益无关或关系甚微的个人隐私,仍然受到法律的保护,如住宅不受侵入、个人生活不受监控等。如果公众人物随着时间推移转变为非公众人物,其隐私权保护也应当随之转为按照普通公民隐私权进行保护。

四、政府信息公开视阈下隐私权保护制度的完善

政府信息公开视阈下隐私权保护问题,实质是公民知情权和公民隐私权的冲突和协调问题。要解决这一问题,需要完善隐私权保护的实体法律体系、程序规则和救济制度。

(一)完善隐私权保护的实体法律体系

隐私权作为一项已经被《民法典》确认的独立的人格权,理应受到宪法、配套法律体系以及专门隐私权法的系统保护。

1. 完善宪法对隐私权的保护

要对隐私权这一公民的基本权利进行全方位的合理保护,我国首先完善宪法对隐私权的规定。宪法是我国的根本大法,是制定其他法律的依据。我国的宪法和法律虽然普遍承认和保护隐私权,但是,《宪法》并没有直接宣示隐私权,而只是以间接方式保护隐私权。我国至今没有一部专门的法律对隐私权保护进行规范。隐私权是一项宪法性权利,面对公民隐私权法律保护的重要性和迫切性,《宪法》最好对公民的隐私权保护给予直接规定,明确隐私权是一项基本权利受到宪法保护。有了根本大法的直接保护,隐私权必定会引起公民的必要重视,进而促使公民在自觉尊重他人隐私的同时加强对自身隐私的维护。同时,《宪法》的直接规定也将为部门法的隐私权立法提供宪法依据和支持。

2. 制定统一的《隐私权保护法》

《个人信息保护法》第二章第二节"敏感个人信息的处理规则"虽然对

个人隐私信息的处理和保护进行了专节规定。但是,这部分只有五条规定,主要是概念、原则性规定和授权性规定,如第 29 条规定:"处理敏感个人信息应当取得个人的单独同意;法律、行政法规规定处理敏感个人信息应当取得书面同意的,从其规定。"第 31 条第 2 款规定:"个人信息处理者处理不满十四周岁未成年人个人信息的,应当制定专门的个人信息处理规则。"第 32 条规定:"法律、行政法规对处理敏感个人信息规定应当取得相关行政许可或者作出其他限制的,从其规定。"因此,已经出台的《个人信息保护法》无法代替专门的《个人隐私权保护法》对个人隐私给予切实有效的全面保护,制定专门的隐私权保护法依然是很有必要的。

为了改变我国公民的隐私权意识薄弱、隐私权保护制度落后的状况,我国应该尽快着手制定统一的隐私权保护法对个人隐私问题进行全面集中的规定,其中应当包括:第一,明确隐私权的概念、特征、具体类型等,对行政机关获取、保管、使用涉及个人隐私内容的信息的依据、程序、原则等予以明确规定。第二,确立隐私信息使用的基本原则,根据利益平衡原则、可区分原则、隐私权的极力保护与可克减性原则处理公众知情权和个人隐私权之间的关系。第三,借鉴国外立法,明确我国豁免公开的隐私权类型或内容,规定行政机关不经过权利人同意可以直接公开的包含隐私权信息的政府信息等。第四,根据身份和地位的不同对个人隐私权进行阶梯型保护。

美国《信息自由法》规定人事和医疗档案以及其他公开后会侵犯隐私权的档案、执法机关掌握的公开后会对个人隐私权造成不当侵害的档案不予公开。美国《隐私权法》把个人信息细化为个人的教育背景、金融交易、犯罪前科、医疗病史、工作履历及其姓名、身份证号码、代号或其他特属于该个人的身份标记,如指纹、声纹或照片等。日本《信息公开法》规定姓名、出生年月等能识别个人的特定信息或者虽不能对个人识别但是公开后会损害个人权益的信息,不予公开。从两国的规定可以看出,美国实行的个人隐私权型的规制措施,日本实行的是个人信息识别型的规制措施①。个人隐私权型主张只有"秘密的"、公开之后会给权利人造成"损害"的隐私才能够豁

---

① 参见敬川雄:《行政信息公开与公民隐私权保护》,四川大学 2006 年硕士学位论文。

免公开,在信息公开与个人隐私发生冲突时,以公共利益为先遵循"公开原则"。而个人信息识别型则认为只要能够识别出特定个人或者公开之后可能造成"损害"的信息都应该豁免公开,当信息公开和个人信息保护发生冲突时优先保护私权。

我国虽然存在隐私权保护不力的现状,但是,在政府信息公开领域表现更加突出的问题是,行政机关以莫须有的国家秘密、个人隐私之名等拒绝信息公开。同时,并非所有的个人信息都需要得到豁免,仅仅具有识别意义的个人信息由于不会造成损害因而不具有豁免的必要性;而且通过信息区分等技术手段也能在很大程度上屏蔽信息的"个人识别性"。因此,作者认为我国在目前阶段以采取个人隐私权型的具体规制措施更为适宜。

目前世界各国对隐私权保护法的社会价值定位大体可以分为两种模式:平衡政府信息公开与公民隐私保护之间利益的欧洲模式和更倾向于政府信息公开的美国模式。欧洲模式主张在保护公民隐私权不受侵犯的前提下兼顾政府信息公开,不偏袒任何一方。这种模式由于要求首先保证公民隐私权不受侵犯,增大了网络运营商的运营成本,不利于信息产业带动经济的快速发展。而倾向于信息公开的模式成就了美国当今世界网络信息流通技术领头羊的地位,给美国经济发展带来了巨大动力。

美国模式又称为合并式立法模式,是指将隐私权法纳入行政信息公开法律制度,隐私权法是行政信息公开法律制度的一部分。美国于1979年修订《联邦行政程序法》时将《隐私权法》编入《美国法典》第五编"政府组织与雇员",形成第552a节,与《信息自由法》《阳光下的联邦政府法》相匹配,奠定了美国行政信息公开制度的法律基础。《信息自由法》规定政府文件原则上应公开,除非基于特殊情况;《阳光下的联邦政府法》规定合议制行政机关的会议原则上应公开,除非基于特殊情况;《隐私权法》的使命是解决情报公开与保护个人秘密的矛盾。该法的主要目的是承认政府掌握的个人信息的有关人的利益及保护隐私权;控制联邦政府处理个人信息的行为;平衡个人隐私权利益和行政机关合法执行职务的公共利益。《信息自由法》《阳光下的联邦政府法》《隐私权法》相对独立又互相联系,共同奠定了美国政府信息公开法律制度的基础。

　　欧洲模式又可称为分列式立法模式或平行立法模式,指对公民隐私和政府信息公开分别建立各自独立的法律制度,两部法律之间互不隶属又相互制约。两种立法模式的区别在于:美国模式中公民隐私权的保护必须服从于政府信息公开的需要,对隐私权保护不够充分;欧洲模式中保护公民的隐私权是出于保护公民人格尊严需要,对个人信息进行全面和充分的保护。

　　我国文化传统中素来就有集体主义传统,在个人利益与集体利益发生矛盾时优先考虑集体利益。在建设中国特色的社会主义新时期,我国传统文化中的集体主义又增添新的内涵,"倡导将国家和集体利益放在首位而又充分尊重个人的合法利益;国家、集体利益高于个人利益,当三者利益发生矛盾时,倡导个人利益服从国家和集体利益;承认个人对利益的追求,国家依法保护个人的正当利益。"[①] 合并式立法模式将隐私权法纳入信息公开制度范畴之内,在平衡个人隐私权的保护和政府信息公开的需要时,倾向于对政府信息公开的保护,其立法本意在于注重国家利益和社会公共利益。合并式立法模式与我国的集体主义文化传统相契合,因此我国适宜将未来制定的《隐私权保护法》纳入信息公开制度的框架之内。

3. 完善部门法对隐私权的保护

　　我国《民法典》第一次将隐私权作为一项独立的人格权加以保护,使隐私权不再是附属于名誉权的内容之中,而与姓名权、名誉权、肖像权处于同等重要的位置。《民法典》对个人隐私的概念进行了规定,但未以适当方式对个人隐私的内容进行概括式或列举性规定,有待进一步完善。《个人信息保护法》通篇并未出现"个人隐私",而是采用了"敏感个人信息"保护模式,"个人隐私"与"敏感个人信息"不同,因此目前的《个人信息保护法》无法与《民法典》有效衔接。

　　目前我国《刑法》对隐私权保护的范围偏窄,仅规定了"非法侵入住宅罪"和"侵犯通信秘密罪"两项涉及侵犯隐私权的罪名。建议在《刑法》中增设"侵犯公民隐私权罪",以便更有效地惩罚侵犯隐私权行为,切实保

　　[①]　任仲平:《大力弘扬时代和民族精神的主旋律——论爱国主义、集体主义和社会主义》,《人民日报》2000年6月28日第1版。

障公民隐私安全。

在行政法领域,政府信息公开制度中的个人隐私保护具有独特之处,目前的相关保护规定比较笼统,下一步应当通过完善保护的原则、保护的程序、保护的救济制度等方式加以改进。

(二)完善有关个人隐私权保护的程序规则

与同为相对豁免公开事项的商业秘密一样,个人隐私的保护主要应该从细化程序、增设听证程序两个方向努力,同时还拥有自己独特的认定和处理规则。

首先,对依申请公开中涉及第三人个人隐私情况下的征询意见制度、隐私权人异议制度设置明确的时间要求和形式要求。目前,我国《政府信息公开条例》规定了依申请公开程序中的征询意见制度,对主动公开无此规定。事实上,无论在主动公开还是依申请公开程序中,当拟公开的政府信息涉及第三人的个人隐私时,行政机关都要承担向隐私权人的说明理由义务和告知(公开内容等)义务。

其次,在涉及个人隐私的政府信息公开之前,行政机关应该根据有异议的隐私权人的意见安排听证程序。行政机关与隐私权人在听证会上进行充分的交换意见和说明理由,制作书面听证笔录作为行政机关裁量信息是否公开的重要依据之一。如果为了重大公共利益决定公开涉及第三人隐私权的政府信息的,行政机关应当提出可行的补偿方案。

最后,在按照以上探讨对立法进行完善的前提下,司法实践中对涉及隐私的政府信息公开,应首先对隐私性信息进行判断,继而识别信息公开的公共利益,综合认定向第三方征询意见程序的作用,最后通过隐私利益与公共利益的衡量作出决定。[1] 即对一项信息的公开是否可以适用个人隐私的例外制度,按照主动公开或申请人申请—权利人意愿及行为—社会对个人隐私的一般认知—利益衡量的路径进行分析判断。[2]

---

[1] 白雅丽:《政府信息公开案件隐私权问题的实证分析与完善思路》,《法律适用》2020年第5期。
[2] 高鹏芳:《政府信息公开中个人隐私豁免条款的适用路径》,《民商法争鸣》2019年第2辑。

（三）建立有效的利益衡量机制

在政府信息公开制度中，虽然有些信息的公开会涉及第三人的隐私，但是这绝不能成为行政机关拒绝公开该部分信息的"挡箭牌"。根据价值位阶原则，个人隐私权和个人知情权的享有主体是具有对等地位的自然人，当两种权利之间发生冲突的时候，并不存在一种权利优于另一种权利的必然性，此时应当结合个案实际按照比例原则进行具体的权衡裁量。对于相关信息，运用比例原则在知情权和隐私权之间进行有效衡量，如果公开该信息并不会给第三人造成实质性损害或造成的损害较小，是可以予以公开的；或者能够采取区分等方式对信息的主要部分进行公开。

但是，在知情权涉及公共利益的情况下，知情权被公共利益吸收，此时需要进行衡量的是公共利益和个人隐私权。在这种情况下，"公益优先是第一顺位的原则。在公共利益和非公共利益的衡量中，公共利益获得优先考虑。公开优先是第二顺位的原则。在公共利益之间的竞争中，支持公开的公共利益获得优先考虑。两个原则相辅相成，缺一不可，共同指导公共利益衡量条款具体应用。"[①] 公益优先是因为在同等情况下，公共利益优先于个人利益符合信息公开制度的立法宗旨；公开优先是因为其与"以公开为常态、不公开为例外"的办事制度相一致。

（四）完善有关个人隐私权的救济制度

我国的个人隐私的救济制度的完善除了要求建立穷尽行政内部救济制度、实行诉讼中的不公开审查制度和实质审查制度等之外，还有以下需要改进之处：

1. 采用无过错归责原则

无过错原则是指行为人主观上无过错而造成了他人损害的，在没有免责事由的情况下，根据其行为造成的客观存在的损害结果承担法律责任的原则。无过错责任的成立以侵权行为和损害后果之间存在因果关系而并非以侵权行为人的过错为要件。在政府信息公开工作中，行政机关在公开涉及第三人隐私权的个人信息时应严格履行法律规定的义务或尽到合理的注意义

---

① 王敬波：《政府信息公开中公共利益衡量》，《中国社会科学》2014 年第 9 期。

务。即使在法律没有明确规定的情况下,行政机关也不能违反公序良俗和基本的道德观念任意公开涉及公民隐私的政府信息或通过提供错误信息的方式侵犯公民隐私权。行政机关及其工作人员在执行职务中侵犯公民隐私权的侵权行为的认定应当采用无过错责任原则。对行政机关采用无过错责任原则,一方面可以促使行政机关加强依法行政观念,另一方面有利于落实对公民隐私权的保护。

2. 细化行政机关侵犯隐私权的法律责任

我国《政府信息公开条例》第 37 条规定:"申请公开的信息中含有不应当公开或者不属于政府信息的内容,但是能够作区分处理的,行政机关应当向申请人提供可以公开的政府信息内容,并对不予公开的内容说明理由。"最高法 2010 年司法解释第 11 条规定:"被告公开政府信息涉及原告商业秘密、个人隐私且不存在公共利益等法定事由的,人民法院应当判决确认公开政府信息的行为违法,并可以责令被告采取相应的补救措施;造成损害的,根据原告请求依法判决被告承担赔偿责任。"我国《国家赔偿法》第 2 条规定:"国家机关和国家机关工作人员违法行使职权侵犯公民、法人和其他组织的合法权益造成损害的,受害人有依照本法取得国家赔偿的权利。"根据这一规定,当公民隐私权受到行政机关侵犯时,有权要求行政机关赔偿损失。

但是,根据《国家赔偿法》第二章"行政赔偿"部分第 3 条和第 4 条[①]的规定,行政机关只对造成公民人身权和财产权损害的行为以赔偿金的形式承担赔偿责任。隐私权的主要价值在于精神利益,按照《国家赔偿法》目前的规定,公民隐私权受到行政机关不当公开的侵犯时,行政机关无需承担赔偿责任,公民不能从行政机关取得赔偿。

我国未来的《隐私权法》可以考虑规定详细的侵权赔偿责任条款。在

---

① 《国家赔偿法》第 3 条规定:"行政机关及其工作人员在行使行政职权时有下列侵犯人身权情形之一的,受害人有取得赔偿的权利:(一) 违法拘留或者违法采取限制公民人身自由的行政强制措施的;(二) 非法拘禁或者以其他方法非法剥夺公民人身自由的;(三) 以殴打、虐待等行为或者唆使、放纵他人以殴打、虐待等行为造成公民身体伤害或者死亡的;(四) 违法使用武器、警械造成公民身体伤害或者死亡的;(五) 造成公民身体伤害或者死亡的其他违法行为。"第 4 条规定:"行政机关及其工作人员在行使行政职权时有下列侵犯财产权情形之一的,受害人有取得赔偿的权利:(一) 违法实施罚款、吊销许可证和执照、责令停产停业、没收财物等行政处罚的;(二) 违法对财产采取查封、扣押、冻结等行政强制措施的;(三) 违法征收、征用财产的;(四) 造成财产损害的其他违法行为。"

目前情况下,我国应该修改《国家赔偿法》的相关规定,将公民隐私权纳入国家赔偿的赔偿范围之内,要求行政机关必须为其侵犯隐私权的行为承担赔偿责任。在赔偿方式上应该针对不同情况作出灵活规定:能够消除影响、恢复名誉的,行政机关在支付赔偿金的同时,应当采取适当措施消除影响、恢复名誉并赔礼道歉。对于无法挽回损失的,则应当建立国家赔偿中独立的精神损害赔偿制度,对受害人进行适度的精神损害赔偿。

政府信息公开与公民隐私权的保护是当代法治社会发展的两大趋势,随着我国公民权利意识的增强和法治进程的加快,我们应不断对此进行深入研讨,以求两者的冲突会通过良好的法律制度设计达到一个动态平衡和良性互动的最佳结合点。

第五章
我国可以不予公开制度
之完善

　　2019 年《政府信息公开条例》修订的重头戏集中在信息公开的例外制度方面。修订不仅体现在相关的基础性规定方面，而且对例外规则本身进行了内容扩充、分类细化和层次厘清。在原《政府信息公开条例》绝对例外事项与相对例外事项之外，增加了"可以不予公开事项"。"可以不予公开"规则的增列体现了对实践经验的总结和域外立法的借鉴，具有进步意义，但是"可以不予公开"规则作为新增部分，存在一些不足和局限，对这些存在的问题进行分析研究，是完善信息公开的例外制度的重要组成部分。

　　"可以不予公开"作为"第三类不公开条款"①，其作为例外事项的正当性一般体现在保障行政效率、保护内部坦诚交流、保护行政工作人员的人身安全、避免不成熟信息扰乱社会视听从而维护社会稳定等。与绝对例外事项和相对例外事项相比，可以不予公开事项的紧迫性、重要性稍显逊色，但仍然十分重要和必要，从而具有保护的价值而成为各国信息公开制度中予以正式规定的例外事项。

---

　　①　参见杨登峰：《论过程性信息的本质——以上海市系列政府信息公开案为例》，《法学家》2013 年第 3 期。

第一节　内部事务信息例外制度的完善

内部信息指行政机关在履行职责过程中制作或者获取的,以一定形式记录、保存的,且仅限于行政机关了解和掌握,对机构外部的具体的行政相对人不产生直接的法律约束力或者对个案不产生终局性结果的信息。[①] 内部信息是相对于外部信息而言的,因此所谓内部信息并不是绝对"内部",当内部信息在一定条件下对个案产生影响的时候,内部信息会转化为外部信息。根据内部信息的内容划分,内部信息可以分为内部人士信息、内部财产信息、内部规章制度、内部公文流转等。"内部信息与过程信息是交叉关系,有的内部信息是行政机关内部正在进行的过程信息。"[②]

一、内部信息例外制度的立法检视

我国原《政府信息公开条例》第 14 条第 4 款列举的豁免公开事项中没有包括内部信息。2010 年《国务院办公厅关于做好政府信息依申请公开工作的意见》(以下简称国务院办公厅 2010 年意见)规定:"行政机关在日常工作中制作或者获取的内部管理信息以及处于讨论、研究或者审查中的过程

---

① 邹筱倩:《阳光下扩散的阴影——内部信息公开问题的法理展开》,《公法研究》2011 年第 1 期。

② 杨小军:《政府信息公开实证问题研究》,国家行政学院出版社 2014 年版,第 117 页。

性信息,一般不属于《条例》所指应公开的政府信息。"但是,国务院办公厅2010年意见并未进一步明确何为"内部管理信息",何为"日常工作中"等,且由于其本身位阶过低,实践中相关案例的裁决理由五花八门,裁判结果也各不相同。

　　新《政府信息公开条例》第16条第1款规定:"行政机关的内部事务信息,包括人事管理、后勤管理、内部工作流程等方面的信息,可以不予公开。"此处"内部事务信息"与国务院办公厅2010年意见中"内部管理信息"有何异同?关于"内部事务信息"所包含的内容如"人事管理、后勤管理、内部工作流程"后面加了"等"字,那么此处的列举是完全列举还是不完全列举?新《政府信息公开条例》第16条规定:"法律、法规、规章规定上述信息应当公开的,从其规定",这一规定是否可以视为信息公开例外的例外?除了"法律、法规、规章规定上述信息应当公开的"之外,行政机关是否再无其他裁量的依据,从而对信息公开与否可以随心所欲?对以上问题的回答和相关规定的完善,需要从我国司法实践以及域外立法例中寻求答案。

二、相关案例分析

　　在我国的信息公开司法实践中,存在司法机关回避争议信息本身是否可以免于公开的讨论,而是以原告申请信息公开的行为存在形式瑕疵为由判决原告败诉的情形,或者以内部信息不属于《政府信息公开条例》中的政府信息为由判决原告败诉的情形。

(一)以申请形式为由回避信息公开

　　2006年6月15日,原告吴某通过政府网站中的"在线回复栏",要求被告安庆市公安局交通警察支队公告其执法所依据的安徽省公安厅公交管(2004)314号文件《关于全面实施机动车驾驶人信息卡管理系统建设的工作意见》。被告以该文件是省公安厅实施机动车驾驶人信息卡管理系统建设的一个工作方案,不是向社会发布的规范性文件为由,拒绝公开该文件。

原告以被告的行为侵犯其行政知情权为由提起行政诉讼。法院经审查以原告无证据证明其向被告提出了要求公开该文件的申请，且被告无在报刊、网站上公布（2004）314号文件的法定义务为由，驳回诉讼请求。①

在本案中，交通局主张（2004）314号文件是"省公安厅实施机动车驾驶人信息卡管理系统建设的一个工作方案"，不是"向社会发布的规范性文件"，而是属于内部文件，因此拒绝公开。而法院却回避了信息本身是否构成内部信息从而属于公开的例外事项这一根本性问题，直接以原告的信息申请的举证不能为由驳回诉讼请求。

如果以新《政府信息公开条例》的相关规定对这一案例进行重新考量，一方面，交通局将"省公安厅实施机动车驾驶人信息卡管理系统建设的一个工作方案"界定为内部文件，另一方面，法律、法规、规章没有规定这一信息应当公开的，最终将导致得出这一信息"可以不予公开"、从而决定不予公开的结论。但事实上，本案中的（2004）314号文件由于被安庆市公安局交通警察支队用于执法的依据，据此产生的执法结果对行政相对人产生了法律影响，因此，已经丧失其一开始的"内部性"，应当公开。可见，新《政府信息公开条例》无法妥当处理这类情况。

（二）内部资料是否属于政府信息

在练某诉上海市公安局交通警察总队、上海市公安局巡警总队政府信息公开案中，原告要求两被告公开《关于审理人身损害赔偿案件适用法律若干问题的参考意见》（以下简称《参考意见》）及《2004年道路交通事故损害赔偿参照表》（以下简称《参照表》）。一审法院经审理认为，练某申请的信息不属《上海市政府信息公开规定》所称的政府信息。原审遂判决驳回练某诉讼请求。练某不服提起上诉。二审法院经审理认为，上诉人要求被上诉人公开的《参考意见》《参照表》是被上诉人整理的指导内部工作的资料，其中收集的信息已由相关部门公开；且《参考意见》《参照表》作为内部工作资料本身不属政府信息，被上诉人不具有公开内部工作资料的法定职责及

① 参见安徽省安庆市迎江区人民法院［2006］迎行初字第20号《行政判决书》。

义务。遂判决驳回上诉,维持原判。①

根据本著第一章阐述,政府在履行行政管理职责过程中（即以纳税人提供的公共资金为支持）制作或获取的,（依据职权应当）以一定形式记录、保存的信息都属于政府信息。本案的《参考意见》和《参照表》无疑符合上述概念的界定。因此,法院认为涉案的目标信息不属于《政府信息公开条例》中的政府信息,并据此判定被告无需承担《政府信息公开条例》中设定的公开义务是不正确的。内部信息属于政府信息,这已经被新《政府信息公开条例》所明确。由于被界定为内部信息的《参考意见》和《参照表》不是法律、法规、规章规定的应当公开的信息,因此不属于"应当公开的信息",而是"可以不予公开的信息",因此该信息是否公开,完全依赖行政机关的意愿。

这个案件给予我们的警示是:当内部信息不是"法律、法规、规章规定应当公开的信息"时,政府信息是否公开完全依赖行政机关的单方意愿,而且行政机关的意愿不受任何约束与控制,最终造成的结果,要么是行政机关在确保自身安全无虞情况下偶尔的恩赐,要么是简单粗暴直接明了的不予公开,公民知情权将无以保障。因此,内部信息作为例外事项究竟应当如何规范,是一个亟待研究和明确的问题。相关问题一日不明,实践中的相关问题不会自动平息,类似本案中法院的做法有推而广之、愈演愈烈之虞。

三、国外立法例分析

如前所述,美国1966年《信息自由法》第2条明确规定了9项予以豁免公开的事项,其中第2项就是"纯粹涉及机构内部人事规则与惯例的资料",即对机构外部不产生直接约束力的普遍政策阐述。依美国法院的司法解释,"纯属机关内部人员的规则和习惯"通常包括两种类型:一是单纯的行政机关内部的事务性规定,与一般公共利益无关,二是行政机关内部的工

---

① 参见上海市第二中级人民法院〔2005〕沪二中行终字第165号《行政判决书》。

作手册,如果公开会使相对人规避法律或法规。① 可见,美国对此类例外事项限制得比较严格,仅限于上述两种有条件限制的例外,其他的有关机关内部人员的规则和习惯仍然要公开。② 明确规定纯粹机关内部人事规则与制度依法享有豁免公开地位,是因为这类轻微的事项公众没有知道的利益,要求获取这些信息只会增加行政机关的工作量,对公共利益与行政特权平衡以及行政效率和政府公开相平衡毫无助益。

四、相关立法建议

行政无私事。除了绝对例外事项和相对例外事项,其他的事项在确保行政效率的基本前提之下,应当尽量多的公开。因此,对内部事务信息,不应一概以“可以不予公开”论处,而应规定只有纯粹机关内部人事规则与制度“可以不予公开”。纯粹机关内部人事规则与制度属于内部信息的一种,其内容一般主要包括:(1)纯粹的内部行政管理规定,如机关内部关于午餐时间的规定等。(2)行政机关内部工作手册,且该类手册对行政相对人的法律权利义务不产生任何实体影响。

纯粹机关内部人事规则与制度的根本特点在于内部性以及与公众利益无关性:第一,纯粹机关内部人事规则与制度的直接适用对象具有内部性,即信息的发出方和接受方都是行政机关或局限于行政机关内部。第二,纯粹机关内部人事规则与制度的效力仅局限于行政机关内部,这是最关键的特征。因此为了确保行政效率,我国的信息公开法应该以明确列举的方式规定“纯粹内部人事规则与制度”为公开的例外事项。同时,我国的法律还应该将“纯粹内部人事规则与制度”的内容明确为纯粹的内部行政管理规定(如机关内部联谊活动方案、内部体育比赛规定等)和行政机关内部工作手册。

不止于此,法律还应当对纯粹内部人事规则与制度的豁免规定进行如下

---

① 参见高铁军:《公民“信息公开申请”起热潮关注的都是老问题》,http://npc.people.com.cn/GB/28320/122662/122663/7275323.html,2010 年 3 月 8 日。

② 朱应平:《行政机关内部准备性行为的信息公开问题探析》,《法商研究》2010 年第 3 期。

限制:第一,行政机关内部工作手册如果成为行政机关援引和作出决定的依据,那么,由于行政机关据此所作出的决定具有外部影响力,该工作手册视为具有对外效力,必须予以公开。第二,该类信息并不是法律禁止公开的信息,行政机关和法院做出的一项信息是否公开的决定,必须是平衡行政效率和公民知情权的适当妥协。第三,如果行政机关拒绝公开该项"纯粹内部人事规则与制度",必须向当事人陈述法律依据和理由并进行详细合理的解释。

第二节　过程性信息例外制度的完善

"过程性信息是指行政决定作出前行政机关内部或行政机关之间形成的研究、讨论、请示、汇报等信息。"[1] "在行政过程中尚处于讨论、研究、审查中的政府信息",构成"过程性信息"（deliberative information）或过程中信息,又称为"在审议、讨论过程中的政府信息"。过程性信息,顾名思义是指没有形成最后定论的处理过程中的政府信息,调研报告、咨询论证意见、请示批复、会议讨论纪要等尚未最终形成决定的信息。

按照过程性信息是否包含工作人员的主观意见或观点,可以将过程性信息分为意见性的过程性信息或事实性的过程性信息。意见性的过程性信息反映讨论过程中的各种意见、观点、建议等,而事实性的过程性信息,是指对客观事实进行描述的信息,如调查报告、统计资料、统计数据、计算结果、科技资料、纯事实描述等。[2] 事实性的过程性信息与意见性的过程性信息不同,因为具有客观性,从而反映某一客观情况或事实,因此并不属于实质上的行政机关讨论过程中的信息,因此应当予以公开。

一般情况而言,意见性的过程性信息由于处于调查、讨论或处理过程之中,并非正式稳定的政府信息,具有内容不确定性、公开后可能影响社会稳定,为了保护行政内部坦诚交流和行政人员人身安全,意见性的过程性信息

---

[1]　最高人民法院:《最高人民法院公布的政府信息公开十大案例》,人民出版社 2014 年版。

[2]　参见王万华:《知情权与政府信息公开制度研究》,中国政法大学出版社 2013 年版,第 180 页。

"可以不予公开"。但是这种情况并不是绝对的,征求意见的法律草案虽然属于意见性的过程性信息,但由于公开立法、开门立法、民主立法能够带来更重大的公共利益,因此是应当公开的。同时,过程性信息并不是绝对的,当行政决定作出之后,或者政府已经批准、实施,过程性信息就丧失其过程性,从而转化为应当公开的政府信息。①

一、过程性信息例外制度的立法现状

我国旧《政府信息公开条例》第 14 条第 4 款列举的豁免公开事项中并没有包括过程性信息。但我国多部部门法规和地方立法对过程性信息的豁免公开予以了规定,这些法律法规有一部分是在《政府信息公开条例》出台前就已经颁布的,有的是在《政府信息公开条例》颁布后才公布或修改的。如 2003 年开始施行的《广州市政府信息公开规定》第 14 条规定的不予公开的信息中,不仅包括国家秘密、商业秘密和个人隐私,还规定了"在审议、讨论过程中的政府信息"。2004 年开始施行的《成都市政府信息公开规定》也作了类似规定。在《政府信息公开条例》颁布之后出台的《教育部门政府信息公开实施办法》细化了政府信息公开条例中不予公开的信息范围,包括国家秘密、商业秘密、个人隐私和"正在调查、讨论、处理过程中的信息"等。《审计署〈政府信息公开规定〉(试行)》中也有类似的例外规定。《吉林省政务信息公开管理办法》第 25 条豁免列举中规定了"正在调查、处理过程中的信息,但法律、法规和本办法另有规定的除外"。修改后的《上海市政府信息公开规定》对过程性信息的豁免公开还加上了"公开后可能影响国家安全、公共安全、经济安全或者社会稳定的不得公开"的限制。比较之后可以发现,在这些规定中,有的只是笼统地对过程性信息的豁免公开予以规定,有的还进一步对其豁免公开设定了一定的限制条件。

2010 年《国务院办公厅关于做好政府信息依申请公开工作的意见》(以下简称《意见》)第 2 条规定:"行政机关在日常工作中制作或者获取的内

---

① 参见申静:《政府信息公开的例外研究》,法律出版社 2016 年版,第 136—137 页。

部管理信息以及处于讨论、研究或者审查中的过程性信息,一般不属于《政府信息公开条例》所指应公开的政府信息。"这一规定貌似为《政府信息公开条例》所列举的豁免公开事项给予了增补,但是,以《意见》的形式来限制信息公开的范围和缩小公民知情权的范围不具有合法性。况且,该规定中出现的"一般"这样的字眼并不符合法律规范严格性和明确性要求。

最高人民法院于 2009 年 11 月发布的《关于审理政府信息公开行政案件若干问题的规定(征求意见稿)》(以下简称"征求意见稿")第 11 条规定处于讨论、研究或者审查过程中的政府信息,公开可能影响正常行政管理活动和行政目的实现的,人民法院应当认定为属于不予公开的范围。但是,在 2010 年正式出台的《关于审理政府信息公开行政案件若干问题的规定》中,却删除了"征求意见稿"中的这一规定。如此曲折的立法历程使得过程性信息的法律地位问题更显微妙和扑朔迷离。

新《政府信息公开条例》第 16 条第 2 款规定:"行政机关在履行行政管理职能过程中形成的讨论记录、过程稿、磋商信函、请示报告等过程性信息以及行政执法案卷信息,可以不予公开"。至此,过程性信息终于进入我国统一的信息公开立法之中。

二、相关案例分析

(一)调查报告是否属于例外信息

备受关注的政府信息公开第一案的争议焦点就在于调查报告这种过程性信息是否可以豁免公开。2008 年 5 月 4 日,黄由俭、邓柏松等原自来水公司退休职工申请县政府公开有关"原自来水公司改制情况的调查报告"遭到拒绝。据称,县政府拒绝公开的理由在于调查报告仅具有供领导参考的价值和作用,不是对事件的处理结果和结论,不能代表政府的意见,不属于信息公开的范围所以不能公开。争议中的这份调查报告是谁作出的,主要包括哪些内容呢?

调查报告是县政府经研室对自来水公司改制情况进行调查后形成的。

调查报告记录了改制中违法乱纪的事实,并提出了结论性意见:财务管理混乱,私有股东侵占国有财税资金现象较为严重,国有资产流失严重,严重损害了国家和社会公共利益。这份调查报告是县政府对自来水公司改制问题进行处理、对有关责任人追究行政责任的事实依据,是行政行为实施中的阶段性信息。可见,调查报告不属于意见性的过程性信息,而是事实性过程性信息。如果根据新《政府信息公开条例》相关规定重新考量,最后得出的结论将是这一项政府信息是否公开完全交由县政府单方意见决定,可以不予公开。

但是,黄由俭等人作为原自来水公司的退休职工和普通市民,对涉及公民、法人或者其他组织切身利益的企业改制情况当然享有知情权,而调查报告是县政府在对自来水公司履行监管职责中记录和保存的有关自来水公司改制情况的信息,属于政府信息的范畴,应当公开。可见,我国未来的信息公开法应当对过程性信息进行分类,对意见性过程性信息和事实性过程性信息是否应当公开分别作出不同处理比较妥当。

(二)《申报书》和《考察报告》是否应当豁免公开

在"自然之友申请环保部和农业部公开信息"案中 ①,自然之友是一个民间环境保护组织。2011 年 1 月 18 日,自然之友致信国家环保部,针对"长江上游珍稀特有鱼类国家级自然保护区调整"一事,请求对《长江上游珍稀特有鱼类国家级自然保护区调整的申报书》(以下简称《申报书》)、《长江上游珍稀特有鱼类国家级自然保护区范围调整部分的考察报告》(以下简称《考察报告》)以及《国家级自然保护区评审委员会 2010 年度评审会议针对此保护区的评审意见和会议记录》三项信息予以公开。环保部于同年 2 月 17 日告知自然之友:前两项信息的编制机关是农业部,应向农业部申请公开,第三项的结果可以通过环保部网站查询。随后,自然之友向农业部提出了《申报书》和《考察报告》的信息公开申请,但农业部以所申请信息属"过程性信息,不属信息公开范围"为由拒绝。

---

① 《专家呼吁公开长江鱼类保护区调整相关信息》,http://www.my1510.cn/article.php?58032,2011 年 5 月 9 日。

事实上，"长江上游珍稀特有鱼类国家级自然保护区调整"2010 年就已经获得国家级自然保护区评审委员会评审通过，《申报书》和《考察报告》也在那时就已经提交给了评审机构，因此，它不属于正在讨论、研究中的过程性信息。而且，依据环保总局 2002 年颁发的《国家级自然保护区范围调整和功能区调整及改变名称管理规定》中第 7 条的规定，国家级自然保护区范围调整的申报书应该包括申请理由、项目审批、环境影响评价等有关报告。这些报告是可以予以公开的事实性信息，应该公开。公民知情是公民参与和监督的前提。调整保护区属于一项重大决策，决策的过程不仅要尊重科学，更要充分发挥民主，因此，要求整个过程公开透明以达到公民广泛参与的目的。只有将相关《考察报告》、环境影响评价报告等材料在决策作出之前尽早公开，才可能充分发挥人民的智慧，人民才可能将相关的利益进行充分表达，从而防止作出错误的决策。

三、国外立法例分析

（一）美国相关规定

1966 年美国《信息自由法》将过程性信息规定为政府信息豁免公开的事项。根据《信息自由法》的规定，全部政府信息在申请人要求时一律应当公开，除非该信息属于该法规定的九项免予公开的情况。《信息自由法》第 2 条对 9 项事项予以明确，包括了国防和外交政策的保密文件、机关内部人事规则与制度、根据其他法律作为例外的信息、商业秘密与金融信息、机关内部和机关之间的备忘录、个人隐私、执法文件、有关金融制度的信息、地质信息。在美国的司法实践中，行政机关内部和机关之间的备忘录在诉讼法上主要受到三种特权保护：行政特权，律师工作文件的特权以及律师和委托人之间信息交流的特权。[①]其中行政特权中讨论程序的特权，即政府在规章或决定形成之前反映内部讨论过程，特别是各种意见、观点、建议、方案的文件就是我们通常所谓的过程性信息，美国称之为"讨论过程中信息的特权"或"讨论

---

　　①　王名扬：《美国行政法》，中国法制出版社 2005 年版，第 982 页。

过程中信息的豁免"。

美国之所以将此类信息规定为豁免公开主要是基于以下两方面的考虑：一是由于此类信息大都不成熟，还需要经过反复的论证、审议，如果就此公开可能会影响公务人员自由坦诚的意见表达，也可能对决策最后的形成带来负面影响。另一方面则考虑此类信息含有的不确定因素，如果贸然公布可能会带来不可预知的影响或损失，而且一旦信息的内容有变还可能造成混乱，使公众对行政机关失去信赖。可见，美国设置这一例外的目的，"是为了避免在行政决定过程中较早地披露信息而影响政府机关的正常运转，从而保障政府机关内制定政策和规章的一个创造性的坦诚机制的合理运作"①。

然而，行政机关对此类信息不是完全不公开，美国法院在实践中采用区别意见和事实的方法来辨别过程性信息是否应该公开。除非事实与决策过程不可分辨，否则，事实性的过程信息必须公开。这里的事实性的过程信息主要指事实分析、统计信息、调查报告、技术资料和数据等，这类事实性信息可以包括专家姓名、数据资料和内部建议中可以与讨论过程中信息部分区分开的事实性信息部分等。由于这类信息不涉及价值判断，不会影响公务人员的意见发表应该予以公开。

此外，对过程性信息的保护也只适用于决定作出过程期间，一旦决定作出，则公众有权了解决定的过程。由此观之，美国在信息公开过程中秉持的始终是最大限度的公开原则。通过信息的可分割性原则，② 对凡是可以从可公开的信息中分离出来的不具有免除公开正当性的信息予以公开。

（二）澳大利亚相关规定

澳大利亚《信息自由法》第 36 条规定：如果申请公开的事项性质上属于在行政机关考虑过程中获得或记录下来的主张、建议、讨论，或是为行政机关考虑而准备的意见、建议、咨询，并且公开该文件将有违公共利益，则该文

---

　　① 　贺诗礼：《关于政府信息免予公开典型条款的几点思考》，《政治与法律》2009 年第 3 期。

　　② 　可分割性原则（Severability）又称"可区分性原则"，最早由美国《信息公开法》针对豁免公开事项而设置的一项原则。根据该原则，信息中可以合理分离的任何部分，在删除根据豁免条款应予保密的之后，应当提供给请求获取信息的任何人。

件属于免除公开的范围。可见在澳大利亚的制度中,该例外事项仅仅在决定前的考虑阶段不予公开,而决定一旦作出,保护就没有必要存在。并且,讨论过程中的信息免除公开的前提是"公开该文件将有违公共利益",如果行政机关不能证明此点,就不得适用此例外事项。该条还规定,此项例外不保护"事实或统计材料",以及行政机关考虑过程中取得的科学或技术专家的报告。澳大利亚信息公开制度实践中很重要的一点是,如果对是否属于公开的例外事项以及对公共利益的衡量产生争议,法院拥有最终的审查解释和判断权。

（三）日本相关规定

日本《信息公开法》在综合事项要素和定性要素各自特性的基础上对不公开事项予以设定。[①] 该法第 5 条列举的信心公开的例外事项包括:涉及个人隐私的信息;涉及法人、团体的商业信息;有关国家安全和外交的信息;有关公共安全的信息;有关国家机关和地方政府正在审议、研究、协商中的信息;行政机关执行特殊事务的信息。其中,"有关国家机关和政府正在审议、研究、协商中的信息"即为过程性信息。可见,在日本过程性信息也必须符合"正在"审议、研究、协商的条件,而在审议或相关研究终结之后,原来的过程性信息将自动转化为应当公开的一般政府信息。除此之外,《信息公开法》第 7 条是关于公共利益裁量公开的规定,据此被请求公开的行政文件中即使记录有不公开信息的,行政机关的首长认为在公益上存在特别的必要性时,可以向公开请求人公开该行政文件。因此,行政机关首长在经过高度的行政判断后,认为公开信息实现的利益要大于不公开而受到保护的利益时,可以以裁量的方式作出公开决定。

四、相关立法建议：意见性过程信息豁免
公开的确定和限制

通过以上对实践中存在的案例和有关国家立法例的考察和分析可知,意见性的过程信息的豁免公开由于符合公共利益保护的需求,因此具有正当

---

① 石国亮:《国外政府信息公开探索与借鉴》,中国言实出版社 2011 年版,第 59 页。

性。故我国的信息公开制度应该将意见性过程信息作为豁免公开信息予以明确列举具有合理性。需要特别说明的是,并非全部过程性信息都应该豁免公开,部分过程性信息必须公开才符合公共利益的裁量;并且随着实践的推移,原来的过程性信息由于过程已经结束而丧失其"过程性",发展成为普通的政府信息,政府机关不能借口信息曾经的"过程性"而拒绝公开政府信息。①因此,我国在明确列举过程性信息豁免公开的同时,应对过程性信息进行必要的分类和具体的公共利益衡量,对过程性信息的豁免公开进行必要的限制。

(一)过程性信息的分类及处理方案

根据过程性信息的性质不同,可以将之划分为事实性信息与意见性信息。所谓事实性信息,是指在最终信息形成过程中产生的描述性或评价性的信息,如专家论证意见、数据分析结论、调查报告、分析报告等。所谓意见性信息,是涉及政府在规章或决定形成之前反映内部讨论过程、特别是各种意见和想法的信息,如内部讨论意见、初步方案等。其中事实性信息应当公开,意见性信息应当豁免公开。事实性信息公开的理论基础来源于一般的政府信息公开中的知情权理论:充分实现公民知情权,有利于达到公民对政府的理解和认同,从而得到公民的支持和配合。②而意见性信息豁免公开的理论基础在于:自由和坦率的内部讨论有益于政府的决策。如果政府官员认为内部辩论及初步意见可能会公诸于众并受到公开质疑时,讨论就可能不会完全坦诚。③相反,免予对决定前的提议、意见和建议公开,可以保护与会人员畅

---

① 金国坤:《行政过程中的信息公开问题探讨》,《北方法学》2010 年第 5 期。

② 如北京市政府表示,在"首轮尾号限行结束之后是否继续实行尾号限行"这一问题上尊重广大市民的意见。市民行使参与权,需要有科学的数据为参照,而不是简单的个人意愿。为此,在首轮尾号限行结束之前,北京市交通管理部门公布了由北京交通发展研究中心牵头研究的《限行评估报告》。报告显示,在 2009 年 2 月底比 2007 年 11 月底净增机动车 45.4 万辆的情况下,空气质量和交通状况得到了改善,交通拥堵指数大幅下降,严重拥堵时段消失。这一评估报告不仅是北京市作出下一阶段继续限行的重要依据,社会公众也可以根据这一评估报告对是否继续限行提出意见。民意调查数据显示,约 85% 的市民支持"每周少开一天车"措施。如果没有事先公布评估报告,社会公众对是否限行的态度是主观性的,政府提前公布评估报告显然有助于社会公众客观地作出判断,为政府赢得了广大市民对政府决策的理解、认同和支持。

③ 在判断信息是否应当公开时,有些国家在审查过程中考察公开信息的要求是否会"抑制机构之间或内部的坦率讨论"。

所欲言,也可以使公众避免因未成定论的意见或政策而产生思想混乱。

(二)公共利益衡量

如前所述,我国应当对过程性信息进行分类,根据种类的不同来确定信息是否豁免公开。除此之外,一项过程性信息是否公开,还需要结合公共利益衡量的结果来判断。对过程性信息是否公开的衡量所涉及的公共利益,表现为行政效率。因此,对公共利益的衡量主要体现为公民知情权与行政效率之间的比较与权衡。过程性信息的披露虽然可以增进政府工作的透明度,但也可能使政府官员不愿坦率地讨论问题,从而降低政府效率。免予公开的目的是保护机构内部或不同机构之间的交流,从而使官员敢于畅所欲言、毫无顾忌地表达自己的真实观点。因此,在界定过程性信息公开的内容和范围时,应该平衡公民的知情权和行政效率之间的关系。

一方面,为了保护行政效率而赋予过程性信息豁免公开的地位,但公民的知情权毕竟是最重要的,对过程性信息免予公开的适用必须进行限制。过程性信息豁免宜只保护决策过程,并不适用于与决策过程有关的纯事实类信息。除非事实与决策过程不可区分,否则,事实信息必须公开。而且保护决策过程只适用于决定作出过程期间,一旦决定已经作出,则公众有权了解决定的过程。

另一方面,如果某项决策涉及颇具争议的问题,需要充分吸收或参考公众的意见,或者公开内部辩论的信息可能有助于公众更好地理解最后的决定的,则辩论信息也应该公开。对此,澳大利亚《信息自由法》第36条规定:如果申请公开的事项性质上属于在行政机关考虑过程中获得或记录下来的主张、建议、讨论,或是为行政机关考虑而准备的意见、建议、咨询,并且公开该文件将有违公共利益,则该文件属于免除公开的范围。可见,该例外事项仅仅保护在"决定前"的"考虑"阶段,决定一旦作出保护就没有必要存在。并且,讨论过程中的信息免除公开的前提是"公开该文件将有违公共利益",如果行政机关不能证明此点,就不得适用此例外事项。

第三节　执法案卷信息例外制度的完善

一、执法信息的立法现状

"执法信息指行政机关在监督、检查、管理等过程中制作和获取的信息。"[1] 行政执法案卷是指具有法定职能的行政执法机关,在行政执法过程中形成并经过分类整理、按序排列、统一编号、立卷归档的与案件有关的法律文书和证据材料的总和。从案卷信息所包含的实质性内容来看,案卷主要包括行政机关作出具体行政行为所依据的事实性证据材料、程序性材料、行政机关作出具体行政行为的决定性材料、反映行政机关具体行政行为决定的执行情况的有关材料等。事实性证据材料如调查笔录、询问笔录、现场照片、鉴定文书等;程序性材料如处罚事先告知书、听证告知书、听证笔录等;决定性材料如处罚决定、许可决定、扣押通知书等。从案卷的外在形式来看,案件主要由案卷的封面、案卷目录、案卷的核心材料、案卷的归档材料等部分组成。

我国原《政府信息公开条例》列举的豁免公开事项中没有包括执法信息。最高人民法院《关于审理政府信息公开行政案件若干问题的规定》(征求意见稿)将"行政机关在实施监督、管理、检查、调查过程中制作、获取的

---

[1]　徐国利:《论政府信息公开的例外》,《江苏警官学院学报》2012年第7期。

执法信息,公开后可能对执法目的或者执法实施造成困难和妨害的"信息,列举为法院可以认定的豁免公开的政府信息。但是,《规定》在正式出台时又将这一条删除了。部分地方信息公开规定将执法信息规定为豁免公开的信息。如《杭州市政府信息公开规定》规定,与行政执法有关,公开后可能会影响检查、调查、取证等执法活动或者会威胁个人生命安全的政府信息是例外信息。《合肥市政府信息公开规定》(征求意见稿)规定,正在调查、讨论、处理过程中,公开后可能影响检查、调查、取证等,或者可能威胁个人安全的政府信息为例外信息。新《政府信息公开条例》第16条第2款将"行政执法案卷信息"增列为可以不予公开的政府信息。

二、相关案例分析

相对于其他的可以不予公开事项,与行政执法案卷信息直接相关的案例较少。实践中大量存在关于刑事执法信息是否可以豁免公开的案例,在司法公开、检务公开迅速发展的当下,也具有很大的参考价值和现实意义。

(一)行政执法案卷可以不予公开

2009年5月26日,江苏省如皋市物价局印发皋价发〔2009〕28号"市物价局关于印发《行政处罚自由裁量权实施办法》的通知"。该文件包含附件"如皋市物价局行政处罚自由裁量权实施办法",该实施办法第10条内容为"对《价格违法行为行政处罚规定》自由裁量处罚幅度详见附件一(2)"。2013年1月9日,张宏军向如皋市物价局举报称,如皋市丁堰镇人民政府在信息公开事项中存在违规收费行为。该局接到举报后答复称,丁堰镇政府已决定将收取的31位农户的信息检索费、复印费共计480.5元予以主动退还,按照"如皋市物价局行政处罚自由裁量权实施办法"第9条第(三)项的规定,对其依法不予行政处罚。

2013年3月8日,张宏军向如皋市物价局提出政府信息公开申请,要求其公开"皋价发〔2009〕28号"文件。如皋市物价局答复称,该文件系其内部信息,不属于应当公开的政府信息范围,向原告提供该文件主文及附件

"如皋市物价局行政处罚自由裁量权实施办法",但未提供该文件的附件一（2），张宏军不服，提起诉讼。

这个案例入选了全国信息公开十大案例。在该案例中，最高法院针对"张宏军诉如皋市丁堰镇人民政府"要求信息公开一案，明确指出行政案卷是对行政行为过程的记录，里面的很多内容是对个案的非终极性意见，对这些内容，原则上是不可以公开的。但是同时指出，"皋价发〔2009〕28号"文件的附件一（2）是如皋市物价局根据该市具体情况针对不同的价格违法行为所作的具体量化处罚规定，根据《国务院关于加强市县政府依法行政的决定》（国发〔2008〕17号）第18条的规定，针对行政裁量权所作的细化、量化标准应当予以公布，故涉诉信息属于应予公开的政府信息范畴。并且，如皋市物价局仅向张宏军公开涉诉文件的主文及附件"如皋市物价局行政处罚自由裁量权实施办法"，而未公开该文件的附件一（2），其选择性公开涉诉信息的部分内容缺乏法律依据。因此，这个案例最重要的典型意义在于：第一，判断一项政府信息是否属于内部信息，主要标准不是形式标准，而是看这项信息是否会对行政相对人的权利义务产生影响。对行政相对人的权利义务产生影响当然不应属于内部信息；第二，行政机关应当全面、准确、完整地履行政府信息公开职责，除非有正当充分的理由对信息进行区分后再公开，否则不能任意进行选择性公开。①

（二）刑事执法信息是否可以豁免公开

2011年12月24日晚，驻马店市白文平的丈夫樊晓才与几个工友外出就餐，在返回漯河市郾城区裴城镇一工地驻地途中遭遇当地村民挑衅，双方发生殴斗，樊某当晚失踪。三个月后，樊晓才的尸体在附近一个污水坑内被发现。漯河市公安局郾城区分局经现场勘查和尸检后，认定樊某系"生前溺水死亡"，遂下达了不予立案通知书。而樊妻白文平则称，樊晓才遗体头面部有多处伤痕，右眼球脱出，门牙脱落，右前胸部位的几层衣服和右大腿裤子

---

① 参见《最高人民法院2014年9月12日发布政府信息公开十大案例》，来源于最高人民法院网，发布时间：2015年2月10日，最后查阅时间：2020年7月1日。http://www.court.gov.cn/zixun-xiangqing-13406.html.

上有大量血迹,尤其是丈夫失踪当晚其手机便处于关机状态且不在身上,于是怀疑他杀。白文平多次要求权威第三方再行尸检均遭拒绝,白文平向警方提出公开樊晓才死因的所有检验鉴定报告、现场勘验报告及所有与樊某死亡有关的照片等全部信息,警方以涉及国家秘密为由予以拒绝。[①]

本案中,普通公民的死亡与国家秘密、国家安全无关,关于该公民死因的检验鉴定报告、现场勘验报告及所有与樊死亡有关的照片也与国家秘密无关,这些信息是公安行政机关在监督、勘查、管理等过程中制作和获取的信息,属于执法信息,但构成"涉及公民、法人或者其他组织切身利益的"执法信息,即使警方在案件彻底告破之前为了防止某些执法信息向社会公开会打草惊蛇或影响破案进度,警方依法有义务向死者的妻子公开相关的信息。

三、国外立法例分析

美国《信息自由法》规定,如果公开会导致下列任一后果,为执法目的而收集的文件或信息可以免于公开:(1)合理预期会妨碍执法;(2)会剥夺一个公民接受公正审判和判决的权利;(3)合理预期会构成对个人隐私的不正当侵害;(4)合理预期会暴露一个秘密来源的身份,以及秘密来源提供的信息;(5)会暴露执法调查或起诉的技术和程序,或者合理预期会冒违反法律的风险,或暴露执法调查或起诉的策略和原则;(6)合理预期可能危及他人的生命或人身安全。[②]这一例外规定同样包含了两个构成要素:第一,系争信息属于为执法目的收集的信息;第二,公开该信息会导致(1)至(6)项中至少一项后果。

日本《信息公开法》规定,对有关公共安全的信息,因公开而有可能影响预防、镇压和侦察犯罪的,或影响维持公诉、执行判决的信息,不予公开。可见,执法信息的例外反映了问责制及透明度与保护重要的警察及规制性调查及防止犯罪行动的保密性之间矛盾利益的极为复杂的平衡。[③]

---

① 《驻马店农妇起诉警方信息不公开 一审法院被裁定受理》,大河网 – 大河报,2013 年 1 月 24 日,http://news.shangdu.com/105/20130124/9_5760682_2.shtml。

② 陈实、曾娅妮:《美国〈信息自由法〉中的"豁免公开信息例外"》,《新闻界》2008 年第 2 期。

③ 贺诗礼:《关于政府信息免予公开典型条款的几点思考》,《政治与法律》2009 年第 3 期。

由于披露特定的犯罪侦查方法或犯罪情报来源可能对侦查带来不利影响,澳大利亚《信息自由法》第 37 条保护政府机关对违法行为进行的调查、侦查和裁判活动,以使其免受无理的公开要求的损害。它既适用于披露可能会不当影响对特定案件的调查,也适用于披露可能会对阻止、侦查、调查违法行为或保护公共安全的"一般性"法律方法、程序的维持或执行造成损害。

四、相关立法建议

一般的执法信息应当公开,公开才能保护更多更重要的公共利益。只有可能造成妨害的执法信息才具有豁免公开的正当性。

(一)一般的执法案卷信息应当公开

执法为公、执法为民,一般的执法案卷信息,如果不属于正在研究、讨论、处理中的过程性信息,不会对尚未结束的执法活动造成妨害的,都应当裁量后通过必要的区分或处理予以公开。适当的、充分的执法信息公开不仅不会造成妨害,反而可以充分发挥震慑、教育、指引等社会功能,促进社会良性运转。通过研究 2021 年 1 月 22 日第十三届全国人民代表大会常务委员会第二十五次会议修订通过的《中华人民共和国行政处罚法》(以下简称《行政处罚法》)的有关内容发现,新的行政处罚法不仅明确规定行政处罚决定公开和案卷排他制度,而且直接要求体现全程记录,增加规定行政机关应当依法以文字、音像等形式,对行政处罚的启动、调查取证、审核、决定、送达、执行等进行全过程记录,归档保存;而且明确公示要求,增加规定行政处罚的实施机关、立案依据、实施程序和救济渠道等信息应当公示等配套制度。[①] 行政处罚信息公示虽然会增加执法办案的工作量,但是却能压缩随意性执法的空间,减少不公正不合理执法引起的行政复议及诉讼。所以从这个方面来说,其实是节约了行政执法成本,提高了行政执

---

① 朱宁宁:《行政处罚法迎来全面修改:明确行政处罚决定应当依法公开》,信息公开研究网,2020 年 7 月 9 日。

法效率。

（二）应当规定"可能造成妨害的执法信息"不予公开

世界相关国家的信息公开法律一般都将对调查刑事案件的信息或更广泛的对执法不利的信息规定为免除公开的信息,是出于执法信息的特殊性而给予相应的保护的考虑,也是出于保护公众不受犯罪活动、恐怖主义和其他非法行为伤害的社会政策考虑。然而,保护警察和其他执法行为必要的机密性与信息公开法律的公开原则相矛盾,而且世界各地的执法信息公开的豁免常容易被滥用。[①] 出于以上两方面的实际原因,我国的信息公开法应该将"可能造成妨害的执法信息"规定为豁免公开事项之一,并借鉴美国的做法为免除公开的"可能造成妨害的执法信息"规定一些明确的限制条件,以规范行政裁量权。

（三）刑事执法信息在不会造成妨害的情况下应当予以公开

按照《政府信息公开条例》立法者的原意,行使行政管理职责之外的职权产生的信息,不属于政府信息。刑事执法信息是公安机关履行行政管理职责之外的职权产生的信息,是履行刑事司法职责产生的信息,因此不属于政府信息。但是,如果能够对履行职责做更加全面的理解,也许更加顺应政府信息公开的潮流,更加符合政务公开的方向。在推动政务公开司法、公开的当今,再把公安机关的行为分为刑事执法行为与行政执法行为,进而分别讨论是否属于公开范围,显得不符合时代要求。其实,对于公安机关的刑事执法信息,完全不必排除在政府信息之外,域外多个国家的信息公开制度也确实未将刑事执法信息完全排除在信息公开范围之外。只需将刑事执法信息与行政执法信息同等看待,在不造成妨害的情况下予以公开即可。只有这样,才能保障相关案件当事人对关涉自身利益案件的知情权。

本章对我国信息公开法中规定的三类例外信息进行了逐一研究,除了这三类之外,一些国家的信息公开法律中规定的例外信息还有一项——"根

---

① 詹姆斯·T. 奥赖利（James T. Reilly）:《联邦信息公开》2000 年 12 月第 3 版第 17:1 节。转引自贺诗礼:《关于政府信息免予公开典型条款的几点思考》,《政治与法律》2009 年第 3 期。

据其他法律规定豁免公开的信息"。这一规定的正当性在于保持一国之内法律之间的协调统一性。与之相对应,我国新《政府信息公开条例》规定了"法律、行政法规禁止公开的政府信息"不予公开。鉴于目前我国的信息公开制度的主要法律文件《政府信息公开条例》仅是行政法规,目前这一规定是适宜的。为了限制信息公开例外事项的范围,在我国《政府信息公开条例》上升为法律之后,相应的该条规定也应修改为"法律禁止公开的政府信息"不予公开。

尤其需要说明的是,我国应该修改相关法律法规,取消工作秘密豁免公开的规定。我国多部中央及地方法律法规规定了公务员保守"工作秘密",如《中华人民共和国公务员法》(以下简称《公务员法》)第14条规定公务员应当履行"保守国家秘密和工作秘密"的义务,另有多部法律法规对此作了类似规定。而"工作秘密"是指在各级政府及其行政管理部门的公务活动和内部管理中,不属于国家秘密而又不宜对外公开的,依照规定程序确定并在一定时间内只限于一定范围人员知悉的工作事项。工作秘密的范围包括拟制中不宜公开的政策文稿;不宜公开的会议材料、领导讲话材料;拟议中的机构设置、工作分工、人事调整和职务任免、奖惩事项;行政管理部门工作人员的档案及其有关材料;正在调查不宜公开的材料、证词、证据和其他事项;不宜公开的内部管理措施,等等。而且,从相关法律法规的规定来看,工作秘密的界定机关为各级行政机关及其行政管理部门,工作秘密的范围几乎包括行政机关的所有活动。因此,把所有所谓的"工作秘密"都豁免公开,无疑有悖于信息公开的基本原则。

根据《政府信息公开条例》第14条、15条、16条的规定,"工作秘密"也并不属于我国不得公开的政府信息。事实上,国家秘密、商业秘密、个人隐私、意见性的过程性信息、纯粹机关内部人事规则与制度、可能造成妨害的执法信息这六类例外已经可以包括工作秘密。因此,建议通过修改《公务员法》等相关法律法规,取消"保守工作秘密"的规定。

第六章
政府信息公开诉讼制度
之完善

　　尽管《政府信息公开条例》是政府"刀刃向内"的"自我革命",意在促进依法行政、建设法治政府,但是如果能够真正落实对信息公开申请权的制度保障,那么,政府信息公开制度的实施就将藉由可持续的公众参与和行动,而获得永续的推动力,信息公开制度也将在公众日常化的"消费"过程中获得生生不息的活力。① 知情权是一项重要的宪法性权利,一般信息获取权可以有力地保障公民、法人和其他组织获取信息。以保障知情权和一般信息获取权为宗旨的信息公开制度的良性运转,需要与之相契合的监督和保障制度为之保驾护航。

　　"无救济则无权利",美国虽早在1946年《行政程序法》的有关章节就规定了政府文件公开制度,但由于没有规定相关司法救济制度,该法规定的知情权徒有虚名,公众很难获取所需要的政府文件。这一情况一直持续到1966年《信息自由法》的出台才得到根本改观。为了使知情权得以切实保障、落地生根,我国原《政府信息公开条例》对信息公开诉讼制度就有规定。新《政府信息公开条例》第五章设置专章对政府信息公开的"监督和保障"进行规定。其中第46条规定了考核制度、社会评议制度和责任追究制度。第47条规定了对政府信息公开工作的日常指导和监督检查制度。政府信息公开工作主管部门对行政机关未按照要求主动公开政府信息或者对政府信息公开申请不依法答复处理的情况查证属实的,应当予以督促整改或者通报批评。第51条规定:"公民、法人或者其他组织认为行政机关在政府信息公开工作中侵犯其合法权益的,可以向上一级行政机关或者政府信息公开工作主管部门投诉、举报,也可以依法申请行政复议或者提起行政诉讼",这是关于信息公开工作的投诉、举报制度,行政复议或者行政诉讼制度的规定。司法是守护公平正义的最后一道屏障,完善政府信息公开诉讼制度,是在厘清政府信息公开范围基础之上有效保障公民知情权得以实现的重要手段。以保障知情权和一般信息获取权为宗旨的信息公开制度的良性运转,需要与之相契合的监督和保障制度为之保驾护航。

―――――――――――

　　①　郑剑峰:《专家共话政府信息公开条例》,《法制日报》2008年5月2日。

第一节　政府信息公开诉讼的基本理论

政府信息公开诉讼是一种新型的诉讼,作为行政诉讼的组成部分,政府信息公开诉讼具有与传统行政诉讼不同的特点、意义和功能。

一、政府信息公开诉讼的含义与特点

政府信息公开诉讼,是指作为行政相对人的公民、法人或其他组织,认为作为行政主体的行政机关或法律法规授权的组织,在政府信息公开活动中实施的具体行政行为侵犯其合法知情权(政府信息请求权),依法向人民法院起诉,人民法院依法对被诉具体行政行为的合法性进行审查,并依法作出裁决的活动。[①]从以上定义可以看出,政府信息公开诉讼呈现出独特之处。政府信息公开诉讼属于行政诉讼,但又不同于一般的行政诉讼。政府信息公开诉讼在起诉事由、诉讼主体、证明责任、起诉阶段、裁判方式等方面均有与一般行政诉讼不同之处。

(一)政府信息公开诉讼是双重利益诉讼

政府信息公开诉讼所保护的权益是知情权。知情权作为一项新型的实体权利,具有与人身权、财产权不同的性质和特征。尽管知情权的满足对知情权人的人身权和财产权会产生一定的影响和作用,但其本身并不是人身权

[①]　参见许莲丽:《保障公民知情权——政府信息公开诉讼的理论与实践》,中国法制出版社2011年版,第28页。

或财产权。知情权的实现不仅可以保护知情权人的私人的利益,而且为实现知情权人的监督权、表达权创造了必要条件,从而为知情权享有者民主参政、民主监督权利的实现提供了基础。因此政府信息公开诉讼"已经创造出了一种突破主客观诉讼理论的长时期制约、体现民主政治理念的崭新行政诉讼形式,代表了行政诉讼发展的新方向"[①]。我国司法机关曾经担忧这一新型诉讼类型一旦放开会带来司法难以承受之重,但实践证明,即便在市场经济比较发达、公民社会比较成熟的国家,知情权利人运用知情权提起诉讼的行为也是受到理性制约和规范的。

(二)诉讼对象是政府信息公开或不公开行为

政府信息公开诉讼的诉讼对象是政府信息公开或不公开行为。该行为与传统行政行为有所不同:(1)政府信息公开高度依赖现代信息技术,部分信息公开行为可以全部依赖网络完成,使得电子证据成为政府信息公开诉讼的主要证据,而电子证据的收集和审查制度较之一般证据更加特殊和复杂。(2)行政诉讼中诉讼双方在举证能力方面处于不同地位,这一情况在信息公开诉讼中表现尤甚,相对人处于绝对的劣势地位。因为行政相对人在获取信息之前,几乎无从得知被告作出拒绝公开信息等决定的事实依据,申请人唯一知晓的是《政府信息公开条例》的规定和行政机关对这一规定的援引。政府信息保存在被告一方,行政相对人对信息的有无、状态等事实问题一无所知。在这种情况下,对政府信息公开诉讼中证明责任的设计应当有所不同。

(三)政府信息公开诉讼争议的焦点是信息是否可以不予公开

尽管政府信息公开诉讼的客体依然是"政府信息公开行为的合法性"问题,但其争议的焦点在于"依申请公开的信息是否属于应当公开或者可以不予公开的范围",具有"事实清楚,情节简单,法律纠结"的特征。因此,政府信息公开诉讼当事人双方一般对事实基本没有争议,争议的焦点主要围绕争议政府信息是否可以依法不予公开这一法律问题进行。这就造成了

---

① 赵正群:《交际费、食粮费情报公开诉讼及其意义——日本行政诉讼在 20 世纪 90 年代的新发展》,载罗豪才主编《行政法论丛》(第 5 卷),法律出版社 2002 年版,第 554 页。

政府信息公开诉讼在例外范围明确规定的情况下简单易断；然而另一方面，在例外范围不甚明确的情况下，政府信息公开诉讼非常依赖于司法机关的自由裁量和法院对法律的适用情况。除此之外，政府信息公开案件的审理方式比较灵活，除了一般的公开审理之外，还包括大量不公开审理的案件。

二、政府信息公开诉讼的功能

政府信息公开行为是政府信息公开诉讼的前提和基础，政府信息公开制度归于行政程序的制度范畴，而政府信息公开诉讼法制度归于诉讼程序的制度范畴，政府信息公开诉讼制度对政府信息公开制度的内容具有补充和调整作用。国家建立政府信息公开制度并不等同于该国已经构建了信息公开诉讼制度，即使在两种制度均已建构的国家，二者的发展也不一定能达到高度契合的标准。迄今为止，我国行政信息公开制度与行政信息公开诉讼制度也尚未实现较高水平的契合。

在政府职能的转变过程中，建立阳光下的服务型政府与促进社会主义社会的和谐建设，已成为国家的首要任务。作为信息公开之义务主体的政府处于垄断有限信息资源的优势地位，具有阻碍信息公开的本能。政府信息公开诉讼是对受到侵害的宪法和法律所赋予公民的政府信息知情权的最终救济。政府信息公开诉讼是一种新型的行政诉讼，具有自身独特的诉讼目的——最大限度地保护公民的信息公开请求权。[①] 因此，政府信息公开诉讼制度的价值和功能最起码体现在三个方面：

（一）政府信息公开诉讼制度旨在保护知情权

域外信息公开制度较发达的国家均建立了与本国信息公开制度高度契合的信息公开诉讼制度，以信息公开诉讼保障知情权实现。我国 2014 年新颁布的《行政诉讼法》将行政诉讼管辖范围进一步扩大，把知情权纳入行政诉讼法受理的公民合法权利范畴。我国《政府信息公开条例》第 1 条规定："为了保障公民、法人和其他组织依法获取政府信息，……充分发挥政府信息对人民群众生产、生活和经济社会活动的服务作用，制定本条例。"第 19

---

① 廿一宏：《政府信息公开之行政诉讼制度改革》，《重庆电子工程职业学院学报》2010 年第 1 期。

条规定："对涉及公众利益调整、需要公众广泛知晓或者需要公众参与决策的政府信息,行政机关应当主动公开。"第13条第1款规定："除本条例第14条、第15条、第16条规定的政府信息外,政府信息应当公开。"可见,我国信息公开制度设计有利于保障公民知情权的实现。

（二）政府信息公开诉讼制度可以保护诉讼当事人的合法权利

政府信息公开诉讼制度可以保护诉讼当事人的合法权利。在行政管理法律关系中,行政主体和利害关系人之间处于"管理－服从"的不平等地位。但是在行政诉讼法律关系中二者是享有平等的诉讼法律地位的,这是通过对行政诉讼程序、举证责任、裁判方式等一系列具体制度进行独特设计而实现的。《行政诉讼法》第1条就规定,"为保证人民法院公正、及时审理行政案件,解决行政争议,保护公民、法人和其他组织的合法权益,监督行政机关依法行使职权,根据宪法,制定本法。"政府信息公开诉讼作为行政诉讼的崭新类型,在行政管理阶段双方当事人地位不平等表现尤甚的情况下,为了有效保护诉讼当事人尤其是利害关系人的合法权利,需要对信息公开诉讼制度在现有行政诉讼制度基础之上进行必要的创新

（三）政府信息公开诉讼制度能够规范行政机关的权力

保护公民权利、规范行政权力,是行政法和行政诉讼制度的根本宗旨。在政府信息公开诉讼中要保护公民知情权和行政相对人的诉讼权利,必然要求规范行政权力;而规范行政权力的终极目标是为了保护知情权。在政府信息公开领域,只有当行政机关的信息公开行为严格按照相关法律的规定规范运行的时候,知情权才能得到实现。政府信息公开诉讼是防止信息公开行为不规范的最后屏障,是矫正信息公开行为不规范的有力武器。

综上所述,无法律则无行政,无救济则无权利。知情权是我国宪法和民法典确认的一项独立的政治权利,知情权的落地生根和蓬勃发展,离不开严谨科学的政府信息公开诉讼制度的保驾护航;行政机关合法合理、裁量得当的信息公开行为,离不开完善的政府信息公开诉讼制度的规范和保障。

第二节 政府信息公开诉讼的主要制度

政府信息公开诉讼包括诉讼原则、受案范围与管辖、诉讼参加人、证据制度、诉讼程序、法律适用、裁判与执行等主要制度,但其中较之一般行政诉讼而言独具特色的,主要是政府信息公开诉讼的受案范围制度、诉权制度、举证责任制度。

一、政府信息公开诉讼的受案范围问题

政府信息公开诉讼受案范围经历了从法律规定不明确到逐步明确的发展过程,但是明确之后也还存在规定不够细致、不够全面的问题。对当前的规定进行解读,并提出进一步的完善之策,有利于我国诉讼制度的完善和规范。

(一)政府信息公开诉讼受案范围的立法检视

《行政诉讼法》第 12 条第 1 款规定:"人民法院受理公民、法人或者其他组织提起的下列诉讼:……认为行政机关侵犯其他人身权、财产权等合法权益的。"第 12 条第 2 款规定:"除前款规定外,人民法院受理法律、法规规定可以提起诉讼的其他行政案件。"《政府信息公开条例》第 51 条规定:"公民、法人或者其他组织认为行政机关在政府信息公开工作中侵犯其合法权益

的，……也可以依法申请行政复议或者提起行政诉讼。"将《行政诉讼法》和《政府信息公开条例》两相结合，可以明确得出政府信息公开属于行政诉讼受案范围的结论。

最高法 2010 年司法解释虽然颁布于新《政府信息公开条例》出台之前，但其中与新《政府信息公开条例》不相抵触的部分继续有效。其对政府信息公开诉讼的受案范围进行了细化，其中第 1 条和第 2 条分别以肯定式列举和否定式列举的方式具体规定了政府信息公开诉讼受案范围。综上，针对以下情况提起的行政诉讼人民法院应当受理：第一，向行政机关申请获取政府信息，行政机关拒绝提供或者逾期不予答复的（拒绝公开之诉）；第二，认为行政机关提供的政府信息不符合其在申请中要求的内容或者法律、法规规定的适当形式的（内容方式之诉）；第三，认为行政机关主动公开或者依他人申请公开政府信息侵犯其商业秘密、个人隐私的（反信息公开之诉）；第四，认为行政机关提供的与其自身相关的政府信息记录不准确，要求该行政机关予以更正，该行政机关拒绝更正、逾期不予答复或者不予转送有权机关处理的（个人信息保护之诉）；第五，认为行政机关在政府信息公开工作中的其他具体行政行为侵犯其合法权益的。其中前 4 项列举式规定包含了实践中最常见的诉讼事由，第 5 项作为兜底条款，将未予列举的其他侵犯合法权益的具体行政行为囊括进受案范围之内。

最高法 2010 年司法解释第 3 条规定："公民、法人或者其他组织认为行政机关不依法履行主动公开政府信息义务，直接向人民法院提起诉讼的，应当告知其先向行政机关申请获取相关政府信息。对行政机关的答复或者逾期不予答复不服的，可以向人民法院提起诉讼。"因此，在主动公开方面，行政机关不依法履行信息公开义务的，公民、法人或者其他组织应先行向行政机关申请获取相关政府信息，将主动公开转化为依申请公开之后，再按照依申请公开的相关规定提起诉讼。最高法 2010 年司法解释第 4 条第 2 款规定："公民、法人或者其他组织对主动公开政府信息行政行为不服提起诉讼的，以公开该政府信息的机关为被告。"可见，行政机关主动公开信息不当的，公民、法人或者其他组织也可以提起诉讼。

（二）政府信息公开诉讼受案范围相关规定之完善

当下,我国政府信息公开诉讼的受案范围由《行政诉讼法》《政府信息公开条例》和最高法 2010 年司法解释共同规范,司法解释虽对受案范围进行了细化说明,但相关规定列举的事项范围仍然十分有限,许多现实中的难题还难得到妥善处置,无法有效解决现阶段政府信息公开诉讼所面临的全部问题。为了有效应对上述情况,现对政府信息公开诉讼的受案范围制度提出如下完善的思路。

1. 进行一体化明确规定,提高相关规定的法律位阶

受案范围属于诉讼制度中首当其冲的重要制度内容,对受案范围的规定凭借着法律、行政法规和司法解释合力完成,本身就显示出重视程度不足、规定不够明确的问题。在目前大力推进治理能力和治理体系现代化目标实现的新时代和新形势下,为了最大化地发挥司法救济的功效,我国应当由《行政诉讼法》对政府信息公开诉讼的受案范围进行一体化明确规定。在这一问题上,要始终以发展与开放的眼光来确定受案范围,确保政府信息公开诉讼的受案范围与时代发展和国情相适应。

2. 落实立案登记制,做到信息公开案件应立尽立

为了公正、及时审理行政案件,解决行政争议,解决立案难的问题,《行政诉讼法》第 51 条确立了我国行政诉讼中的立案登记制,即法院对当事人的起诉不进行实质审查,仅仅对形式要件进行核对。除了规定不予登记立案的情形外,当事人提交的诉状一律接收,并出具书面凭证。对当场不能判定是否符合起诉条件的,应当接收起诉状,出具注明收到日期的书面凭证,并在七日内决定是否立案。不符合起诉条件的,作出不予立案的裁定。裁定书应当载明不予立案的理由。原告对裁定不服的,可以提起上诉。对于起诉状内容欠缺或者有其他错误的,应当给予指导和释明,并一次性告知当事人需要补正的内容。《行政诉讼法》中对立案登记制进行了规定,明确提到构建该制度的目的是通过案件受理模式的改变来实现有诉必理,有案必立。在保证行政诉讼当事人的合法诉权以及为其提供有效权利救济渠道的同时,使更多的行政纠纷能够以司法程序来解决,从而保障公正与公平。[①] 在信息公开领

---

① 　郭世辉:《立案登记制改革:有案必立 有诉必理》,《人民法院报》2017 年 3 月 10 日第 5 版。

域将立案登记制落实落细,进一步降低信息公开诉讼的门槛,能够为保护知情权提供有力的司法保障。

3.树立开放包容的理念,正确对待兜底条款

最高法 2010 年司法解释第 1 条第 1 款第 5 项是对受案范围的兜底性规定,对此规定应该以开放包容的理念予以理解,对前述四款未曾列举、实践生活中大量存在的信息公开行为,法院也应予以受理。比如,若申请人请求行政机关公开相关信息,行政机关虽然也进行了公开,但公开了虚假信息或不准确的信息,或者避重就轻公开不全面等信息公开申请人认为其合法权益受到侵犯的这些行政行为,也应当被纳入受案范围之内。

二、信息公开诉讼原告诉权问题探析

政府信息公开诉讼的受案范围,是探讨哪些事项属于信息公开诉讼事由、从而应当由人民法院管辖;而政府信息公开诉讼原告的诉权,解决的是哪些人有资格提起信息公开诉讼的问题。

(一)信息公开诉讼原告资格之演变

根据原《政府信息公开条例》第 13 条的规定,除该条例规定的行政机关主动公开的政府信息外,公民、法人或者其他组织还可以根据自身生产、生活、科研等特殊需要,向国务院部门、地方各级人民政府及县级以上地方人民政府部门申请获取相关政府信息。据此,有人认为,只有符合"自身生产、生活、科研等特殊需要"的主体,才能申请政府信息公开,并且在其对行政机关的具体行政行为不服的时候,才能提起信息公开之诉。最高法 2010 年司法解释第 5 条就规定,"被告以政府信息与申请人自身生产、生活、科研等特殊需要无关为由不予提供的,人民法院可以要求原告对特殊需要事由作出说明",原告"不能合理说明申请获取政府信息系根据自身生产、生活、科研等特殊需要",将要承担败诉的后果。因此,按照原《政府信息公开条例》的规定,信息公开诉讼原告必须与被申请公开的政府信息之间具有利害关系:生产、生活、科研特殊需要。

新《政府信息公开条例》删除了"三需要"规定,根据其相关规定,除行政机关主动公开的政府信息外,公民、法人或者其他组织可以向地方各级人民政府、对外以自己名义履行行政管理职能的县级以上人民政府部门申请获取相关政府信息。[①] 公民、法人或者其他组织认为行政机关在政府信息公开工作中侵犯其合法权益的,可以依法申请行政复议或者提起行政诉讼。从这一新变化可知,我国目前的法律制度已经取消了对信息公开申请人资格的限制,对信息申请人与被申请公开的信息之间的联系不再有特殊要求,任何人都可以申请非法定例外的政府信息公开,这在一定意义上放宽了对政府信息公开诉讼原告资格的限制。利害关系人若认为行政机关的行政行为侵犯了自己的信息公开权益,就可以提起行政诉讼。新《政府信息公开条例》的这一修改,是符合《政府信息公开条例》立法目的的制度设计的,也是符合世界上大多数国家对政府信息公开诉讼原告资格认定标准的。

（二）如何防止诉权滥用

诉权是当事人请求法院保护其权益的一种程序性权利。要预防和治理滥用诉权,首先需要厘清滥用诉权的构成要件。

1. 滥用诉权的构成要件

行政诉权作为一种权利,存在被滥用的先天属性。所谓滥用诉权,是指诉讼当事人主观存在过错,明知在不享有诉权的情况下提起诉讼或虽享有诉权,但本着侵犯他人合法权益之目的恶意行使诉讼权利,从而实现不法诉讼利益的行为。[②] 判定构成滥用诉权的要件为:(1)主观上有过错或者恶意;(2)客观上有为了获取违法利益而实施的诉讼行为。[③] 因此,滥用诉权的前提是享有诉权,但是主观上存在过错或恶意,为了获取违法利益而实施了虚假诉讼、恶意诉讼、无理缠诉等诉讼行为。

2. 我国防止滥用诉权之制度现状

取消对信息公开诉讼原告资格的限制,会直接造成原告范围扩大,可能

---

① 详见新《政府信息公开条例》第 27 条。

② 张晓薇:《民事诉权正当性与诉权滥用规制研究》,法律出版社 2014 年版,第 188 页。

③ 章剑生:《行政诉讼中滥用诉权的判定》,《交大法学》2017 年第 2 期。

产生诉讼案件爆发,从而给司法系统带来巨大压力。由于绝大部分政府信息公开诉讼的原告来自于信息公开的申请人。对于如何防止诉权滥用,新《政府信息公开条例》给出了自己的答案。首先,根据《政府信息公开条例》第35条的规定,申请人申请公开政府信息的数量、频次明显超过合理范围,行政机关可以要求申请人说明理由。行政机关认为申请理由不合理的,告知申请人不予处理。其次,《政府信息公开条例》第42条规定,行政机关依申请提供政府信息,不收取费用。但是,申请人申请公开政府信息的数量、频次明显超过合理范围的,行政机关可以收取信息处理费。申请人申请公开政府信息的数量、频次如果明显超过合理范围而被告知不予处理或收取费用的、又不能说明合理理由的,一旦诉至法院将承担败诉的法律后果。

此外,仅有以上防止滥用诉权的规定仍然不够,信息公开制度对恶意滥用信息公开诉权的行为,还应该制定更多的对应性制裁措施。发生在新《政府信息公开条例》出台之前的"陆红霞诉南通市发展和改革委员会政府信息公开答复案",对如今防止信息公开申请人滥用诉权仍然具有启示意义。

2013年11月26日,陆红霞向南通市发改委申请公开"长平路西延绿化工程的立项批文"。同年11月28日,该市发改委作出《政府信息公开申请答复书》,提供了《市发改委关于长平路西延工程的批复》。但陆红霞认为其申请公开的是"长平路西延绿化工程",市发改委公开的却是"长平路西延工程",答复不准确,缺乏针对性,故提起行政诉讼。后因不服南通市港闸区人民法院(2015)港行初字第00021号行政裁定,提起上诉。二审法院于2015年7月6日驳回其上诉,维持原裁定。[①]

在案件审理期间,港闸区人民法院通过全面调查发现:(1)陆某与他的家人向数家政府机构先后提出了94次公开政府信息的申请;(2)陆某与他的家人向人民法院就政府信息公开问题提起了36次诉讼;(3)陆某与他的家人就政府信息公开提起了39次行政复议;(4)陆某与他的家人向数家政府机构先后申请公开的政府信息类型达到20多种;(5)陆某与他的家人所申请公开的政府信息在内容方面存在许多重复或相似的地方。港闸区人民

---

① 参见《中华人民共和国最高人民法院公报》2015年第11期。

法院在对陆某行为进行调查之后,认定"本案原告陆红霞所提起的相关诉讼因明显缺乏诉的利益、目的不当、有悖诚信,违背了诉权行使的必要性,因而也就失去了权利行使的正当性,属于典型的滥用诉权行为。"

为了防止信息公开诉讼中滥用诉权行为,还应当从以下几个方面着力:第一,将行政诉讼"立案登记制"坚决落到实处,打通公民维权的诉讼通道,避免申请人以信息公开诉讼为手段获取其通过其他正常途径无法得到权益保障的情况发生。第二,申请人以政府信息公开申请的形式进行信访、投诉、举报等活动,行政机关应当告知申请人不作为政府信息公开申请处理并可以告知其通过相应渠道提出。第三,在新的信息公开立法中明确滥用信息公开诉权所要承担的行政处罚、司法处罚、刑事处罚标准,加大滥用诉权的惩治力度。

三、政府信息公开诉讼简易程序规则之完善

《行政诉讼法》第 82 条规定:人民法院审理下列第一审行政案件,认为事实清楚、权利义务关系明确、争议不大的,可以适用简易程序:第一,被诉行政行为是依法当场作出的;第二,案件涉及款额二千元以下的;第三,属于政府信息公开案件的。由于政府信息公开案件大多事实清楚、权利义务关系明确,只是关于"是否公开"有所争议,因此会有相当一部分案件适用简易程序审理。2017 年最高人民法院《关于适用〈中华人民共和国行政诉讼法〉的解释》(以下简称《适用解释》)对简易程序作了进一步规定,界定了"事实清楚""权利义务关系明确""争议不大"的内涵,并对传唤、通知、送达方式作出简化规定,还明确了举证期限与答辩期间,规范了简易程序与普通程序转换的具体操作等,使得简易程序有法可依,"简约而不简单"。政府信息公开诉讼适用简易程序,既能兼顾公平与效率,又可以降低诉讼成本,具有着高效、经济等司法价值。但是政府信息公开诉讼适用简易程序还存在值得探讨的问题。

(一)应明确简易程序只适用于基层法院的一审程序

根据《行政诉讼法》第 82 条的规定,事实清楚、权利义务关系明确、争

议不大的信息公开案件可以适用简易程序进行审理。可见,信息公开案件适用简易程序采取的是裁定主义标准,这与民事诉讼中适用简易程序采用法定主义有所不同。根据这一规定,不仅基层法院可以适用简易程序,中级法院作为一审法院的时候也可以适用简易程序。《行政诉讼法》采用裁量主义标准来确定是否适用简易程序审理行政案件,容易导致司法裁量权过大。在法官拥有较大裁量权的情况下,可能会导致对当事人权利的不平等对待,影响司法公正。① 政府信息公开案件虽然大多事实清楚,但是涉及争议一般并不简单,所以规定一审案件一律可以适用简易程序并不妥当,应当明确政府信息公开诉讼简易程序只适用于基层法院审理的一审案件。

(二)政府信息公开诉讼简易程序与普通程序的转换

在案件审理的过程中,可能会发生不宜适用简易程序审理的情形,为此,《行政诉讼法》第 84 条规定,人民法院在审理过程中,发现案件不宜适用简易程序的,裁定转为普通程序。因此,简易程序在案件审理的过程中根据情况可以转化为普通程序。那么同样的道理,如果一开始定为适用普通程序的政府信息公开案件,如果经过初步审理发现"事实清楚、权利义务关系明确、争议不大的",是否也可以转化为简易程序呢? 法律对此没有明确。建议法律对此予以明确,根据实际情况,从保证诉讼经济和有效解决争议的角度出发,使简易程序和普通程序可以相互转换。

其次,《适用解释》第 105 条规定,行政诉讼简易程序转换为普通程序应当在审理期限届满前作出裁定,并将合议庭组成人员及相关事项书面通知双方当事人。此处简易程序转换为普通程序只有法院的裁定就能实现,没有征求当事人的意见是不妥的。只有尊重当事人的意见,才能够真正达到服判息诉、案结事了行政审判目的。

最后,简易程序由于高效便利,深得诉讼各方当事人的钟爱。政府信息公开是与现代信息技术联系十分紧密的行政行为,因此,在适用简易程序审理政府信息公开案件的过程中,应当大力实验智能语音识别和音字转换技术记录庭

---

① 参见葛先园:《新〈行政诉讼法〉第 82 条第 1 款适用问题研究》,《学习与探索》2016 年第 7 期。

审过程,推进人工智能技术在政府信息公开诉讼的简易程序审理中的适用。[①]

四、政府信息公开诉讼的特殊程序规则

由于政府信息公开诉讼的争议焦点主要在于争议信息是否应当公开或可以依法不予公开,在最终确定公开之前,必须确保争议信息不能被泄露,因此政府信息公开诉讼具有与一般行政诉讼不同的程序规则。

(一)适用更加灵活的审理方式

与一般诉讼以公开审理为原则、不公开审理为补充不同,信息公开诉讼需要适用更加灵活的审理方式。一般的政府信息公开案件,可以公开审理、当庭质证。涉及国家秘密、商业秘密、个人隐私等例外事项的政府信息公开案件,根据实际情况可以不公开审理。涉及密级比较高的国家秘密或者保密级别高的商业秘密和个人隐私,应当不公开审理或者直接进行书面审理,确保既要裁决结果公正,又要诉讼过程中信息不致泄露。

(二)书面陈述制度

书面陈述(Affidavits)是指行政机关在依申请公开中,对拒绝公开的政府信息所做的相当详细的书面描述。书面陈述制度来源于美国信息公开制度。在美国信息公开诉讼中,书面陈述既是信息公开行政行为行政救济的行政程序,也是信息公开诉讼的司法程序,行政机关依靠其工作人员所作的书面陈述来履行对豁免主张的举证责任。如果这些陈述包含对拒绝公开文件相当详细的描述,法院就能够依据书面陈述直接作出支持行政机关的裁决。

书面陈述最大的优势在于,它能够规范行政机关对相对人信息公开申请的答复行为,尤其是拒绝公开或部分公开的答复,增强了行政机关的公开意识、证据意识、法制意识和服务意识。但是书面陈述的不足之处也比较明显:第一,它较多地依赖行政机关自觉守法,行政主导色彩比较浓厚;第二,它对

---

① 杨寅、戴岩:《行政诉讼简易程序的新近发展与完善》,《上海政法学院学报(法治论丛)》2019年第6期。

行政机关工作人员的素质要求比较高,需要有对信息自由法的精神实质把握到位的人员才能做出合格的书面陈述;第三,在比较复杂的信息公开案件中,书面陈述难以独当一面,达到信息自由诉讼中要求的证明程度,法院也无法据此作出裁决。

我国《政府信息公开条例》第 36 条规定,"行政机关依据本条例的规定决定不予公开的,告知申请人不予公开并说明理由";"所申请公开信息不属于本行政机关负责公开的,告知申请人并说明理由";第 37 条规定:"申请公开的信息中含有不应当公开或者不属于政府信息的内容,但是能够作区分处理的,行政机关应当向申请人提供可以公开的政府信息内容,并对不予公开的内容说明理由。"通过对比可知,我国信息公开中的说明理由制度就相当于美国的书面陈述制度,都是对不予公开或部分公开信息的行为进行解释说明的书面文件。在我国,包含"说明理由"的政府信息公开答复书也作为证据材料的重要组成部分提交信息公开诉讼的法官审查。所不同的是,我国信息公开制度还处于初级阶段,我国的行政机关在答复信息公开申请时出现"相同情况、不同处理、不同答复"的情况比较常见,因此申请人拿到的回复有所不同,法院在审理信息公开案件的时候也会出现同案不同判的情况。

我国应大力发展具有中国特色的说明理由制度。针对如上存在的问题,我国应该继续提高对说明理由制度的重视,按照类型制作政府信息公开答复模板,加强对信息公开工作人员的专业培训,不断提高说明理由的质量。

(三)沃恩索引制度

沃恩索引(Vaughn Indexes)是指行政机关在诉讼过程中对拒绝公开的文件,按照豁免公开的理由逐一编制的索引,对拒绝公开的文件进行详尽的描述和充分的梳理,强调豁免公开的文件和豁免理由一一对应,重视对文件进行公开部分与不公开部分的区分分类,是信息公开诉讼中最为常用和重要的程序。[①]

相对于书面陈述是行政制度中的常见程序而言,沃恩索引则是由信息自由制度所独创的一项功能十分强大的程序。相对于书面陈述,沃恩索引虽然

---

① Vaughn v. Rosen, 484 F. 2d 820(D. C. Cir, 1973).

产生较晚,但是对推进信息公开发挥着无可比拟的重大作用。沃恩索引制度的重要意义在于,相对人通过一般的诉讼程序安排无法完成举证责任,而由法院全面地进行秘密审查又不切实际,由行政机关制作详细的沃恩索引可以发挥行政机关在信息公开方面的专业特长,防止秘密信息泄露,促进和帮助行政机关厘清公开信息与不公开信息之间的界限,从而减少法院审理案件的压力。

沃恩索引实质上是以书面陈述为基础的更详细、更具体、更专业的书面陈述。沃恩索引的一般形式是申请文件的逐条记录目录,通常详细地指出了制作者、日期、文件页数、每项争议文件的主体内容和该文件不予公开的原因。在沃恩索引中,行政机关应逐项地指出不予公开的内容和其使用的豁免条款,并分析为何该内容应适用该豁免条款不予公开。

在新《政府信息公开条例》已经施行、政府信息公开范围得到进一步厘清、实践中行政经验和司法案例不断增加的基础上,我国可以考虑引进和借鉴沃恩索引制度。我国目前《政府信息公开条例》中的信息公开目录和指南,可以作为沃恩索引的基础框架。

(四)秘密审查制度

秘密审查(In Camera Review),也称法官不公开的审查,是指法官对机密文件或可能具有机密性质的文件,在私人办公室内审查,不对外界公开,以决定文件是否具有机密性质,或者全部或部分具有机密性质。秘密审查制度,在美国信息自由诉讼中经历了一些重要的发展变化,主要体现在法院针对国家安全的审查从完全不审查到非常谨慎的审查。

秘密审查制度由于其秘密性,天生具有其弱点,首先,因为是秘密审查,缺乏正面针锋相对的对抗,不利于查清事实;也因为是秘密审查,反而更容易造成不公平的猜疑;且大多数法官并不具备审查国家秘密的专业素养和技术水平。秘密审查是在书面陈述和沃恩索引制度都没有发挥作用的情况下,不得已而采取的一种审查方式。[①]

秘密审查制度是退而求其次,不得已而为之的一项制度,只有在其他制

[①]　许莲丽:《保障公民知情权——政府信息公开诉讼的理论与实践》,中国法制出版社 2011 年版。

度都未能有效发挥作用的情况下,才启动秘密审查制度。秘密审查不同于不公开审理。不公开审理是对案件当事人以外的旁听人以及新闻媒体等的不公开,并没有将原告或者第三人排除在外。而秘密审查禁止法官可以接触争议文件,就是因为接触秘密的人越少,越容易保密。我国也认识到不公开审理对保护秘密的重要作用,所以我国规定了不公开审理制度。《政府信息公开条例》第54条规定:"人民法院公开审理行政案件,但涉及国家秘密、个人隐私和法律另有规定的除外。涉及商业秘密的案件,当事人申请不公开审理的,可以不公开审理。"不公开审理又包括开庭审理和书面审理,书面审理包括实质性书面审理和形式上书面审理,秘密审查制度类似于我国的实质性书面审理。我国应当借鉴秘密审查的制度精华,发展我国的实质性书面审理,以保证我国信息公开诉讼制度的完整性。

五、政府信息公开诉讼的证据规则之完善

根据《行政诉讼法》的规定,举证责任由被告方承担。政府信息公开诉讼属于行政诉讼的一种,因而同样适用被告承担举证责任的证据规则。在政府信息公开诉讼中,基于原被告双方举证能力的巨大差异、原被告双方对于证据掌握可能性上极度不平等的现实,还有一些独具特色的证据规则。

(一)一般情况下的举证责任

依照最高法作出的解释,在举证责任的规定上,应保持政府信息公开诉讼与行政诉讼的统一,但根据具体情况具有灵活性。具体来说,在政府信息公开方面,依照以下内容分配举证责任:(1)被告拒绝向原告提供政府信息的,应当对拒绝的根据以及履行法定告知和说明理由义务的情况举证。(2)因公共利益决定公开涉及商业秘密、个人隐私政府信息的,被告应当对认定公共利益以及不公开可能对公共利益造成重大影响的理由进行举证和说明。(3)被告拒绝更正与原告相关的政府信息记录的,应当对拒绝的理由进行举证和说明。(4)被告能够证明政府信息涉及国家秘密,请求在诉讼中不予提交的,人民法院应当准许。(5)被告主张政府信息不存在,

原告能够提供该政府信息系由被告制作或者保存的相关线索的,可以申请人民法院调取证据。(6)原告起诉被告拒绝更正政府信息记录的,应当提供其向被告提出过更正申请以及政府信息与其自身相关且记录不准确的事实根据。

(二)特殊信息在政府信息公开诉讼中的举证责任

1.国家秘密的举证责任

证明政府信息涉及国家秘密的证明责任,由被告行政机关承担,行政机关首先通过说明理由制度予以证明。如果行政机关的说明理由详细具体、能够充分证明拒绝予以公开政府信息的理由的,法院直接根据说明理由裁定行政机关胜诉。如果"说明理由"不能充分证明申请信息涉及国家秘密的,可以由行政机关提供有关主管部门、统计保密工作部门出具的政府信息公开保密审查结论,证明申请信息应当不予公开。或者由行政机关向法院提供更加详细的书面材料。由法院对此书面材料予以实质性的书面审查。审查的过程不向申请人开放,不需要诉讼双方交换证据和进行质证,书面审查可以只在被告和法院之间单独进行。

2.个人隐私和商业秘密的举证责任

涉及个人隐私和商业秘密的政府信息由隐私权人和商业秘密权人进行举证。对于当事人请求政府部门不予公开其涉及个人隐私与商业秘密的信息时,当事人也需承担举证责任,需要对被公开信息已导致商业机密或个人隐私受侵犯,且两者具有因果关系,信息不公开不会导致社会或个人面临重大损失进行证明。

行政机关则需要对已经通过书面形式向私权利享有人征求过意见进行举证、对政府信息不予公开将损害重大公共利益进行举证,并对信息不予公开以后可能对公共利益产生的损害进行举证。

3.政府信息不存在的证明责任

证明政府信息不存在的证明责任由行政机关承担,行政机关应当通过提交"情况说明"的方式进行证明,在"情况说明"中,行政机关需要详细指出该申请文件的属性、范围,证明其在履行了充分检索和详细查找的义务之后,该文件仍然不存在。只有这样,行政机关才算履行了证明责任,法院才可以免除其公开义务。完成以上检索和详细查找义务的前提是行政机关拥有比较完善的政府信息公开指南和公开目录。

实践中证明政府信息不存在可以分为两种情况,第一种情况,行政机关没有记录和保存政府信息的义务,在这种情况下,政府信息不存在,行政机关不需要承担责任;第二种情况,政府信息不存在是由于行政机关怠于行使记录和保存政府信息的义务造成的,在这种情况下,行政机关依然应当承担败诉的风险。而对于由于历史原因造成的政府信息不存在,则需要区分不同的情况予以裁判。

第三节　反信息公开诉讼制度研究

反信息公开诉讼是一种独特的诉讼形式,它虽然属于行政诉讼之一种,但又不同于一般的行政诉讼,它虽然属于政府信息公开诉讼,但也不同于一般的政府信息公开诉讼。政府信息公开是一把双刃剑。政府信息公开,不仅可以给公民带来巨大的利益,也可能侵害公民的隐私权和企业的商业秘密。因此,在政府信息公开领域,反信息公开诉讼具有独特的价值和无可比拟的重要性。

一、反信息公开诉讼概述

本部分主要分析反信息公开诉讼的含义、反信息公开诉讼与信息公开诉讼之间的关系、反信息公开诉讼的主要特征等理论问题,以为后面展开论述反信息公开的法理基础、反信息公开制度的现状及其存在的问题、反信息公开诉讼制度的完善奠定基础。

(一)反信息公开诉讼的概述

1. 反信息公开诉讼的概念与特征

反信息公开诉讼是公民、法人或其他组织认为行政主体主动公开或依他人申请公开相关信息侵犯其商业秘密或个人隐私的,依《行政诉讼法》等法律规定向人民法院提起的行政诉讼,申请禁止公开损害其合法权益的信息并要求获得赔偿的诉讼案件。对应行政机关公开政府信息行政行为方式的不同,该诉讼也分为有第三人的反信息公开行政诉讼与无第三人的反信息公开行政诉讼。依诉讼提起时间不同,可分为信息公开之前的反信息公开诉讼和信息公开之后的反信息公开诉讼。简而言之,反信息公开诉讼是因为在被决定公开的政府信息涉及商业秘密或个人隐私时,政府没有尽到意见征询义务或者该义务没有被合理履行,以及为了公共利益不当地直接公开的情况下,隐私权人及利害关系人或者关涉商业秘密的企业及利害关联企业,为了阻止该信息的公开而向人民法院提起的一类特殊的行政诉讼。狭义反信息公开诉讼的主要机能表现为阻止信息的公开,然而反信息公开不单可以通过阻却公开行为的实施,还应当允许通过消除违法行为和确认违法行为及给予赔偿等方式对第三方权益进行一个较为完善的保护。广义的反信息公开诉讼包含了事先反对公开、事中撤销,以及事后要求赔偿多个时间段的保护。

2. 反信息公开诉讼与信息公开诉讼的关系

反对信息公开诉讼与信息公开诉讼作为信息公开制度中的两大基本诉讼制度类型,二者都属于行政诉讼,因此其诉讼行为都应当按照《行政诉讼法》的规定执行。同时,反信息公开诉讼与信息公开诉讼有着显著的不同,二者是两个相对独立制度理念不同的诉讼。维护公民的知情权是信息公开的制度内核,保护个人隐私权和商业秘密则是反信息公开诉讼的制度内核。信息公开诉讼中的主角是申请人与行政机关,焦点在于政府应不应该公开信息,信息本身的特性是公开与否的判断依据之一。反信息公开的主角为被公开信息的第三方和行政机关,焦点在于信息公开合理与否,信息本身的特性是贯穿制度始终的。

(二)反信息公开诉讼的特征

反信息公开诉讼作为一种特殊的诉讼类型,具有不同于一般行政诉讼的特征。

1. 反信息公开诉讼具有预防性

一项政府信息当涉及行政相关人的隐私权、商业秘密和其他权益时,其一旦被政府公开,便会产生不可逆转的损害。因此,有必要在公权力所做出的行为还没有发生实质性的损害的情况下,就给当事人提供一种救济的方式,预防为主,防止损害不可逆转的发生。所以,公民、法人或者其他组织不仅可以就行政机关的公开决定和公开行为提起诉讼,而且可以就行政机关可能作出公开决定的行为提起诉讼。

2. 反信息公开诉讼具有暂时停止执行性

反信息公开诉讼的暂时停止执行性是与预防性相适应的。为了保护第三人的个人隐私和商业秘密,防止在提起诉讼的过程中对信息已经进行公开而导致的保护结果的无效。在起诉之后行政机关就应该暂时停止对相关信息的公开活动。

3. 反信息公开诉讼的诉讼目的是禁止公开

反信息公开诉讼所要保护的实体权益是私权利享有人的隐私权和商业秘密权。不过,反信息公开诉讼中对于人身权,财产权的保护,是在充分平衡知情权、人身权和财产权三者之间的关系后才得以实现的。因此,反信息公开诉讼本身也体现了对知情权的尊重和保护。但是在外在表现形式方面,信息公开诉讼的目的是请求公开,反信息公开诉讼的目的是请求不予公开。

4. 反信息公开诉讼一般都有第三人

反信息公开诉讼一般都有第三人,这是因为当行政机关作出公开政府信息的决定或是行为时,反信息公开诉讼的原告和信息公开申请人的权益发生激烈的对峙,如果原告提起反信息公开诉讼,信息公开申请人的知情权将会受到裁判结果的直接影响,因此申请人应作为第三人参加反信息公开诉讼。但是在主动公开中,反信息公开诉讼没有第三人。

5. 诉讼争议的焦点是政府信息是否可以豁免公开

反信息公开诉讼的争议的焦点是,所涉及的政府信息是否属于法定豁免的范围。法院在对这一问题进行判断时,不仅要依据《政府信息公开条例》的规定,更要从其他相关法律如保护隐私权、保护商业秘密权的法律中寻求法律依据。而且因为反信息公开诉讼中大量涉及对不同利益的自由裁量。因此,反信息公开诉讼不仅要对行政行为的合法性进行审查,还要对行政行为的合理性进行审查。

二、反信息公开诉讼的法理基础

反信息公开诉讼制度是一项十分重要的制度,其正当性建立在保障私权利的需要和利益平衡的要求之上。

(一)保障私权利的需要

国家尊重和保障人权是我国宪法的一项基本原则,规范行政权、保护公民权也是我国行政法的基本宗旨。在现代行政管理体系中,行政主体处于强势地位,其行政活动影响的范围越来越广,极易侵害到公民、法人和其他组织的合法权益。公民的隐私权与公民知情权一样,都属于公民的基本权利,理应受到公平的保护。因此,当公民的知情权受到侵害时,有权提起信息公开之诉;当公民的隐私权受到侵害时,应当享有提起反信息公开之诉的权利。

(二)利益平衡的要求

在政府信息公开制度实施过程中,往往存在知情权与隐私权、商业秘密权之间的矛盾冲突。由于以上权利都是重要的权利,需要得到法律的保护,在二者产生冲突的时候,利益平衡成为必须。其中任何一项权利都值得运用诉讼制度加以落实和保护。

反信息公开诉讼制度不仅对于完善行政诉讼制度具有重要的意义,也可以更好的实行信息公开制度,有效的实现公民的知情权和隐私权、企业的商业秘密权益的完好衔接和动态平衡。

三、反信息公开诉讼的发展状况

反信息公开诉讼是伴随着信息公开制度而产生和发展的,它不仅可以完善权利保护方式,还有利于推进诉讼制度的改革和发展。

（一）反信息公开诉讼在域外的发展

1. 反信息公开诉讼在美国的发展状况

在美国，反信息公开诉讼制度被称为反情报自由诉讼。美国社会认为公开企业商业秘密有助于实现社会公共利益，因此会出现虽然法律规定商业秘密豁免公开，但在实践中有所公开的情况发生，由此产生了知情权与企业主商业秘密权之间的矛盾。为了解决这一问题，反情报自由诉讼产生并得到迅速发展，有效防止行政机关假借公共利益之名损害私人的合法权益。

2. 反信息公开诉讼在日本的发展状况

在日本的《信息公开法》中，针对被公开者的权利救济措施设置了多种的制度，包括自愿的意见听取程序、强制的意见听取程序和反信息公开诉讼这三种方式。

自愿的意见听取程序，即给予信息的相关者一种听取其陈述的权利，这种方式只具有确认的意义。强制的意见听取程序，这是正当程序制度影响下的产物。对于信息公开决定所涉及第三方的信息之后，强制的规定行政机关听取第三人的意见，做到程序的合法和公正，从而达到保护相关人权益的目的。任意和强制的意见听取机制，在日本对行政长官并不具有绝对的法律上的约束力，审查意见之后行政长官还是可以做出公开的决定的。日本《行政案件诉讼法》中明确规定了反信息公开诉讼，有力保护了公民隐私权和企业的商业秘密。

（二）反信息公开诉讼在我国的发展

我国原《政府信息公开条例》就规定了商业秘密、个人隐私原则上不予公开制度。新《政府信息公开条例》第 15 条在此基础之上又规定："涉及商业秘密、个人隐私等公开会对第三方合法权益造成损害的政府信息，行政机关不得公开。但是，第三方同意公开或者行政机关认为不公开会对公共利益造成重大影响的，予以公开。"最高法 2010 年司法解释规定，公民、法人或者其他组织认为行政机关主动公开或者依他人申请公开政府信息侵犯其商业秘密、个人隐私的，有权依法提起行政诉讼。从这些规定可以看出，我国对反信息公开诉讼是有明确的规定的，但是对于反信息公开诉讼的起诉规则和审理规则并没有具体规定,实践中反信息公开诉讼的案例数量少、审理情况总体也不规范。

四、反信息公开诉讼的完善之道

随着我国政府信息公开和法治政府建设工作的不断推进,公民获取信息的权利持续得以加强和保障,但与此同时,在许多信息公开案件中第三方的合法权益受到忽视,因此对以保护第三方合法权益为使命的反信息公开制度进行研究十分重要。反信息公开诉讼制度不仅对于完善行政诉讼制度具有重要的意义,也有助于更好地实行信息公开制度,有效地实现公民的知情权和隐私权、企业的商业秘密权益的完好衔接。反信息公开诉讼规则的相关规定不明晰,许多方面停留在空白的程度。相关制度的完善可以弥补法律法规在第三方利益司法救助上的空白,推动对民众个人隐私和市场主体的商业秘密权益的保护,而且能够进一步完善我国行政诉讼制度。

(一)我国目前反信息公开诉讼制度的规定及其存在的问题

本部分首先介绍我国反信息公开诉讼的制度规定,然后分析其中存在的问题和不足之处。

1. 制度现状

目前,反信息公开诉讼的起诉依据是《行政诉讼法》第 11 条第 2 款的"侵犯相对人人身权、财产权之外的其他合法权益的具体行政行为,法律、法规规定可以提起诉讼的,法院应予受理"[1] 和《政府信息公开条例》第 51 条规定[2] 以及最高法 2010 年司法解释第 1 条。《行政诉讼法》的规定不明确,其仅通过授权的方式为信息公开诉讼留下一个狭窄的通道,而《政府信息公开条例》和最高法 2010 年司法解释位阶较低,因此信息公开诉讼包括反信

---

① 详见《行政诉讼法》第 11 条第 2 款。
② 《政府信息公开条例》第 51 条规定:"公民、法人或者其他组织认为行政机关在政府信息公开工作中侵犯其合法权益的,可以向上一级行政机关或者政府信息公开工作主管部门投诉、举报,也可以依法申请行政复议或者提起行政诉讼。"

息公开诉讼的起诉依据总体上权威性不足。

根据最高法 2010 年司法解释第 1 条的规定，我国政府信息公开诉讼包括如下几种类型：第一，"向行政机关申请获取政府信息，行政机关拒绝提供或者逾期不予答复的"信息公开之诉；第二，"认为行政机关提供的政府信息不符合其在申请中要求的内容或者法律、法规规定的适当形式的"公开形式之诉；第三，"认为行政机关主动公开或者依他人申请公开政府信息侵犯其商业秘密、个人隐私的"的反信息公开之诉；第四，"认为行政机关提供的与其自身相关的政府信息记录不准确，要求该行政机关予以更正，该行政机关拒绝更正、逾期不予答复或者不予转送有权机关处理的"的信息更正之诉；第五，"认为政府信息公开行政行为侵犯其合法权益造成损害的"国家赔偿之诉。其中第 1 条第 1 款第 3 项规定构成我国反信息公开诉讼的制度基础。

最高法 2010 年司法解释第 11 条第 1 款规定："被告公开政府信息涉及原告商业秘密、个人隐私且不存在公共利益等法定事由的，人民法院应当判决确认公开政府信息的行为违法，并可以责令被告采取相应的补救措施；造成损害的，根据原告请求依法判决被告承担赔偿责任。政府信息尚未公开的，应当判决行政机关不得公开。"本条是对政府信息公开诉讼裁判类型的规定。根据这一规定，我国信息公开诉讼案件的裁判类型包括"确认违法判决"，对此可以附带判决"采取相应补救措施"或"承担赔偿责任"。

最高法 2010 年司法解释第 11 条第 2 款规定："诉讼期间，原告申请停止公开涉及其商业秘密、个人隐私的政府信息，人民法院经审查认为公开该政府信息会造成难以弥补的损失，并且停止公开不损害公共利益的，可以依照《中华人民共和国行政诉讼法》第 44 条的规定，裁定暂时停止公开。"这是关于信息公开诉讼中的"禁止令"规定。

最高法 2010 年司法解释第 12 条规定了在 8 种情形之下若"被告已经履行法定告知或者说明理由义务的"，应当判决"驳回原告的诉讼请求"，此时关于"驳回原告诉讼请求"的判决类型。

2. 存在的问题和不足之处

我国反信息公开制度中存在的不足之处主要表现在两个方面：第一，最高法 2010 年司法解释是最高人民法院专门针对信息公开诉讼发布的司法解释,其对相关问题如起诉条件、诉讼类型等作出了比较详细、具体的规定,可以有效指导信息公开诉讼的实践。但是,司法解释的位阶偏低,对于信息公开诉讼的诉讼类型和判决类型这样重要的问题,应当由《行政诉讼法》或《信息公开法》一类的法律来进行规定,才更加合适。第二,"禁止令"制度具有重要的积极意义,但是至今为止都只是一项具文,未曾在实践中被适用过。这主要是因为对于裁定"禁止令"条件和标准不好把握,司法解释仅仅规定其条件是"人民法院经审查认为公开该政府信息会造成难以弥补的损失,并且停止公开不损害公共利益的",但是针对其中何为"难以弥补的损失","公开该政府信息"是否会造成"难以弥补的损失",停止公开是否会"损害公共利益",都没有具体的判断标准或参考依据,因此在实践中难以把握。

(二)反信息公开诉讼制度的完善

根据信息公开诉讼的特点及其在实践发展中所面临的实际情况,结合信息公开诉讼制度存在的问题,对反信息公开诉讼制度可以从以下几个方面进行完善。

1. 起诉依据的完善

目前,我国的信息公开诉讼和反信息公开诉讼虽然是具有制度基础的,但针对其起诉依据的权威性不足的问题,建议修改《行政诉讼法》,明确列举信息公开诉讼和反信息公开诉讼这两个重要的诉讼类型。或者是制定《信息公开法》,在其中对信息公开诉讼和反信息公开诉讼予以细致的确立和规范。

2. 起诉时机的确立

在依申请公开的情况下,反信息公开诉讼应当在行政机关作出公开政府信息的决定之后提出? 还是在权利人拒绝公开之后、信息公开决定作出之前提出? 一种观点认为,为了更加及时、充分地保护权利人的个人隐私和商业秘密,应该在权利人拒绝公开之后、行政机关作出信息公开决定之前,允许权利人提起诉讼。但是这一做法是与我国当前行政诉讼中的事后救济制度相矛盾的。况且,在信息公开决定作出之后及时提出行政诉讼,结合诉讼程序中的"禁止令"制度,能够起到充分保护权利人的目的,因此没有必要特别规定在信息公开决定作出之前提起行政诉讼。

3. 审理内容的明确

在法院审理的过程中,理清审查内容对于有效和迅速的解决纠纷、保护当事人的诉讼权益具有十分重要的意义。反信息公开诉讼在审查内容方面具有特色。首先,要审查政府信息是否涉及个人隐私或者商业秘密。无论是政府主动公开还是依申请公开,在信息公开之前,首先要对信息进行审查,以确定要公开的政府信息是否涉及个人隐私或者是商业秘密。第二,审查不公开政府信息是否会影响公共利益。经过第一步审查,如果确认政府信息涉及个人隐私或者是商业秘密,下一步就需要审查不公开政府信息是否会影响公共利益。第三,进行利益衡量。司法机关需要对政府信息不公开所保护的私人利益与政府信息公开所保护的公共利益之间进行比较。第四,对利益的损害是否减到最小。权衡除了对信息进行公开之外,是否还有其他的损害更小的措施可以采取。

4. 法院审查方式的选择

反信息公开诉讼是为了阻止行政机关公开信息而提起行政诉讼,这必然要求法院在审理案件的过程中采取一定的保密措施,以防这些信息在审理过程中被泄露。审判公开是我国行政诉讼的基本原则之一,不公开审判只适用于特殊情况,但这种不公开只是对当事人之外的人不公开,对当事人仍为公开审理,其中就包括申请公开政府信息的第三人。反信息公开诉讼中,若仍对所有当事人公开,可能会造成尚未公开的涉及商业秘密、个人隐私的政府信息向诉讼第三人(即申请公开政府信息的当事人)予以公开,反信息公开诉讼的进行也就失去了意义。最高法 2010 年司法解释第 6 条规定:"人民法院审理政府信息公开行政案件,应当视情况采取适当的审理方式,以避免泄露涉及国家秘密、商业秘密、个人隐私或者法律适当的审理规定的其他应当保密的政府信息。"何为"适当的审理方式",司法解释没有进一步明确。"适当的审理方式"是"在现有法律体系框架内寻求公正审理和防止泄密、泄私的一种平衡,既适用于当事人对涉诉政府信息能否出示、如何质证问题,也适用于法院对涉诉政府信息的如何认定等问题"。[1] 对此,可以借鉴美国的"秘密审查模式",即"法官私人办公室内审查",是指"法官对机密的文件或可

---

① 郝静:《反信息公开诉讼规则探析》,《河北法学》2012 年第 3 期。

能具有机密性质的文件,在私人办公室内审查,不对外界公开"。①

（三）反信息公开诉讼的判决类型

根据《行政诉讼法》的规定,行政诉讼的判决类型有以下几类:驳回诉讼请求判决、撤销判决、变更判决、履行判决、确认违法或者无效判决等。反信息公开诉讼是行政诉讼的一种,在探讨反信息公开诉讼的适用何种判决之时,要以行政诉讼法关于诉讼判决的规定为基础,并结合反信息公开诉讼自身的特点和诉讼所要追求的目的来适用相应的判决类型。② 具体分为这样几种情况:

第一,若政府信息公开决定存在违法情形,判决撤销,并可以责令行政机关重新作出行政行为。第二,若政府信息公开决定存在违法情形、但信息已经公开判决撤销没有意义的,判决确认违法,可以同时判决责令被告采取补救措施;给原告造成损失的,依法判决被告承担赔偿责任。第三,若存在最高法 2010 年司法解释第 12 条规定的情形且"被告已经履行法定告知或者说明理由义务"的,判决驳回原告诉讼请求。最后,因为变更判决适用于"行政处罚明显不当,或者其他行政行为涉及对款额的确定、认定确有错误的"③情形,反信息公开诉讼的判决不涉及这些情形,所以不予适用变更判决。

---

① 王名扬:《美国行政法》,中国法制出版社 1995 年版,第 1010—1011 页。

② 李玉龙:《反信息公开诉讼研究》,西南政法大学 2014 年硕士学位论文。

③ 《行政诉讼法》第 77 条规定:行政处罚明显不当,或者其他行政行为涉及对款额的确定、认定确有错误的,人民法院可以判决变更。

第七章
突发公共事件中的政府
信息公开及其例外

2019 年底开始席卷我国和全球的新冠肺炎疫情,又一次把各国信息公开推到了风口浪尖。中共中央政治局常务委员会 2020 年 2 月 3 日召开的会议指出,新冠病毒疫情是对我国治理体系和治理能力的一次大考。这次新冠病毒疫情是一次全民参与的信息公开方面的公开课,几乎无人不意识到及时准确公开政府信息的重要性。面对这次重大疫情考验,我国政府信息公开制度一开始未能有效发挥疫情暴发初期的"预防""疏导""有效引领"作用;与此同时个别政府部门为了防控新冠病毒蔓延,公开了包括门牌号、身份证号码在内的公民个人信息,又有涉嫌侵犯隐私权之虞。接受疫情暴发初期的教训,我国认识到"信息公开是最好的疫苗"、及时公开信息是杜绝疫情次生灾害的良方,因此高度重视信息公开在疫情防控方面的作用,抢占信息公开的主动权和主阵地,采取传统公开渠道和数字新媒体联动并用等举措,最终有效控制住国内的疫情,取得了疫情防控的阶段性重大胜利,获得世界卫生组织和国际社会好评,为世界疫情防控提供了宝贵的经验。结合此次突发公共事件中我国的应对实践,对其中的经验和教训进行初步总结,对制度进行全面审视,可以发现我国政府信息公开制度还存在一些需要完善之处。

政府信息公开衡量着信息时代一个政府的透明度和开放度,而突发公共事件中的政府信息公开作为其重要组成部分,直接关系着群众生命财产安全,在信息公开制度建设中应当始终放在最重要的位置。突发公共事件中政府的信息公开也是体现和保障公众知情权的重要一环。在突发公共事件发生时,政府充分及时的信息公开对于防止事态扩大、消除社会恐慌、稳定社会秩序、树立政府的良好形象都有重要意义。

我国目前的《政府信息公开条例》对突发公共事件发生状态下的信息公开问题关注力度不够。就社会发展来说,重大的突发公共事件虽然只是暂时的或短期的,但无一例外是具有重大威胁的重要考验和发展契机或转折点,因此必须予以足够的重视。为此,《政府信息公开条例》宜以专章形式对突发公共事件中的信息公开制度予以规定。这不仅是构建协调统一的政府信息公开制度体系,成功应对突发公共事件、化危为机的重要举措,而且也是完善我国国家治理体系和治理能力现代化的迫切要求。

第一节　突发公共事件中政府信息公开的基本理论

　　要对突发公共事件中的信息公开制度予以建构,首先必须对突发公共事件进行深入分析和透彻的理解,并对相关的支撑配套制度予以修改和完善。

　　根据《中华人民共和国突发事件应对法》(以下简称《突发事件应对法》)的规定,突发事件是指"突然发生,造成或者可能造成严重社会危害,需要采取应急处置措施予以应对的自然灾害、事故灾难、公共卫生事件和社会安全事件"①。由于事发突然,突发事件具有发生发展速度快、出乎意料、难以应对从而需要采取非常规方法进行处理的特点。突发事件是意外突然发生的重大或敏感事件,也就是通常所讲的"天灾人祸",包括自然灾害、恐怖事件、社会冲突等"危机"事件,一般都会对公众的正常生活造成极大的影响。突发事件的频发及其带来的严重后果给政府的应对与治理能力带来了严峻考验,引起了国内外学者的广泛关注。

　　从古至今,整个人类的发展历程,始终面临着各种各样的突发事件和危机。现代社会发展日新月异,整个生存环境日益复杂,现代社会危机不断,全世界已经进入典型的高风险社会。转型时期中国的突发事件频繁发生,由此带来的危机的复杂程度和解决难度也日益增加。突发公共事件的爆发、扩散

---

　　① 《中华人民共和国突发事件应对法》第3条。

会给社会和经济造成巨大风险,并由此可能导致严重的社会危机和经济危机,甚至形成政治危机,① 因此必须及时有效地进行应对,防止其带来灾难性的后果。在突发事件应对过程中,政府信息公开可以成为缓解突发事件所引起的社会震荡的"减震阀"和"稳压器",极大助益于突发事件的有效应对和妥善处置,甚至可以通过这种有效应对和妥善处置,促进政府治理能力现代化,提升政府的公信力。

一、突发公共事件中的政府信息公开

突发事件不可避免,古今中外概莫能外。在现代工业社会和信息社会,由于现代化的自反性②、福利社会的"坏处"③ 以及个人主义和个性化的加强④,各种风险不断产生,突发事件势必更加频繁。⑤ 当风险社会和全球化现象结合起来,全球风险社会即告形成。"随着两极世界的消退,我们正在从一个敌对的世界向一个危机和风险的世界迈进。……风险不是一国的,而是全球性的。"⑥ 我国历来是世界上遭受自然灾害影响最为严重的国家之一,再加上我国目前处于社会经济发展的转型时期,一些人民内部问题如果处置不当有可能引发社会危机。我国当前已经进入突发事件高发期。⑦ 大力研究突发公共事件,尤其是积极总结我国在新冠肺炎疫情防控中将疫情防控之危转化为转型升级之机的宝贵经验,研究政府信息公开在其中发挥的独特作用,对有效应对以后可能发生的突发公共事件,具有不可替代的作用。

---

① 参见曹树基:《鼠疫流行与华北社会的变迁(1580—1644年)》,《历史研究》1997年第1期。
② 现代工业社会是建立在对自然资源的无限制开发与利用基础之上的,现代化的基础与现代化的后果无法相容。
③ 现代社会的目标是为人类谋福利,让人得到"好处",但是"好处"的背后往往潜伏着无穷的"坏处"。
④ 每个人在争取个人权利的过程中,其决策和实施中都存在极大的风险。
⑤ 参见贺文发、李烨辉:《突发事件与信息公开》,中国传媒大学出版社2010年版,第25—29页。
⑥ [德]乌尔里希·贝克:《世界风险社会》,吴英姿、孙淑敏译,南京大学出版社2004年版,第4页。
⑦ 参见贺文发、李烨辉:《突发事件与信息公开》,第30页。

（一）突发公共事件和突发公共事件中的信息

突发事件因其具有许多独特之处使其与众不同,各国政府和民众对之也"闻虎色变"。突发事件中的政府信息与常态社会下的政府信息相比也有许多特点,对这些特点进行分析是正确认识和有效应对突发公共事件的必然要求。

1. 突发公共事件的分类

根据《突发事件应对法》第3条的规定,突发公共事件可以分为自然灾害、事故灾难、公共卫生事件和社会安全事件。这是我国专门法律从突发公共事件的发生过程、性质和机理角度对突发公共事件所做的分类。

依据不同的标准,对突发事件可以进行不同理论划分。依据突发公共事件的成因,可以分为自然性突发事件和社会性突发事件;根据突发公共事件的危害性,可以分为轻度、中度、重度危害突发事件;根据突发公共事件的预测性,分为可预测的和不可预测突发事件;根据可防可控性,分为可防可控的突发事件和不可防不可控的突发事件;根据影响范围,可以分为地方性、区域性或国家性、世界性突发事件。①

2. 突发公共事件的特点

突发公共事件和由突发公共事件造成的公共危机具有自身的特点,如爆发性、公众性、危害性、紧迫性和动态性等。② 突发公共事件的这些特点,造成了突发公共事件中的政府信息具有常态情况下政府信息所不同的特点,呈现出"从大范围覆盖向威胁无处不在、从复杂性到不可预知性、从迅捷性向即时性、从区域性向无边界性转变"等特点。③ 具体分析可知,突发公共事件具有不同于正常状态下这些特点:

第一,突发性或爆发性。突发事件是事物内在矛盾由量变到质变的飞跃过程,突发事件的诱因具有一定的偶然性和隐蔽性,因此是难以把握和预测的。突发事件发生的具体时间、实际规模、具体态势、发展演变、运行轨迹和影响深度难以预测,且一旦爆发难以控制,因此突发性是突发事件的根本特

---

① 参见贺文发、李烨辉:《突发事件与信息公开》,中国传媒大学出版社2010年版,第24页。

② 高云燕:《论公共危机与政府信息公开》,《软科学》2010年第3期。

③ Benjamin Topper and Patrick Lagadec, "Fractal Crises–A New Path for Crisis Theory and Management", *Journal of Contingencies and Crisis Management*, Vol. 21, No. 1, Mar. 2013, pp.5–16.

征。第二,巨大破坏性和高关注度。突发事件的发生至少会涉及一部分人的切身利益,给不确定范围的人们造成人员伤亡或财产损失,带来心理压力和各种损害,因此势必引起人们的高度关注。第三,持续性。突发事件爆发后,会经历潜伏期、爆发期、高潮期、缓解期、消退期,一旦处置不当,甚至会造成其他突发事件或次生灾害的爆发。第四,信息爆炸。与突发事件的爆发相伴相随的是瞬间之内爆发的巨量信息,再加上新媒体的迅猛发展,改变了传统话语格局,使得"草根"话语成为与官方话语、媒体话语同等重要的话语形态。① 这种情况下,如果政府信息公开不及时,会造成突发公共事件中谣言满天飞,大大增加处置突发事件的难度;同时,突发事件的信息往往具有"先入为主"的特征,即谁最先抓住受众,谁就引导了舆论和设定了人们的"认知议程"。第五,考验政府能力、影响政府形象。突发事件本身可能反映政府某方面的问题,而突发事件的应急处置更是对政府治理能力的重大考验。突发事件处置得当,可以提升政府公信力;突发事件处置不当,会对政府形象产生巨大的杀伤力。

(二)突发公共事件中信息公开的理论基础

从理论研究的角度分析,人民主权理论、知情权理论和危机沟通理论构成突发事件中信息公开的理论基础。

1. 人民主权理论

人民主权理论不仅是常态下政府信息公开的理论基础,也是突发事件状态下政府信息公开的理论基础。我国是人民民主专政的社会主义国家,信息公开充分体现了主权在民。首先,宪法规定我国公民享有对政府的监督权,信息公开是公民依法享有监督权的有效保障。其次,突发公共事件的有效应对不能没有公众的参与与合作,政府在突发公共事件中及时公开信息,可以使公众及时了解突发事件的具体情况和政府处置突发事件的进展,帮助公众在第一时间采取有效的措施应对突发事件带来的损失,尽可能减少突发事件可能带来的危害。政府在突发公共事件中公开信息,是人民当家做主、依法享有民主权利的重要体现。

---

① 《新媒体时代》,百度百科。http://www.baidu.com/link? url=km IEG.

2. 知情权理论

该理论不仅是常态下政府信息公开的理论基础,更是突发事件状态下政府信息公开的理论基础。如果说在常态发展时期,知情权可以保障公民的参与权、表达权、监督权,那么在突发事件时期,除了保障上述权利之外,知情权首当其冲保障的是公民的生命健康权和财产权不受侵害或者少受侵害,因此显得更为重要。

基于现代公民政治生活和社会生活的知情权,信息公开是政府的一项基本义务,两者之间在政治权利和义务方面是相互依存的。对突发公共事件有关信息进行及时的公开是保障人民人身权、财产权和生存权的重要保障措施。只有适时、及时、准确、有效地开展突发公共事件的信息公开,才能最大限度地减少人民群众和国家的损失。在突发公共事件发生后,人们的第一反应就是迫切地想了解事件发展的进程,急于获得相关的信息,了解事件会对自身和社会带来怎样的影响和危害以及政府会采取怎样的处理措施等。因而,在突发公共事件发生后的第一时间政府就应该将可靠、准确的信息公开,以满足社会公众的知情权。①

3. 危机沟通理论

所谓危机沟通理论是指,当突发公共事件和公共危机产生时,政府要直面危机,利用多样的方式和渠道与公众进行全方位的信息沟通,缓解社会的焦虑和担忧,来达到稳定社会和解决危机的重要目的。在具体的操作中,危机沟通不仅要达到传递信息的目的,还要尽量收集公民的态度和意见反馈,为政策制定形成良好的方向和参考。②

危机沟通理论的代表人物主要有美国学者罗伯特·希斯和英国危机公关专家迈克尔·里杰斯特。罗伯特·希斯在《危机管理》一书中首次提出危机管理理论的 4R 模式,即缩减力(reduction)、预备力(readiness)、反应力(response)和恢复力(recovery)4 个阶段组成,他提出对信息的共享和资源整合是处理危机事件的重中之重,只要对信息做好处理,就等于完成了百分之五十的工作量。③迈克尔·里杰斯特认为在面对突发危机事件时,政

---

① 参见刘晓花、李建:《试论突发公共事件中的政府信息公开》,《中国行政管理》2019 年第 5 期。
② 参见蒋冠:《公共危机管理中政府面向公众的信息沟通研究综述》,《图书情报工作》2012 年第 7 期。
③ Robot Heath, *Crisis Manage Ment*, Critic Press, 2001:pp.99–141.

府与公众达成有效的沟通能够降低事件的影响范围和程度,帮助政府防止事态恶化以及迅速解决危机,并提出了著名的"3T"原则①,即 Tell you own tale(以我为主提供情况)强调危机处理时政府要主动地公开与危机事件相关的信息以及政府为应对危机所采取行动的相关信息,掌握信息发布的主动权。Tell it fast(尽快提供情况)强调信息的时效性问题,要求政府第一时间提供真实信息,以防信息异化造成对政府处理事件的能力和实践的障碍。Tell it all(提供全部情况)强调政府在进行信息公开的时候,不能进行隐瞒和选择,要把积极的和消极的消息都向社会进行公布。②"3 T"原则揭示了政府应对突发公共事件和危机情况的核心是与社会和公众进行信息沟通。

以 4R 模式和"3T"原则为核心的危机沟通理论充分揭示了政府在公共危机事件处置中公开信息的重要性。政府在危机处置中要最大限度公开信息,并与公民和社会形成信息的交换,根据交换的信息和意见制定相应的危机应对措施。所以,从某种意义上讲,危机沟通就是信息沟通,危机管理实质上就是对信息的管理。危机沟通理论当然构成突发事件中政府信息公开的重要理论基础。

此外,突发公共事件具有外部性和信息不对称以及公共物品性,既是导致突发公共事件的重要原因之一,也是突发公共事件中信息公开的理论基础之一。首先,突发公共事件具有突出的负外部性,其扩散会大大增加社会成本,为此必须加强控制和应对。同时,突发公共事件的扩散与信息不对称直接相关,如果政府能够依法及时、准确地公开信息,就会有力地控制突发公共事件的扩散,减少其负外部性,因此,政府信息的及时、准确公开是控制突发公共事件的重要路径。最后,突发公共事件应对并非政府、个人、市场主体单力能及,而是需要政府积极动员各方倾力投入,全国性的突发公共事件尤其要举全国之力来应对。基于突发公共事件的外部性和突发公共事件防控的公共物品属性,政府必须做好信息公开。

在纪念切尔诺贝利核事故发生 10 周年的报道中,美国著名的新闻记者

①　M. Regester Michael, *Crisis Management*, Frodan Press, 1995, p.132.

②　参见贺文发、李烨辉:《突发事件与信息公开——危机传播中的政府、媒体与公众》,中国传媒大学出版社 2010 年版,第 100—101 页。

马歇尔·斯贝克特意味深长地指出,最糟糕的疾病不是因核辐射而产生的疾病,由核事故造成的恐慌所带来的危害要远远大于该事故本身。①公众的理性以及良好的应对措施是正确处置突发公共事件的基础和途径,而这种理性又有赖于相关信息的掌握程度,所以信息的流畅传达就显得尤为重要。在相关突发公共事件中,政府无疑掌握着更多的、全面的信息资源,因此,政府在突发公共事件信息顺畅流通上责无旁贷。

(三)突发公共事件中政府信息公开的特殊性

无论是常态化形势下还是突发事件的应急处置中,信息公开都是政府的一项基本义务。但由于突发公共事件的非常性、突发性、复杂性、破坏性及其带来的连锁反应,突发公共事件的政府信息公开过程中,可能面临一些特殊情况,存在一些不同的特点。

1. 政府信息公开主体拥有更大的自由裁量权

政府信息公开的主体是各级政府及其工作部门。在突发公共事件下,巨大的危险威胁着公众的生命健康安全和财产安全。如果仍然机械地严格遵守常态下的法律信条,政府在面对各种突发情况时势必只能被动应付甚至无能为力。

为了有效应对,法律必须赋予政府较平时更大的自由裁量权,而更大的自由裁量权将可能带来两个方面的问题:第一,政府不当地使用自由裁量权封锁消息,公众无法获知事件的真相,各种谣言蜂拥而至,不利于维护公共安全和社会稳定。第二,政府权力无原则扩张,侵害到公民和其他组织的私权利。"如果我们因急切地期望政府即刻解决这类问题而授予政府一种排他且专断的权利,那么我们就会发现自己极为短视"。②针对前一个问题,应该强化"以人民为中心"的发展理念,信任民众的理性,将政府信息"取之于民、用之于民",通过最大限度的信息公开争取民众的理解与合作。针对后一个问题,应该为突发公共事件应对中自由裁量权的适用提供必要的法律依据和裁量基准,使自由裁量符合法律内在原则、目的和逻辑的要求,遵守相应程序上的规范和限制。

---

① Specter, 10 years later, though fear, Chernobyl stil kills in Belarus, New York Times, Page 1, 1996, March 31.

② [英]冯·哈耶克:《自由秩序原理》下册,邓正来译,中国政法大学出版社 1999 年版,第 202 页。

2. 可能造成公民权利更多克减

如前所述,为了有效应对突发公共事件,法律将赋予政府信息公开主体更大的自由裁量权。事实上,任何应急权力的行使都会对公民的权利产生或大或小的影响,都会限制甚至暂停公民的某些权利。这种克减或限制不仅是必要的,而且是正当的。这种正当性表现在,为了维护社会公众和公共利益,法律赋予政府应急权力,暂时限制公民的某些权利,以排除突发公共事件可能对公共秩序带来的损害,从而保护公民的根本利益和长远利益。如在新冠肺炎疫情阻击战中,世界各地不约而同采取了强制要求戴口罩和测量体温、暂停餐饮业和旅游景点营业等管控措施,中国各地根据本地疫情发展情况的不同采取不同防控措施,如要求居民不能聚集,"红事缓办、白事简办",要求民众通过机场、车站等离开所在地必须提交核酸检测阴性证明,武汉甚至对整个城市按下暂停键,强制采取封城、对居民小区封闭管理等高强度管控措施。这些管控措施在一定程度上影响了公民的人身权和财产权,有些甚至是正常的社会治理时期所不敢想象的。但是这些措施为疫情防控大局所必须,并且随着疫情形势的缓解而得到不同程度的放松。总体来说,管控措施的严厉程度和疫情防控的严峻形势之间符合比例原则的要求,因此这些管控措施是为了维护公共利益而必须,是具有正当性的。

即使如此,对公民权利的克减也不是没有限度和限制的。首先,国家宪法所规定的公民所享有的最低限度的权利不能剥夺。其次,为了保障公民的最基本权利,对公民权利实行限制需要遵循比例原则并通过特别的程序:(1)目的是为了实现公共利益和长远利益;(2)在面临多种可供选择的方案时,应当优先选择对公民权利影响最小的方案;(3)严格限制实行权利限制的时间,当危机得到缓解或解决之后,第一时间恢复公民受到克减的权利。

3. 政府信息公开的及时性和程序简化

"程序的控制之所以重要,就是因为在实体上不得不赋予行政机关很大的权力。"[①] 这种权力的运行不当将带来严重的后果。因此,法律应当明确紧急权力行使的要件、方式和界限等,对突发事件的宣布、解除以及对公民权利的限制

---

① 张桂群、李少华:《公共危机下的政府权力运行与公民权利保护》,《安阳师范学院学报》2006年第6期。

都必须严格依据法定程序。① 程序本身对于防止行政恣意、保障公民权利具有重要意义。但鉴于突发事件的突发性、紧急性和破坏性等特点,政府信息公开对及时性的要求更为明显,行政机关应当简化公开程序,确保及时公开政府信息。

一方面,依法行政要求政府信息公开遵守法定的程序。因为政府信息公开既是政府履行义务的过程,也是依法行政的过程。根据《政府信息公开条例》第 15 条的规定,不得公开涉及个人隐私的信息,但不公开可能影响公共利益的,予以公开。② 这一规定要求涉及个人隐私的政府信息公开包括多个复杂的程序:对待公开信息是否个人信息的判定、确定为个人隐私之后征求隐私权人意见、隐私权人回复、隐私权人不同意公开时的利益衡量等。由于突发公共事件发展迅速、发展规模和形势难以预测、民众生命财产面临各种突发威胁等原因,突发公共事件中的信息公开对及时性要求更高,这必然要求信息公开程序予以适当简化。

从另一方面进行考察,政府公开信息的客观性、全面性要求与突发公共事件之间存在不协调之处。突发公共事件的发生发展本身都存在大量不确定因素,这些均极有可能影响政府和社会对事件起因、发展和结果的判断,并进而影响政府采取的应对措施的选择。突发公共事件是社会和公众关注的焦点,公众迫切要求政府公开信息来帮助自己分析判断从而决定自己的应对措施,同时公众还会对政府的应对措施进行评论。因此,政府既不能为了确保措施绝对最优、避免公众负面评论而畏首畏尾,又不能为了确保信息准确和全面而花费大量时间去搜集和研判信息,政府只能简化程序、尽快发布目前所掌握的有限的信息,有一说一、毫不隐瞒。尽快公开信息,减少信息发布的流程,就是赢取事件处理的时间,提高效率,减少损失。因此赋予突发公共事件应对中信息公开以特别简化之程序十分必要。

4.遵循适度平衡原则

政府信息公开制度遵循"以公开为原则、不公开为例外"的基本原则,根据这一原则,政府信息应当最大限度的公开,但并非所有的政府信息都要公

---

① 莫于川、肖竹:《突发事件应对法制度解析与案例指导》,中国法制出版社 2009 年版,第 235 页。

② 《政府信息公开条例》第 15 条规定:"涉及商业秘密、个人隐私等公开会对第三方合法权益造成损害的政府信息,行政机关不得公开。但是,第三方同意公开或者行政机关认为不公开会对公共利益造成重大影响的,予以公开。"

开。为了保护必要的公共利益、个人利益,特定的政府信息可以不予公开。但是,在突发公共事件暴发给公民和社会带来重大威胁的情况下,为了争取民众的理解与合作共同应对危机,政府应该比平时更大限度地公开政府信息。

即使在突发公共事件暴发的形势下最大限度地公开政府信息,也并不意味着政府应当公开所有政府信息。政府有权为了合法的目的不公开特定信息。但是,信息不予公开的认定标准和原则必须严格遵循法律的规定。同时,政府在遵循法定标准和原则对一项信息是否公开不能确定时,应优先适用公开原则。如果政府不能证明其不公开的信息完全属于公开的例外情形,则必须公开这些政府信息。①

综上所述,突发公共事件中的政府信息公开具有信息公开主体拥有更大的自由裁量权、公民的权利受到更多克减、公开及时性要求高、公开的程序简化、公开的限度特殊等特点。除此之外,还具有突发事件中政府信息公开的针对性更高、信息公开的方式以主动公开为主的特点。

(四)突发公共事件中政府信息公开的功能

实践一再证明,突发公共事件处置中政府信息公开十分重要。2003 年我国"非典"疫情的转折点是 4 月 20 日,政府开始每天公布疫情信息。4 月 20 日之后的政府信息公开对凝聚人心、稳定社会、控制疫情起了不可替代的作用。2011 年 7 月 23 日温州动车事故发生后的最初阶段,铁道部虽然第一时间开展抢险救援与恢复生产,但是不仅没有主动发布信息,甚至阻止其他渠道信息的发布,这一做法迅速激怒了公众,造成猜测、质疑和责难等负面情绪的扩散。从 27 日开始,政府顺应民意公开信息、占据主要话语权、引导舆论并回应质疑,疏导负面情绪,促使大量质疑、谩骂的信息逐渐过渡到对事故的反思以及对铁路安全的发展的思考,证明了政府信息公开是应对危机、疏导舆情的关键核心因素。2015 年广东"白海豚事件"中,政府有关部门从"不动声色"的观察、调研转为全程信息公开,避免了群众因缺乏专业知识造成的误解,也化解了"政府不作为"的不实评价,乃政府危机公关之样

---

①　蔡翠红、李皓:《试论美国信息自由的法律基础及其限度——以维基揭秘事件为例》,《国际问题研究》2011 年第 1 期。

本。① 英国疯牛病期间,政府由于与公众和社会形成了良好的沟通关系,成功使疯牛病得到控制。新冠疫情得到控制也是从 2020 年 1 月 20 日有关政府开始正视疫情、公开信息开始的。在突发公共事件中,政府信息的公开具有不同于常态下信息公开的重要价值和功能,具体可以从以下几个方面进行分析。

1. 有利于突发公共事件的预防与预测

在突发公共事件应对中,预防是最为基础和重要的。如能通过有效预防避免突发公共事件发生,则对于社会和经济发展无疑是最佳选择。中国自古以来就注重防患于未然,有道是"凡事预则立,不预则废"②。根据《现代汉语词典》的解释,"预防"意为"事先防备"③,即事物发展过程中可能会出现偏离主观预期轨道或客观普遍规律的情况,对此要提前采取措施,避免突发事件的发生,一旦发生,也要预先做好应对措施。

事前预防永远比事后应对更重要,政府应当采取措施防止突发公共事件的发生。根据《现代汉语词典》的解释,"预测"意为"预先推测或测定"④,主要指根据过去和现在的已知因素,运用已有的知识、经验和科学方法,对事物未来的发展趋势作出估计和评判。为此政府应当建立突发公共事件管理的预警机制。突发公共事件预测是突发公共事件管理的首要环节。科学有效的预警机制体现在对信息的搜集、掌握、分析以及制定有效预防措施等方面,对此政府具有无可替代的资源优势,是任何个人均无法取代的。政府具备掌握全局信息的优势,有能力对可能的风险点进行科学的监测、分析和及时向社会公开预警信息,并组织广大人民群众采取正确有效的措施尽可能减少损失。在突发公共事件发生时,政府和民众之间通过良性的信息互动,能够避免或最大程度地减少损失,达到防灾减灾的效果。⑤

2. 有利于突发公共事件的应急决策

现代社会广泛使用的新媒体、自媒体使政府应急处置全程透明化。以

---

① 海小渔:《"白海豚事件"可为危机公关样本》,《海洋与渔业》2015 年第 11 期。

② 文婕编著:《大学·中庸》,云南人民出版社 2011 年版,第 361 页。

③ 中国社会科学院语言研究所词典编辑室:《现代汉语词典》(第 7 版),商务印书馆 2016 年版,第 1604 页。

④ 同上。

⑤ 参见刘晓花、李建:《试论突发公共事件中的政府信息公开》,《中国行政管理》2019 年第 5 期。

微信、微博为代表的"微时代"① 是一个使突发事件处置进入微直播阶段的新时代，不仅使政府应急处置工作高度聚焦，而且全程公开化、透明化。全程透明化和公众的高度聚焦加上突发事件本身所具有的不确定性、复杂性等特点，使政府应急处置更易陷入被动局面。处于高度聚焦和透明化状态下的政府如若反应迟缓，便会受到来自公众的指责，如若只顾迎合公众，便极有可能导致决策失误，如若决策错误更可能直接影响自身的权威性、公信力甚至应急处置的结果。在此情况下，信息公开是保障应急决策效果的基本条件。突发性公共事件应急决策是指面对已发生的突发事件，政府在有限的时间、资源、人力等约束条件下，在认识客观规律的基础上运用科学的方法，提出解决问题方案的过程。政府的决策要解决人民群众面对突发公共事件时所面临的紧急状况和实际问题，政府的认识水平和能力有限，因此决策的过程和决策的实施离不开社会和民众的深度参与和帮助。信息公开、民众知情，民众才能真正参与决策、提出决策建议、监督决策过程、检验决策效果、提出改进意见，从而保障决策的效果。

　　信息公开有利于防止应急决策中权力的滥用。有效应对突发公共事件所带来的危害，以最快的速度渡过危机、解决问题，要求政府采取比常态治理中更加强硬有力的措施和拥有更大的自由裁量权，这些可能会伴随着公民权利的更大克减，因此需要公民的参与对此进行监督、制约和制衡。突发公共事件的应对过程中充满了不确定因素，这是由突发公共事件本身的不确定性、专家的有限理性或专家有可能被俘虏、政府的有限性等因素所决定的。"在风险话语中没有专门的解决办法，因为专家们只能提供实际的信息，而不能估计哪种解决办法在文化上具有可接受性。"② 因此，应对决策也存在不科学、效果不尽人意等几率，有时候应对决策的实施本身甚至还会带来新的危机。一旦出现这种情况，如果在决策过程中缺乏深度公众的参与，公众由于不了解决策过程，会对此充满误解，进行指责、质疑或诋毁、谩骂，由此引起的

---

　　① "微时代"主要指以微博、微信、移动客户端（APP）等新兴媒体的崛起为标志的"微小型"媒介传播时代，具有主体多元化、结构扁平化、载体移动化、模式多极化、表现视频化、传播即时化等特征，本质上昭示着一个以网络媒介传播活动日常化为特征的新媒体自媒体时代的到来。参见杜建华：《"微"时代：表现、特征及传统媒体的着力点——以纸媒体为例》，《新闻大学》2015年第2期。

　　② 楚德江：《风险社会的治理困境与政府选择》，《华中科技大学学报》2010年第4期。

舆情将极大有害于事态的控制。因此,政府权力在处理相关的事件时,将信息公开透明地传递给公众,让公众及时了解相关的信息,促进政务公开,用权利防止权力的滥用,是突发公共事件中防止政府紧急权力滥用的重要途径。[①]

3. 有利于引导舆论发展、稳定社会秩序

突发公共事件中政府信息公开有利于引导舆论良性发展。面对突发公共事件,政府扮演着组织领导者的角色,即政府组织和动员社会公众共同应对危机,政府在危机管理中起着主导作用。政府必须进行权威的信息发布,告知公众政府正在采取的政策和措施,采取此项措施的必要性,以及要求公众如何配合,引导广大群众积极参与、主动配合,从而提高应对突发事件的行政效率。因此,政府统一、及时、准确发布权威可信的突发事件信息有利于争取舆论主动权,把事态控制在有序的范围内。[②]

信息公开有助于缓解公众对突发公共事件的紧张情绪。突发公共事件往往伴随着惨重伤亡、严重环境污染或其他伴生性灾难,容易造成群众心理恐慌,甚至引发社会秩序混乱。政府如果不能通过释放大量有效信息,牢牢把握舆论主导权,就会给各种片面消息、虚假消息留下传播空间,必将加剧公众的恐慌或不满,导致政府陷入"塔西佗陷阱"[③],不利于对突发公共事件的有效防控。在突发公共事件应对中,公众的理性、充足的准备和良好的预防措施是有效降低灾害和成功应对危机事件的根本条件,而这些条件的完备需要依赖真实、全面、及时的权威信息作为基础进行判断和反应。信息公开是政府有效应对公共危机的前提,政府通过公布权威可信的信息可以争取舆论主动权,在突发公共事件治理中处于主动地位,有利于控制事态在有序的范围内发展。

4. 有利于破解突发公共事件中的谣言难题

谣言是一种复杂的社会现象,它并不必然是虚假捏造的谎言,而是在传播时未经证实、或没有充分的事实依据的、公众在短时间之内难以区分真伪

---

① 马燕慧:《突发公共事件中的政府信息公开问题》,《法制与社会》2009 年第 10 期。

② 参见:《突发公共事件信息公开有什么作用》,https://zhidao.baidu.com/question/1369811493916600419.html?fr=iks&word。

③ "塔西佗陷阱":当一个政府或政府部门失去公信力时,无论说真话还是假话,做好事还是坏事,都会遭到民众和舆论的质疑。

的社会舆论或传闻,① "是未经证实却广为流传的对现实世界的假想,本质上是舆论的畸形变态。谣言既是处于焦虑状态的个人为了消除不确定性而进行的一系列尝试,也是社会群体在经历混乱时,为解决问题、获得社会认知而展开的一种集体行为。"② 谣言的产生有其内在的机理,谣言的传播在现代呈现出不同的特点,谣言的治理主要在于政府信息公开。

（1）谣言产生的原因。

突发公共事件中不可避免地会产生大量的谣言。谣言的产生主要与以下因素有关:第一,事件的关注程度。突发公共事件往往伴随着对生命财产的巨大威胁和破坏,自然成为广大民众关注的重大焦点。"谣言是对失衡或社会不安状况的一种反应"③,巨大压力之下所产生的焦虑、不安、恐惧和想象,成为谣言产生的发源地之一。第二,官方信息的公开程度。权威信息缺位势必造成谣言四起,进一步引导不善还会带来严重的舆情危机,加剧应对突发事件的困难。第三,制造和传播谣言的成本或代价。现代网络技术的发展,使制谣传谣的成本急剧降低,反而可能收获巨量的关注从而为自己带来一定的收益或好处;即便事后被发现,所要承担的法律责任轻微,与前期所获利益不成比例。

（2）谣言传播的路径和机制。

谣言的传播通常有两种途径:一种是通过传统的方式传播,在传统方式下,突发事件中的谣言通常是以人际传播、群体传播为主,以突发事件的发生地为中心向四周扩散。另一种是通过网络传播,随着互联网技术的高速发展,以网络为传播途径的网络谣言已经成为了主流。网络谣言主要指那些通过微博、微信等新媒体、自媒体和移动终端等多元途径广泛流传却未必能够提供确切证据的信息,也是现实社会中处于焦虑状态的人为了解决现实问题、获得社会认同而借助网络信息传播媒介展开的一种个体或集体行为。④

---

① 王军旗:《真相、谣言与"吹哨人"制度》,http://www.dhl.com.cn/CN/ tansuocontent/0008/017857/7.aspx?MID=0902,最后访问时间:2021 年 1 月 1 日。

② 周裕琼:《QQ 群聊会让人更相信谣言吗? 关于四则奥运谣言的控制实验》,《新闻与传播研究》2014 年第 2 期。

③ ［法］勒莫:《黑寡妇——谣言的示意及传播》,唐家龙译,商务印书馆 1999 年版。

④ 顾金喜:《"微时代"网络谣言的传播机制研究——一种基于典型案例的分析》,《浙江大学学报》(人文社会科学版)2017 年第 3 期。

因为网络空间不受地域、通讯控制,而且传播速度很快,所以造成的危害也更大,影响数量更多、范围更广的民众。

网络社会中的从众心理与从众行为和"信息流瀑"助长了谣言的传播效果。人们对大多数谣言所涉及的信息缺乏直接的经验或科学、严谨的论证,因此,如果网络社会中的熟人都相信一则谣言,那么我们也很容易相信这则谣言,这就是从众心理。"信息流瀑"是指在网络谣言传播过程中,如果有人开启了谣言的头,只要有人相信该源头上的谣言,那么接着相信的人就会越来越多,从而形成关于谣言的集体认知和像瀑布般裹挟他人也相信的强劲态势。① 从众心理会促使一种信息均衡或社会舆论环境的产生,这会进一步强化群体压力,并影响个体的理性判断。"从众心理"与"信息流瀑"相结合,强化了谣言传播的机制。

（3）谣言的有效治理在于政府信息公开。

谣言的危害非同小可,谣言的治理是政府应对突发公共事件的重要内容之一。与其说"谣言止于智者",不如说"谣言止于公开",因为智者的智慧来源于对信息的掌握和分析,因此,客观、及时全面的信息公开是避免各种流言最佳、最有效的手段。

突发公共事件中政府信息公开可以让公众最大程度地了解事件的真相,减少心理恐慌,避免猜疑和谣言。民以信心为安定之源,信心又以权威信息为支柱,权威信息来自政府的信息公开。政府权威信息发布与否、准确性如何,成为取信于民、还民于安的关键。政府信息的及时公开将是最有效的心理疏导方式,有利于制止各种谣言的传播。对于突发性公共事件公众最希望听到的就是具有权威的政府的声音,如果政府对于危机的发生不作出及时的反应,那么公众脆弱的心理底线很容易崩溃,从而将导致谣言四起,产生巨大的公众恐慌。事实证明,民众心态的平静程度与政府信息公开的程度成正比。② 当突发公共事件发生时,政府应及时地把真相告知公众,增加透明度,使社会公众全面、准确了解突发事件信息,增强危机意识,协助和监督政府做

---

① ［美］卡斯·R.桑斯坦:《谣言》,张楠、迪扬译,中信出版社 2010 年版。
② 邱士起:《非典型肺炎对珠海市民心理影响分析》,《中国公共卫生》2003 年第 6 期。

好突发事件的预防和应对工作。

在谣言盛行的情况下,政府一方面要采取积极的应对和处理措施,尽量消解危机;另一方面要迅速收集和分析相关信息,针对事件的发展过程,通过权威而多元的渠道全面发布真实信息、正面信息,对谣言要做到有理有据地逐一驳斥,从而使公众通过真实的、正面的信息作出自己的判断,让真实的、正面的消息战胜编造的、负面的信息,主导人们的理性选择。

民众对信息的需求量不仅急剧增加,而且更加期盼多元的信息。此时应顺应公众的信息需求,持续地、大量地、多渠道地提供权威信息,让民众据以形成理性、全面的认知,同时也对相关的处置行为产生认同。

因此,在这个阶段信息管理可以主要采取以下几个方面的举措:一是继续提供全面的权威信息,挤压谣言、流言产生、传播的空间。二是根据新闻传播理论中的议程设置,设置几个抓人眼球的新闻焦点,吸引人们的注意力,既能够为突发事件的处置赢得时间,也能通过真实、正面新闻信息的传播,赢得人们的信任,树立客观、公正、公开、权威的形象。三是邀请专家、有影响力的人(意见领袖)对突发事件进行客观评析,引导人们对突发事件形成正确、理性的认识。疫情防控中,知名权威专家钟南山、张文宏多次出面就病毒传播的媒介、传播的途径、会不会人传人,以及疫情的走向如"疫情在什么时候达到高峰?什么时候能出现拐点?什么时候结束?""怎样避免感染、感染以后怎么避免转化成重症?"等百姓关心的问题现身说法,大大缓解了民众焦虑,为疫情防控取得最终胜利增强了力量和信心。

信息、信任、信心是突发事件应对中的社会核心因素。公开透明的信息决定着对事件风险的认知水平,也是积极社会心态调控的发力点;让权威信息始终跑在前面,就能遏制谣言的传播,群众才能以信任为链条,构筑群防群治的严密防线;政府及时回应社会关切和舆情焦点,释放公众压力,引导理性、沉着应战,才能增强全社会的应对突发事件的信心。2020年的新冠肺炎阻击战中,因为信息公开,民众对疫情高峰期每天攀升的趋势并没有表现出太大的恐慌,而且对政府的信赖度不断提高。由此可见,避免或减少公众的存在性焦虑,并建立政府与公众之间的这种抽象体系中的信任机制的最好办法,就是在法律框架下由政府对"新型冠状病毒感染的肺炎疫情"相关的信息及数据进行公开或开放。① 因此可以说,在公开、透明的机制下,全民防疫一定能以最小的代价取得最好的效果。而人为地阻碍信息的流动,其结果往往会增加无序流动。

5. 有利于提高突发公共事件处置效率和提升政府形象

政府在突发公共事件应对中扮演着组织者的角色。组织、协调和动员全社会人员各方面力量共同应对危机,争取到各方面的理解、配合和支持,形成整体有效的应对合力,需要政府公开信息。突发事件难防难控、破坏性强的特点要求政府的组织和动员工作迅速有效,否则就有可能贻误战机而造成不可挽回的损失。因此政府的行政效率是控制事态的关键性因素,而社会公众的理解和配合又是行政效率的决定性因素。政府信息公开可以提高公众对政府行为的理解和配合,从而提高政府应对突发事件的行政效率。否则,得不到政府权威信息的公开,公众将无法理解相关政策的必要性,难以对政府的行为予以认可和接纳,从而可能造成某种程度的对抗和责难。

突发公共事件应对中的政府信息公开有利于树立良好的政府形象。② 在突发公共事件应对中,政府信息公开相较于媒体公开更加重要和关键。政府在面对突发公共事件的信息公开时必须及时有效,必须认真履行自己的权利和义务,发挥自身的职责,带领广大人民群众以正确的方法应对突发公共事件中所面临的困难,提醒群众采取恰当的措施,引导群众有效地应对危机。为此,政府在信息公开时做到高效、及时、准确,确保信息的真实性和可信度,为广大人民群众提供可靠的信息,将极大有助于政府在群众中树立良好的形象,提高政府的公信力和权威性。

突发公共事件发生时,有时候很可能会出现"政府沉默"或"媒体失语"。所谓政府沉默,主要由于突发事件的发生发展有一个过程,而对突发事件的认识也有一个由浅入深甚至不断矫正的过程,政府及其部门往往因为担心媒体关注和舆论压力会影响事件本身走向,或引发更多争议而选择沉默,或倾向于等待事件处置完毕再行公开信息,以避免由于事件失控等引起争

---

① 《政府信息公开及数据开放是防控疫情的最好"特效药"》,澎湃新闻,2020年2月1日,http://www.echinagov.com/news/272982.htm。

② 参见刘晓花、李建:《试论突发公共事件中的政府信息公开》,《中国行政管理》2019年第5期。

议。媒体失语指的是大众传媒在面对一些新闻事实,尤其是突发的公共危机事件时,迫于政治经济或者某种社会舆论的原因,对新闻事实不予报道评论或报道不及时。在突发公共事件发生后,政府未能及时、准确、充分地发布相关信息,主流媒体失声失语,可能会导致部分群众为了保障自己的权益,采取一些极端手段来维护自身的权益,甚至造成群体性事件的发生。除此之外,政府相关信息公开不充分还会导致一些反体制思想的产生,进而引起一些敌对势力乘虚而入,降低政府权威,危害国家安全,推高社会风险。而古今中外的所有经验和教训反复证明:公开是应对突发公共事件的最好策略!

"突发公共事件中政府信息公开不仅是基于公民知情权的满足和政府自身职责的履行,更在于特殊时期的公众舆论引导和应急氛围营造,且有助于抢占话语先机、避免谣言肆虐、缓和舆论态势。"[1] 针对 2020 年新冠肺炎疫情防控战,习近平总书记指出,"这次抗击新冠肺炎疫情,是对国家治理体系和治理能力的一次大考"[2]。政府信息公开是做好疫情防控的核心环节之一,不管是在预防阶段,还是在应急响应阶段,政府信息公开对疫情应对都显得至关重要。对于新冠肺炎疫情防控,政府信息公开在此次重大突发公共卫生事件中,对于我国能在短时间内快速应对疫情、战胜疫情起到了关键作用。这也同样印证,开放的经济、开放的社会和开放的政府,是人类社会之所以能够进步最深厚、最强大的基础。[3]

二、突发公共事件中政府信息公开制度的不足

目前,我国关于突发公共事件中的政府信息公开的法律制度体系主要是由《突发事件应对法》与《政府信息公开条例》构成的,二者均是在总结 2003 年"非典"经验教训的基础上制定的。

《政府信息公开条例》虽然法律位阶仅为行政法规,但它是我国当前关

---

① 袁维海:《突发事件管理中的政府信息公开》,《中国行政管理》2011 年第 1 期。

② 出自习近平在 2020 年 2 月 14 日下午主持召开的中央全面深化改革委员会第十二次会议重要讲话,https://m.jiemian.com/article/3986197.html,新华网,2020 年 2 月 14 日,访问时间:2021 年 2 月 1 日。

③ 《政府信息公开及数据开放是防控疫情的最好"特效药"》,澎湃新闻,http://www.echinagov.com/news/272982.htm,2020-02-01。

于政府信息公开的一般法和基本法,它不仅全面、系统地规定了政府信息公开的目的、原则、主体和范围、公开的方式以及公开的监督与保障等内容;而且明确了政府信息公开工作主管部门①和政府信息公开工作机构及其具体职能②,并以列举的方式明确规定"突发公共事件的应急预案、预警信息及应对情况"③应当公开。

2007年11月1日,《突发事件应对法》正式颁布和施行。该法是我国突发事件应对领域的基本法律,它规定了所有类型突发事件的应对,以及突发事件从预防、监测、预警到应急处置与救援、事后恢复与重建的全过程。与此同时,《突发事件应对法》对突发公共事件中政府信息公开的规定有不俗的立法表现,它不仅对政府在突发事件中如何做好信息公开工作作出了规定,还针对媒体对突发公共事件的报道作了具体的要求。首先,《突发事件应对法》从法律规范层面首次明确提出了及时进行信息公开是我国政府的法定义务,并且对违反信息公开义务的行为作了法律责任的规定。这些规定对规范突发公共事件应对中的信息公开工作具有重要意义。④

此外,《中华人民共和国传染病防治法》《中华人民共和国防震减灾法》《中华人民共和国安全生产法》《中华人民共和国气象法》均对突发公共事件中的政府信息公开有所涉猎。结合实践中的具体情况对相关法律规范进行全面分析可以发现,突发公共事件应对中的政府信息公开制度存在以下不足:

(一)对突发事件中信息公开重要性的认识有待进一步提高

我国虽然已经建立起突发事件中政府信息公开的制度框架,但是由于各地各部门认识程度的差异,造成对政府信息公开的认识不足、重视不够,部分

---

① 详见新《政府信息公开条例》第3条。

② 详见新《政府信息公开条例》第4条。

③ 详见新《政府信息公开条例》第20条第12款。

④ 如《突发事件应对法》第10条规定:"有关人民政府及其部门作出的应对突发事件的决定、命令,应当及时公布。"第20条第3款规定:"县级以上地方各级人民政府按照本法规定登记的危险源、危险区域,应当按照国家规定及时向社会公布。"第37条规定:"国务院建立全国统一的突发事件信息系统。"第63条规定,"迟报、谎报、瞒报、漏报有关突发事件的信息,或者通报、报送、公布虚假信息,造成后果的",由其上级行政机关或者监察机关责令改正,或对直接负责的主管人员和其他直接责任人员依法给予处分等。

地区和部门的信息公开仍停留在浅层表面,信息公开状况也不平衡。

1. 根深蒂固的保密文化传统

政府信息本质上属于公共资源,理应为人民所共享。但由于长期以来保密文化传统的影响,"民可使由之,不可使知之"①,部分行政机关认为百姓知道的越多,越不利于根据自己的意愿进行管理。尤其是有的突发事件的爆发或蔓延,是政府施政不善造成或推动的,政府本身就有错在先。在这种情况下,出于对招致民众不利评价的担忧,政府更加倾向于封锁消息,意图待事件得到"妥善解决"之后,再以"巧妙"的方式对事件相关信息予以发布,认为这样可以避免暴露前期的过失,即便是在不得不让民众知晓突发事件的时候,也倾向于单向"发布"或"公布"经过处理的信息,而不是充分"公开"信息,缺乏双向协商与公众参与。根据《现代汉语词典》的解释,"发布"意为"宣布(命令、指示、新闻等)",而"公布"意为"(法律、命令、文告、通知事项等)公开发布,使大家知道"②。从字面意思可以看出,"发布"和"公布"中均缺乏"公开"所内含的公众参与和信息双向交流机制,是一种"威权式"治理模式而非"参与式"治理模式。

2. "服务理念"和"公仆意识"有待进一步提升

我国是人民民主专政的社会主义国家,政府工作的开展以全心全意为人民服务为宗旨。深入推进"放管服"改革举措,大力建设服务型政府是我国政府机构改革的重要内容。服务型政府是一种新型政府模式,它的建设不仅包括一系列制度和组织,而且首先要牢固树立建构服务型政府的价值理念——"服务理念"和"公仆意识"。服务理念不足,使行政机关主观上不大愿意公开政府信息。个别单位领导对政府信息公开重要性认识不足,重视不够,仍将政府信息公开作为临时事务来对待,分管领导、责任科室、工作人员对信息公开工作消极怠慢,以致政府信息公开工作推进缓慢。

突发公共事件发生后的初始阶段,政府倾向于选择先将消息封锁,直到事件发生的状况和趋势变得更加明朗、信息更准确时再公开。政府信息公开的目的不仅在于稳定民心和防止突发公共事件事态继续扩大,更是维护政府

---

① 陈涛编著:《论语》,云南人民出版社 2011 年版,第 183 页。

② 详见《现代汉语词典》(第 7 版),商务印书馆 2018 年版,第 349、450 页。

的地位和话语权的重要途径。突发公共事件发生后,信息公开一旦失去时效性,就会影响社会稳定,甚至导致谣言四起,若处理不当会造成极为严重的社会恐慌。因此,为了更好地维护社会安全和稳定,政府应该树立正确的信息公开理念和观念。

(二)法律制度本身有待进一步完善

社会实践推动制度创新,我国在经历了大量的突发公共事件的应对实践后,在突发公共事件信息公开制度建设上有了很大改善。但是由于各种制约和社会形势的限制,制度规定本身还存在着一定的问题。

1. 信息公开的实施主体界定模糊

根据《突发事件应对法》第 10 条规定,"有关人民政府及其部门"是信息发布的主体;[①] 根据第 20 条第 3 款规定,"县级以上地方各级人民政府"是信息发布的主体;[②] 根据第 7 条[③] 第 1 款规定"县级人民政府""有关行政区域共同的上一级人民政府"或者"各有关行政区域的上一级人民政府"负责信息发布。可见,法条中"有关人民政府及其部门""县级以上地方各级人民政府"等表述方式存在不尽一致之处。这种模糊规定不仅不利于法治的统一,还很可能出现义务主体的相互推诿、消极履行,降低突发事件处理效率,并直接违背了信息公开统一性的要求,与第 4 条规定的"属地管理"[④] 不一致。

《政府信息公开条例》是我国对信息公开进行规定的一般性法律文本,它第一次以行政法规的形式把信息公开作为政府的责任和义务固定下来。在《政府信息公开条例》实施以前,我国在信息公开工作上的职责功能划分

---

① 《突发事件应对法》第 10 条规定:"有关人民政府及其部门作出的应对突发事件的决定、命令,应当及时公布。"

② 第 20 条第 3 款规定:"县级以上地方各级人民政府按照本法规定登记的危险源、危险区域,应当按照国家规定及时向社会公布。"

③ 第 7 条规定:"县级人民政府对本行政区域内突发事件的应对工作负责;涉及两个以上行政区域的,由有关行政区域共同的上一级人民政府负责,或者由各有关行政区域的上一级人民政府共同负责。突发事件发生后,发生地县级人民政府应当立即采取措施控制事态发展,组织开展应急救援和处置工作,并立即向上一级人民政府报告,必要时可以越级上报。"

④ 属地管理:《突发事件应对法》第 4 条,国家建立统一领导、综合协调、分类管理、分级负责、属地管理为主的应急管理体制。《国家突发事件总体应急预案》第 2 章第 1 节规定,地方各级人民政府负责本行政区域内突发公共事件的应对工作。

不明确,造成了各有关部门之间相互推诿的情况时有发生。《政府信息公开条例》第3条虽然明确规定了政府信息公开的各级管理部门是各政府办公厅（室）,如国务院办公厅是全国政府信息公开工作的主管部门。① 但接着在第4条又规定政府信息公开工作机构由各级政府及县级以上人民政府部门指定。② 在实践中,被指定的政府信息公开工作机构可能设在办公厅、监察部门、政府法制部门、信息化部门等各不相同;具体负责的机构也没有统一,有选择新设机构负责的,有指定现有机构负责的。这一定程度上表明政府信息公开立法还比较粗疏、精细不足,实际执行中千差万别、标准不一,在具体实践中的表现五花八门。如有的政府大搞形式主义,信息公开不实;有的地方政府和部门只注重解决信息公开内容本身,只想得到公众满意度提高,忽视了制度的建设。政府信息公开实施中存在较大的随意性,公开的信息内容取决于信息公开的主体一时选择,这就使得公众的知情权通常难以得到满足,公众难以全面而深入地了解突发公共事件应对决策过程,更不可能真正地参与其中。

2. 公开程序的可操作性

我国现行法律制度规定了两种信息公开方式,即行政机关依法主动公开和依申请公开。突发公共事件的信息公开是行政机关的职责和义务,由于突发公共事件的突发性、应对的紧急性、发展变化的迅捷性和难以预测性等特点,民众来不及申请信息公开;又由于信息不对称性,民众并不知晓哪些信息对于应急处置来说是紧急和必要的,因此无法把握所需要申请公开的信息名目,因此,相对于常态发展情况,突发公共事件中的信息公开应当以主动公开为主,依申请公开相对减少。但另一方面的实际情况是,相比于依申请信息公开,《政府信息公开条例》对行政机关主动公开的程序规定得更加笼统。

主动公开单列一章,规定在《政府信息公开条例》第三章,从第19条到

---

① 《政府信息公开条例》第3条规定:"各级人民政府应当加强对政府信息公开工作的组织领导。国务院办公厅是全国政府信息公开工作的主管部门,负责推进、指导、协调、监督全国的政府信息公开工作。县级以上地方人民政府办公厅（室）是本行政区域的政府信息公开工作主管部门,负责推进、指导、协调、监督本行政区域的政府信息公开工作。实行垂直领导的部门的办公厅（室）主管本系统的政府信息公开工作。"

② 《政府信息公开条例》第4条规定:"各级人民政府及县级以上人民政府部门应当建立健全本行政机关的政府信息公开工作制度,并指定机构（以下统称政府信息公开工作机构）负责本行政机关政府信息公开的日常工作。"

第26条共8条,其主要规定了主动公开的范围、途径、场所等,关于主动公开的程序,仅体现在其中的第26条。① 根据该规定,主动公开的政府信息应当"自该政府信息形成或者变更之日起20个工作日内及时公开",否则将按照第53条的规定追究法律责任。但事实上,行政机关形成或者变更政府信息20个工作日内,大部分的工作可能仍在层级审批的报批途中,工作结果处在"待定"或者放缓状态,此时公开是既不可行又不适当的。如此,该条的规定就失去了足够的可行性。程序规定粗糙而难以落实,容易导致行政责任意识被淡化、公开的主观随意性较大。这还是就正常情况下所做的分析。如若是在行政应急的情况下,突发公共事件的发展及其应急处理很可能是一日千里、瞬息万变的,哪里容得下20日甚至更长的法定公开期间呢? 即便在新冠肺炎应对进入常态化的当今,疫情信息通报的最基本周期也是要每日一报,甚至于是在发现疑似或确诊病例之后争分夺秒第一时间公开,以便能为后续的应对争取更多的时间和机会。

3. 监督的力度可进一步加强

为了监督政府机关在突发公共事件当中履行信息公开的义务,《政府信息公开条例》第五章"监督与保障"以专章形式对相关问题进行了规定。通过仔细考察,发现对信息公开工作的监督、检查、责任追究主要在行政内部解决。如第46条规定了由各级人民政府对政府信息公开工作进行考核、评议,② 第47条第1款规定政府信息公开工作主管部门负责对政府信息公开工作的日常指导和监督检查、督促整改、通报批评、责任追究或提出处理建议。③ 第52条规定上一级行政机关对违反本条例规定未建立健全政府信息公开有关

---

① 《政府信息公开条例》第26条规定:"属于主动公开范围的政府信息,应当自该政府信息形成或者变更之日起20个工作日内及时公开。法律、法规对政府信息公开的期限另有规定的,从其规定。"

② 《政府信息公开条例》第46条规定:"各级人民政府应当建立健全政府信息公开工作考核制度、社会评议制度和责任追究制度,定期对政府信息公开工作进行考核、评议。"

③ 《政府信息公开条例》第47条第1款规定:"政府信息公开工作主管部门应当加强对政府信息公开工作的日常指导和监督检查,对行政机关未按照要求开展政府信息公开工作的,予以督促整改或者通报批评;需要对负有责任的领导人员和直接责任人员追究责任的,依法向有权机关提出处理建议。"

制度、机制的行政机关,予以责令改正或依法给予处分。① 根据第53条的规定,上一级行政机关对行政机关违反本条例规定的,予以责令改正或依法给予处分;构成犯罪的依法追究刑事责任。② 根据第51条的规定,"公民、法人或者其他组织认为行政机关在政府信息公开工作中侵犯其合法权益的,可以向上一级行政机关或者政府信息公开工作主管部门投诉、举报,也可以依法申请行政复议或者提起行政诉讼。"③ 此处的行政诉讼虽然体现了司法权对政府信息公开的监督,但只涉及依申请公开中很小的一部分,范围极其有限。

实践中一旦发生违反《政府信息公开条例》或者执行不力的情形,极少有被追究责任的,这充分暴露出我国政府信息公开监督保障体制的不足:第一,政府信息公开的监督和追责主体主要是"政府信息公开工作主管部门""上一级行政机关",而缺乏监察机关的监督,司法机关的监督权限则被限制在极其有限的范围之内。由于信息工作公开中存在的上下级领导关系,再加上制度对追责的具体内容语焉不详等原因,这种以自我监督和内部监督为主的监督制度无疑是缺乏动力和执行力的,也就无法发挥出监督机制本该具有的督促、约束、追责等应有的作用,难以达到必要的监督效果。第二,无论是对政府信息公开的程序性规定,还是针对违法行为的责任追究程序,现行法律规定都缺乏实质性内容。

4.突发事件预警机制有待进一步完善

我国一般都在突发公共事件发生后才进行信息公开。这虽然能在一定程度上减少突发公共事件带给社会公众的危害,但是不能从根本上防止突发公共事件带来的不良影响,因此并非最优策略。预警信息是指为了防止突发事件的发生,或减少因突发事件造成的损害的预测警示信息。突发事件的紧急情况固然具有突然性和难以预见性的特点,但很多突发事件发生之前都有

---

① 《政府信息公开条例》第52条规定:"行政机关违反本条例的规定,未建立健全政府信息公开有关制度、机制的,由上一级行政机关责令改正;情节严重的,对负有责任的领导人员和直接责任人员依法给予处分。"

② 《政府信息公开条例》第53条规定:"行政机关违反本条例的规定,有下列情形之一的,由上一级行政机关责令改正;情节严重的,对负有责任的领导人员和直接责任人员依法给予处分;构成犯罪的,依法追究刑事责任:(一)……(二)……(三)……"

③ 详见《政府信息公开条例》第51条。

某些迹象,如社会安全事件的发生通常是社会冲突发展和矛盾激化到一定程度的结果。所以在突发事件未开始的时候,政府应该寻求一种预防性措施,以确保信息的流通,从而避免突发事件的发生。各级政府应该重视预警信息和事前信息疏导,在突发公共事件发生之前,就对各个领域的信息进行收集、汇总、整理和研判,对突发公共事件的可能来临进行科学准确的预测,并采取科学的措施如发布预警信息防患于未然。

(三)对内对外沟通机制仍有提升的空间

政府之间信息沟通不畅主要表现为纵向信息不对称和横向信息不交互。我国在突发公共卫生事件应对中实行的管理体制是统一领导、分级负责、条块结合、属地管理。虽然这种体制可以使中央部门掌握更多的信息资源,但是,这种"纵向集权式"的管理体制,决定了上级政府得到的信息主要来自于下级有关部门,而如果下级对真实信息进行隐瞒的话,必然导致上下级信息不对称。而且从传播学角度看,信息通过的组织层次越多,信息链就越长,获得的信息就越容易失真。如果地方政府延误报告,省略有关信息和紧急情况,这将不可避免地导致上下信息不对称,不利于应急响应主体全面掌握突发事件的有关情况,也不利于整体协调应对突发事件。从横向上看,不同部门之间、各地方政府之间信息不交互的现象同样普遍存在。而条块管理、部门分割的体制严重影响了信息的横向沟通。信息的不畅通必然会制约突发事件的应对效率。[①]

沟通机制薄弱往往导致信息公开发布时间不及时,甚至公开的信息混乱或相互矛盾,很大程度上妨碍了政府信息公开的有效性。此外,针对突发公共事件信息的公开,法律法规缺少对于各个政府部门的职责分工进行明确的规定,因此造成了在突发公共事件政府信息公开出现失误时,各个部门经常互相推卸责任。这就要求相关主体应该尽快完善相关规定,明确各部门之间的权力和责任划分。

---

① 许敏等:《完善危机信息沟通机制的路径分析》,《兰州学刊》2006 年第 2 期。

（四）政府与媒体之间的良性互动机制有待加强

媒体（media）一词来源于拉丁语"medius"，意为两者之间。媒体是交流、传播信息的媒介①，是人们用来传递信息与获取信息的工具、渠道、载体、中介物或技术手段。媒体有两层含义，一是承载信息的物体，二是指储存、呈现、处理、传递信息的实体。② 概而言之，一方面，政府管理社会、实施公共行政，也包括对新闻媒体的管理，以确保媒体依法传播健康信息，正确引导社会舆论；另一方面，媒体是政府的"耳目"与"喉舌"，承担着宣传政府施政理念的重要职责。③ 与此同时，媒体要传播有效信息不断满足公众的信息需求，就不能不重视政府信息的挖掘，有鉴于此，媒体非常需要政府的支持和配合。因此政府与媒体之间存在着共生共存的"血缘关系"。

在突发公共事件的信息公开上，政府和媒体之间应该做好信息的双向交流，做到信息共享，共同提供能帮助群众应对危机、解决问题的信息。而实际上，目前不少地方政府和媒体在突发公共事件发生后并不能进行良性的交流和互动。一方面，一些地方政府依然在限制媒体对相关信息的发布，他们认为只有正面的、积极的新闻信息才能由新闻媒体告知公众，而灾难新闻和负面消息的发布会给政府形象和公信力造成不利影响，对社会稳定带来负面效应。另一方面，部分媒体为了能在第一时间报道相关新闻，可能会倾向于将一些不确定、不准确的信息公开给社会公众，从而导致错误的信息传播，或致使谣言的产生，从而造成不良的社会影响。政府信息和媒体信息如果不能进行有效、准确的双向交流沟通，就不能保证新闻媒体的新闻自由，无法使广大公众更好地获取相关信息、实现政府与媒体的合作共赢。

最大限度地保障公众的安全和利益，是突发公共事件应对的基本宗旨。公共危机与突发事件发生之后，事件的处理不但需要政府的领导、指挥、妥善

---

① 中国社会科学院语言研究所词典编辑室：《现代汉语词典》（第 7 版），商务印书馆 2016 年版，第 887 页。

② 参照：https://baike.baidu.com/item/%E5%AA%92%E4%BD%93/203321?fr=aladdin，访问时间：2021 年 1 月 1 日。

③ 贺文发、李烨辉：《突发事件与信息公开——危机传播中的政府、媒体与公众》，中国传媒大学出版社 2010 年版，第 233 页。

安排,还需要来自社会的参与、支持,需要人民群众的理解、支持、参与和配合,这就要求信息公开应该及时、准确、全面、科学。公众是突发公共事件应对主体的最重要组成部分,也是对政府突发公共事件应对能力和效果的评价主体,因此在突发公共事件的政府信息公开方面,政府应当揭开行政"神秘的面纱"直接与媒体和公众互动,建立起政府、媒体、公众三方都认可的平衡互动模式,从而解决公众参与不足的问题。

新型冠状病毒疫情防控期间,我国媒体与政府通力合作、及时发声,为破除谣言、稳定民心发挥了不可低估的作用。如一些网络媒体凭借其专业和资源优势进行辟谣:百度公司设置辟谣专区,每当有用户在百度搜索与疫情相关的关键词时,系统就会智能匹配"这些谣言别信"入口,让用户一目了然查询到各种权威信息。"丁香医生"借助自身医疗资源和优先上线的新冠疫情动态链接优势,成为了疫情中活跃的辟谣主体之一,整个疫情辟谣呈现多元主体参与的态势。目前,疫情防控工作步入常态化阶段,进一步理顺政府和媒体之间的关系,通过多样化平台继续做好疫情信息公开,及时回应公众关切,让政府信息公开成为最好的"疫苗",是最终取得战"疫"胜利的关键。

第二节 突发公共事件中政府信息公开制度的完善

  我国有关政府信息公开的法律法规也适用于突发公共事件中的政府信息公开,然而,突发公共事件的特殊性决定了其与常态下的政府治理方式具有本质的差别。鉴于突发公共事件的特殊性,与常态下的制度相比,突发公共事件下的政府信息公开制度,在基本理念、立法目的、基本原则、具体规定等各方面都有所不同。如常态下的信息公开制度的立法目的主要是为了保障"公民、法人和其他组织依法获取政府信息"的知情权,那么在突发公共事件状态下的制度则除了"保障知情权"之外,更直接的目的是"为了有效预防、及时控制和消除突发公共事件的危害,保障公众生命财产安全,维护正常的社会秩序"。除此之外,重大的差别表现在制度的原则方面。突发公共事件下的信息公开除了遵循一般的信息公开原则之外,还有其独特的重要原则。

  信息公开与公开的例外如鸟之双翼、车之双轮,构成政府信息公开制度的核心组成部分。因此,关于例外事项的规定构成了各国信息公开法中最重要、最核心的组成部分,是各国信息公开实践中最具操作性和实践意义的章节或条款。但是如果发生了突发公共事件,常态下的信息公开及其例外制度,还不足以有效地进行应对和化解。为此,必须结合突发公共事件的特点和突发公共事件中信息公开的作用和特征等具体问题,探讨突发公共事件应对中的信息公开范围问题。

一般意义上来讲,在各国的立法实践中,主要通过三种方式对信息公开范围进行规定:一是确立了政府信息公开范围的原则;二是采用列举的形式确定政府信息可公开或不可公开的范围;三是通过判例制度来解决有关范围界定难题。① 信息公开的范围变动不居,世界各国政府信息公开的范围各不相同,即使是同一个国家在不同的历史时期,其信息公开的范围也并不相同。由于信息多样性与法律所要求的确定性之间的内在矛盾的决定性,不同的突发公共事件,呈现不同的特点和要求,对其信息公开范围无法一一划定,因此无法像在常态下的信息公开法一样尽力去描绘本国当下的例外事项,而只能在常态下信息公开范围的基础之上,结合一定的基本原则,予以灵活适当的把握。

综上,突发公共事件中政府信息公开的完善,首先要求政府树立正确的基本理念;其次,要结合突发公共事件应对的特点和要求,对突发事件中信息公开的特殊原则进行探讨;在此基础之上,对信息公开法律制度进行相应的修订,对与之相配套的制度进行适当地修改与完善也十分重要。按照基本理念—基本原则—基本制度—配套制度的基本完善思路,在上文对存在的相关问题进行全面检视的基础之上,下文将对具体的完善之策进行深入探讨。

一、牢固树立正确的信息公开理念

理念是上升到理论高度的思想观念,是引领实践发展的思想先导和行动指南,正确的实践离不开科学理念的引导。突发公共事件应对中的政府信息公开,既要树立"以人民为中心"的基本理念,又要遵循"负面信息疏导"的具体工作理念。

(一)树立"以人民为中心"的基本理念

在 2020 年 11 月召开的中央全面依法治国工作会议上,习近平总书记

---

① 参见许清清、李静:《公共危机下政府信息公开范围探讨》,《湖南商学院》2015 年第 3 期。

对当前和今后一个时期推进全面依法治国的重点工作提出了 11 个要求。其中第二个就是要"坚持以人民为中心"。[①] 我国是人民民主专政的社会主义国家,政府应当始终坚持以人为本,重视维护公众权益。政府的一切工作都是为了人民的幸福安康、全面发展。这就要求我国政府在处理公共危机与突发事件时,始终将人民的生命财产安全放在第一位,竭尽全力维护群众利益。为此,要牢固树立"服务理念"和"公仆意识",努力扭转保密传统,最大限度公开信息,主动接受人民的检查,积极实现双向沟通,勠力同心战胜危机。

不仅中央政府要树立"以人民为中心"的基本理念,地方政府也应把这一理念贯彻到实际工作中。"以人为本"、保一方平安,是地方政府作为法律主体的基本职责。无论是发展经济,还是提供公共服务,都是为了辖区居民的幸福安康,人民的生命健康应永远高于其他目标,[②] 如果地方政府舍本逐末,忽视或漠视突发公共事件这样影响公众健康和财产安全的重大问题,就会失去其行为的正当性,从而造成"政府失灵",而"政府失灵"会导致政府的信任危机或合法性危机,带来"政府失信"的严重问题。因此地方政府在应对突发公共事件的时候,更应强调"以人为本"公开信息。

突发事件发生时,若政府应对不及时,处置不妥当,或者不作为,都可能引发群众的抵制情绪,导致政府形象受损,更有可能影响到社会的稳定。历史经验表明,突发公共事件控制的程度和时间长短,往往与社会和政治应对策略的有效性成正比关系。而应对有效性直接来源于社会参与度和公众的理解和推动。践行"全心全意为人民服务的宗旨",就是要以人民群众看得见的方式,切实提高人民群众的获得感、幸福感、安全感。因此,政府必须采取积极的政策,采取适当的方式进行信息公开,避免公民在不知情的情况下采取非理性行动。

(二)树立负面信息疏导理念

具体到实际操作层面,也存在不同的理念选择问题。在突发公共事件报

---

① 《习近平法治思想引领法治中国建设》,求是网,2020 年 11 月 20 日,最后访问时间:2021 年 8 月 7 日。http://www.qstheory.cn/zhuanqu/2020-11/20/c_1126763880.htm.

② 参见杨念群:《防疫行为与空间政治》,《读书》2003 年第 7 期。

道的问题上,政府信息公开存在着两种理念:一种是负面信息封锁理念,一种是负面信息疏导理念。突发公共事件的爆发往往伴随着巨大的人身和财产损失,甚至可能进一步引发经济和社会危机,因此可以界定为负面信息。负面信息封锁理念认为,凡是负面信息都是对社会有害的,而公众是缺乏理性和心理承受能力的,负面信息的公开和传播必然会导致社会的混乱和恐慌,所以要尽一切可能地防止负面信息在社会上传播,即使不可避免地有一些传播出去,也要把负面信息公开的量控制到最小范围内。负面信息疏导理念认为,受众是具有理性精神和心理承受能力的,负面信息的公开和传播并非一定会引起社会的混乱和恐慌,只要及时、全面、充分地公开信息,并在信息的传达中进行疏导,这样就会最大程度地减少其对社会的危害,发挥其对社会的引导作用,从而达到良好的社会效果。

对两种理念稍加对比,优劣立分、高下立判。根据负面信息封锁理念,突发公共事件的相关信息必须予以最大限度的封锁和最小限度的公开,这就要求信息不公开,或公开不及时,或"挤牙膏式公开"。突发公共事件具有极大的破坏性和瞬间聚集性的特点,一旦发生将万众瞩目。若信息不公开或公开不到位,将会迅速造成谣言满天飞、民众由于缺乏真实信息而作出非理性选择、政府公信力和政府合法性遭到质疑、突发公共事件加速扩散甚至失去控制。因此,负面信息封锁理念不利于满足民众获取信息的正当需求、不利于政府抢占突发事件话语主动权、不利于引导社会和民众协力抵抗灾情、不利于突发危机的控制和解决。

与负面信息封锁理念不同,负面信息疏导理念认识到"大禹治水、疏而不堵"的道理,强调事件信息的公开和疏导。按照负面信息疏导理念的要求,政府要及时公开信息,让广大民众及时获得有效的信息,确保最大多数民众获得信息。最大多数民众获得有效信息的前提,是及时、充分和全面地公开信息,充分满足受众的知情权。在这种理念的指导下,当重大的突发公共事件爆发后,政府与媒体良性互动,迅速及时地将信息公开,满足公众的知情权,保持顺畅的信息传播通道,并在信息传达的过程中进行舆论引导,从而最大程度地减少突发公共事件对社会不良影响,最终达到社会的稳定。

疏导通过有效的沟通来实现。沟通程度决定了政府与社会之间的信任程度;信任程度决定了政府与社会之间的合作效果;合作效果则决定了行政目标的实现程度。所以,在现代社会,沟通最好,即政府最好。[①] 有一说一,知道一分公开一分,在突发事件发生的第一时间向社会发布简要信息,随后发布初步核实情况、政府应对措施和公众防范措施等信息,并根据事件处理情况做好后续发布工作,"以人民为中心"的发展思想是习近平新时代中国特色社会主义思想的重要组成部分。人民是国家的主人,社会主义国家必须始终把"以人民为中心"的基本思想和理念贯彻到治国理政全部活动。《法治政府建设实施纲要(2021—2025年)》提出要"全面建设职能科学、权责法定、执法严明、公开公正、智能高效、廉洁诚信、人民满意的法治政府"。可见,"以人民为中心"是新时代中国特色社会主义的基本方略之一,是我国处理各项工作包括突发公共事件中政府信息公开工作在内的基本理念。而"负面信息疏导理论"是在"以人民为中心"基本理念指导之下的、具体开展信息公开工作时需要遵循的实际操作层面的理念。公开和疏导充分践行了"以人民为中心"的基本理念,[②] 是负面信息疏导理念的智慧与理性所在。

二、完善突发事件信息公开的基本原则

作为处于基础性地位的基本规范,法律原则具有重要的不可替代的基础性和指引性功能,它直接决定着法律制度的基本性质、基本内容和基本价值取向,是法律精神最集中的体现,是整个法律制度的理论基础。[③] 突发公共事件中政府信息公开的基本原则是指政府在处置突发公共事件中进行信息公开所要坚持的行为准则,它在突发公共事件信息公开中是一切行政手段的首要前提和行动指引。

如前文所述,我国《政府信息公开条例》所规定的原则包括"公平原则""公正原则""便民原则"和"以公开为常态、不公开为例外"的原则;而理论的继续完善除了要继续坚持"公平原则""公正原则""便民原则"

---

① 刘学涛:《重大突发公共卫生事件中政府信息公开的优化探寻》,《哈尔滨市委党校学报》2021年第1期。

② 梁丹妮:《论突发事件中的政府信息公开责任》,《法治论坛》2008年第1期。

③ 参见张文显主编:《法理学》,法律出版社2007年版,第122页。

之外,需要将"以公开为常态、不公开为例外"发展为"以公开为原则、不公开为例外"。这些都是常态下政府信息公开应当遵循的原则。在突发公共事件的应对中,政府信息公开范围具有更大的不确定性,除了遵循以上基本原则之外,还需要探寻出不同的行为原则,以指导突发公共事件中信息公开范围的确定。

学者们根据不同的考虑,提出了突发公共事件应对中政府实施信息公开应该遵循原则,如信息公开与真实原则,[①] 及时性、准确性、合法性原则,[②] 及时发布、信息透明、加强研判、正面引导、加强互动、谋求共识原则等。[③] 若结合突发公共事件的特征和应对需要分析,突发公共事件应对中信息公开应该遵循的基本原则主要是及时性原则、主动性原则和客观性原则。

(一)突发公共事件应对中应遵循信息公开的及时性原则

据统计,将近百分之八十的突发公共事件的相关信息掌握在我国的行政机关手中。[④] 而法治及效率,是现代行政机关作出信息公开决策必须恪守的基本原则。[⑤] 加之突发事件影响普遍而深远,所有民众迫切渴望第一时间获取必要信息以采取合理的应对或避难措施,因此,信息公开首先应该贯彻及时性原则,这就要求当突发公共事件发生时,在掌握信息的第一时间,通过多渠道发布来实现信息的时效性,应该把"信息的时效性"和"公众知晓便捷性"结合起来,即所谓抢占制高点,先入为主,先声夺人;同时,政府要根据信息传播的定律应该注重分析信息容量大小、事件更新快慢、成本高低、影响范围和作用时间长短这几个方面的综合性因素,灵活选择突发事件信息传播的渠道;一旦获取有关谣言方面的信息,政府应争分夺秒地利用大众传播媒介,迅速及时地对事件的内容进行科学的解释、有效的澄清,主动引导舆论,维护

---

① 马斌毅:《突发事件应对中的信息公开与真实原则》,《法治与经济》2011年第8期。

② 刘学涛:《重大突发公共卫生事件中政府信息公开的优化探寻》,《哈尔滨市委党校学报》2021年第1期。

③ 余新平:《突发公共事件信息公开与舆论引导》,《视听纵横》2017年第4期。

④ 刘磊、邵伟波:《公众参与视角下基于模糊层次分析法的政府信息公开绩效评估研究》,《情报理论与实践》2014年第3期。

⑤ 李凌云:《大数据在重大行政决策中的应用及其法治化》,《重庆邮电大学学报》(社会科学版)2020年第1期。

社会稳定,最大程度地避免、缩小和消除谣言的负面影响。

传统观点认为,官方处置突发事件有"黄金 24 小时"之说,即在事发 24 小时内发布权威消息主导舆论是平息事件的关键。然而随着新兴媒体的崛起、渗透并深刻参与到突发事件的发展过程中,传统的"黄金 24 小时"法则渐显无力。基于多年对网络舆情的分析,以及对当下媒体环境的判断,"黄金 24 小时"法则现在已经发展为"黄金 4 小时"理论。4 小时是考虑了需要厘清事实真相、政府各部门协调工作和完成信息披露文书所花时间所得。"及时性原则"十分重要,政府在一开始掌握形势发展的主动权、让真相跑到谣言的前面,在可能的情况下要把及时性原则贯彻得更好。如在汶川地震发生后不到 10 分钟,国家地震局就迅速通过新华社向社会发布了消息,并及时发布了各地的震感信息;各地地震局也尽可能在第一时间向公众发出了权威信息,一定程度上避免了恐慌的发生。

（二）突发公共事件应对中应遵循信息公开的主动性原则

贯彻主动性原则要求政府部门本着对公众负责的精神,主动发布有关事件真实情况的信息,掌握舆论的主动权、事件处理的主导权,而不是等事态发展到不可收拾时,才被迫公开有关信息。因此,在突发公共事件发生时,政府部门要做好充分的思想准备,并密切关注各种信息的动态,主动将真实信息告之于众,以利于公众进行有效的危机防范和配合政府的行动,并使政府成为信息来源的主渠道。

在信息公开中要做到"两个主动":一是主动全面公开相关信息,把事情的真相告知于众,消除民众的恐慌心理;二是主动辟谣,对于已经或将要传播的谣言,要敢于面对,不回避地进行辟谣,并采取果断措施谣言传播制止。要避免"有了结果再公布"的做法,更不能消极地期待"公众的眼睛是雪亮的"。

不仅要主动公开信息,而且要提高信息公开的质量、主动公开民众需要的信息。为此,需要增强网络信息监测力度,充分利用网络电子化交流平台,尽力了解民众的真实需要和困难,满足民众实际的信息需求,解答民众的现实疑惑。通过在公共事件信息发布中设置议题,对公众关注的热点问题进行跟踪、分析、研判,捕捉信息发布的着力点,加大信息发布力度。精心设置议题,做到信息公开有的放矢,一方面可以确保用客观、权威的信息说话,帮助公众甄别真伪;另一方面可以让公众看到政府对敏感问题和尖锐问题不回避,而是直面而上的态度,政府的坦诚之意更能获得民心,取得既能打击不良信息又可以及时引导公众言论的积极效果。

(三)突发公共事件应对中应遵循信息公开的客观性原则

客观性原则要求政府所公开的信息应当是事情的真相,至少是已经发生和正在发生的事实。无论是正面信息还是负面信息,政府信息公开都要真实准确,应做到对突发事件的公开不夸大、不缩小,按照事件的本来面目如实公开。公开负面信息虽然可能会引起公众一定的紧张情绪,但是事实上,公众对客观的负面信息的承受能力要远远大于对政府隐瞒信息的欺诈行为的承受能力。不实的信息不仅不能控制谣言,反而会促进或加速谣言的传播。

需要进一步说明的是,客观信息不仅包括当下已经掌握的事实信息,还包括对事实信息的专家分析和应对策略。由于突发事件的急剧变化和迅速发展等特点,客观信息不一定全面,专家分析不一定准确,应对策略也不一定是最佳策略,但是只要符合客观性原则,就是当下最有价值的信息。当然,随着事态的发展,后续的信息公开应当得以持续跟进。

除了以上基本原则之外,突发事件应对中的信息公开还应当多渠道、循环性、反复不断地进行。仅仅以传统的、单一的信息发布方式进行公开,已远远不能适应社会公众及时、广泛了解政府信息的现实需要。政府应构建多层次的信息发布平台,扩大社会的知情范围。同时,根据传播学相关理论,信息公开的覆盖面越广,持续的时间越长,甚至是反复的"轰炸",信息对于公众的影响就会更大、更深远。为此要通过循环性的反复传播、滚动发布、连续不断地公开,来强化信息公开的效果。

由于突发事件的突发性、不确定性、破坏性、衍生性、扩散性及社会性等特征,及时、主动、客观的政府信息公开可以起到"减压阀""协调器""推进器"的作用,以避免出现"塔西佗陷阱"现象。在突发事件爆发时,及时、主动、客观的政府信息公开对保障公民知情权、安抚群众情绪、抑制社会舆情、防止事件演变以及阻止危机扩大、有效处置突发事件,防止造成二次衍生破坏等都具有重要意义。

三、突发公共事件中政府信息公开具体制度的完善

完善的制度需要科学理念的指导,也只有在科学理念的指引之下,才能更好完善突发公共事件中的政府信息公开制度。树立了科学的理念之后,对突发公共事件中政府信息公开具体制度的完善可以从以下几个方面着手。

(一)明确政府信息公开的实施主体

诚如上文所述,《突发事件应对法》对突发公共事件信息公开的责任主体规定前后不一致,《政府信息公开条例》规定政府信息公开工作机构由各级政府及县级以上人民政府部门指定,[①] 在实践中被指定的政府信息公开工作机构各不相同,具体负责的机构各不相同,实际执行中标准不一。信息公开的行为主体不统一或不一致,信息公开不力的责任主体就难以明确,监督和问责机制势必难以落实,如此,则信息公开的执行必将难以落实到位。因此,制度的完善要求明确政府信息公开的实施主体。

鉴于突发公共事件的突发性、紧急性和难以预测性,应对突发事件的主体可能是各级政府或其工作部门,究竟如何把握信息公开的责任主体才能既最大限度保障信息公开的时效性,又保证所公开信息的正确性,且达到信息公开主体明确的标准,使得责任主体之间没有扯皮和相互推诿的余地,需要申请信息公开的民众确信明知谁是被申请人,公开不力时责任主体明确无疑?要达到上述标准,就要求信息公开主体必须是突发公共事件的应对主体,因为一线的突发公共事件的直接应对主体得到的信息是最及时、第一手的信息,可以保证所公开信息的真实性和信息公开的及时性;突发公共事件的应对主体是应对突发公共事件的责任主体,在高度责任意识的支配下,为

---

① 《政府信息公开条例》第4条规定:"各级人民政府及县级以上人民政府部门应当建立健全本行政机关的政府信息公开工作制度,并指定机构(以下统称政府信息公开工作机构)负责本行政机关政府信息公开的日常工作。"

了争得民众的配合、理解和最大限度的支持,应对主体是最有可能把握好信息公开的责任主体。因此,突发公共事件中政府信息公开的责任主体应当和应对、处理突发事件的主体保持一致,即由相应的县级以上人民政府和国务院的工作部门承担公共突发事件的信息公开的义务。

(二)健全突发事件中政府信息公开程序

行政程序是行政主体实施行政行为必须遵守的方式、步骤、空间、时限等,是对行政行为形式上的限制,科学合理、客观公正的程序可以最大限度地保证行政行为的公平性、提高行政效率。健全突发公共事件中政府信息公开的程序,不仅具有重要的程序价值,而且能够最大限度促进实体公平和正义的实现。

要加强和完善主动公开制度。如前所述,突发公共事件应对的时效性和紧急性,要求信息公开以主动公开的方式为主。为了做好主动公开,制度应当明确主动公开的时限、规定主动公开的特殊程序、未依法主动公开的法律责任等。

首先,信息公开主体应当明白:"有了结果再公布"的做法不可取,取而代之的应当是"第一时间公开"。突发公共事件中的信息具有瞬间聚集、"万众瞩目"的特点,民众所需要的不仅仅是事件的结果,更多是对事件处理的过程的关注,要得到的不仅仅是实质正义,更想得到程序正义。"第一时间公开"主要体现在及时性、动态性和适时性三个方面。突发公共事件发生后,政府应第一时间作出反应,及时搜集信息,选择合适的时机召开新闻发布会,并向公众作出必要的解释,驳击错误的舆论,加强社会舆论引导,全力营造积极的舆论环境。鉴于处理公共突发事件的紧急性,政府信息公开的步骤可以简化成以下几个方面:突发事件信息收集—突发事件信息公开—应对处理突发事件的方案公开—后续相关信息的持续跟进。

其次,完善政府信息公开的时限规定。鉴于突发公共事件的特殊性,可以考虑由《突发事件应对法》明确规定,主要责任主体应该在开始对突发事件进行应对的 2 小时内公开所掌握的关于突发事件的基本事实和状态信息,如遇有特殊情况确实需要延时公开的,应当报请上一级人民政府批准。

最后,完善政府信息公开的方式和操作步骤。为了满足公众获取信息的广泛需求,突发公共事件信息公开的责任主体应当通过广播、电视、报刊等传统媒体和微博、微信等新媒体相结合的方式尽可能广泛地公开信息。除此之外,对老、弱、病、残、孕等特殊人群或者学校、医院、工厂等人群聚集之处应该有针对性地公开信息;由于我国东西部经济和技术发展水平不均衡,对于特别偏远落后地区,可以采用发传单、出板报等方式加强宣传。

(三)突发公共事件预警机制的完善

突发公共事件的突发性要求加强对突发事件的预警,提前进行充分准备,并采取相应的预防措施,以应对突发事件带来的紧急情况。所谓突发公共事件预警,是政府及其职能部门使用定量和定性相结合的方法对突发事件的情况和特征进行监测和评估,并据此向社会公众发布危机预警的管理活动。突发事件预警包括突发事件的监测、信息收集、评估和早期预警信息发布等工作。

1. 完善突发公共事件预警信息收集制度

突发公共事件预警的第一步是收集信息。《突发事件应对法》第37条和第38条都是关于突发事件预警信息搜集的规定。其中第37条是自上而下的搜集方式,第38条是自下而上的搜集方式。根据《突发事件应对法》第38条第1款的规定,县级以上人民政府及其有关部门专业机构负责收集突发事件信息,[①] 这实际上是对我国行政机关、专业机构通过"自上而下"的方式进行突发事件信息搜集的规定,偏重于突发事件监测网络与信息库的建立与应用,属于第37条所规范内容的具体范围,因此建议将该款规定作为第37条第2款,[②] 而《突发事件应对法》第37条原第1款保持不变,原第2款改为第3款。如此,第37条的三个条款之间更加具有层次性、更加完整完备。

---

① 《突发事件应对法》第38条第1款规定:"县级以上人民政府及其有关部门、专业机构应当通过多种途径收集突发事件信息。"

② 《突发事件应对法》第37条第1款规定:"国务院建立全国统一的突发事件信息系统。"第37条第2款规定:"县级以上地方各级人民政府应当建立或者确定本地区统一的突发事件信息系统,汇集、储存、分析、传输有关突发事件的信息,并与上级人民政府及其有关部门、下级人民政府及其有关部门、专业机构和监测网点的突发事件信息系统实现互联互通,加强跨部门、跨地区的信息交流与情报合作。"

其次,对于收集信息的方式,相关人民政府及其有关部门不仅应该注重发挥传统媒体的作用,而且还要充分利用新兴的互联网来获取必要的信息。与此同时,《突发事件应对法》还应当建立公共突发事件的信息报告制度。现《突发事件应对法》第 38 条第 1 款修改为第 37 条第 2 款之后,现第 2 款关于"信息报告员"的规定建议删除。① 这首先是因为,这款规定的本来用意是建立"自下而上"的"信息报告员"制度,但是规定本身存在问题,因为其第 2 款和第 3 款所规定的报告主体和报告内容存在重叠。其次,居委会、村委会等基层组织中信息报告员的工作质量容易受本身生活环境、知识水平的影响,是否能够顺利完成报告要求尚且存疑,况且县级人民政府也无力统筹管理如此庞大的信息报告员体系。最后,现《突发事件应对法》第 38 条第 2 款虽然规定了"信息报告员"制度,但我国实践中并未建立规范的专职或兼职"信息报告员"制度。

最后,建议对《突发事件应对法》第 38 条第 3 款予以保留并完善。删除第 38 条第 2 款只是删除对"信息报告员"制度规定,一定的信息报告制度还是必要的。在突发公共事件发生前后,公民、法人或其他组织由于行业习惯或者个人兴趣等因素,如果及时发现了有价值的信息,应当及时向有关政府或部门报告。这是我国关于"吹哨人"制度的具体规定。知情的公民、法人或其他组织进行报告,不仅是一项义务,更是一项权利,即任何单位和个人有权利向人民政府和有关部门报告与突发公共事件隐患有关的任何信息。因此,建议将第 38 条第 3 款修改为:"获悉突发事件信息的公民、法人或者其他组织,应当立即向所在地人民政府、有关主管部门或者指定的专业机构报告。公民、法人或者其他组织的信息报告的权利受法律保护。"

2. 建立突发公共事件预警信息公开制度

根据《突发事件应对法》的规定,"国家建立健全突发事件预警制度"②,针对第 44 条、45 条均提到的信息发布,如第 44 条中有"定时向社会

---

① 《突发事件应对法》第 38 条第 2 款规定:"县级人民政府应当在居民委员会、村民委员会和有关单位建立专职或者兼职信息报告员制度。"《突发事件应对法》第 38 条第 3 款规定:"获悉突发事件信息的公民、法人或者其他组织,应当立即向所在地人民政府、有关主管部门或者指定的专业机构报告。"

② 《突发事件应对法》第 42 条第 1 款。

发布与公众有关的突发事件预测信息和分析评估结果,并对相关信息的报道工作进行管理"和"及时按照有关规定向社会发布可能受到突发事件危害的警告,宣传避免、减轻危害的常识,公布咨询电话"的规定,① 第45条中有"及时向社会发布有关采取特定措施避免或者减轻危害的建议、劝告"的规定,② 均是作为县级以上地方各级人民政府应当采取的诸多应急措施之一进行规定的,但本法没有专门规定信息公开制度。建议在本法中增加一条,建立专门的突发事件信息公开制度,以衔接预警机制中的信息发布。信息公开制度应对信息公开的主体、内容、范围、程序、监督等进行规定。如明确信息公开的主体为突发公共事件的应急处置主体,公开的内容包括但不限于公开危险源和危险区域、采取的措施、应对的建议忠告、调查结果,公开预警警报、预测信息、评估结果、应急处置工作的信息等。

（四）完善政府信息公开的监督和问责机制

无问责则无权利,有损害必有赔偿。如果在应对突发公共事件信息公开方面缺少完善可行的问责机制,公众的知情权就难以保障,由此可见,完善政府信息公开在突发公共事件中的问责机制显得十分必要。为此,首先要建立一套完善的信息公开问责机制。

如前所述,按照我国目前的制度规定,突发公共事件信息公开的监督主要是行政机关的自我监督、内部监督,监督主体类型单调、立场不中立。鉴此,建议增加监察机关作为重要的监督主体之一,拓展司法机关监督的范围和深度,对媒体监督进行制度化,增加民众监督的途径。与此同时,问责制度不仅要有监察机构参与,更要有公众的参与。普通民众是突发事件的最大受害群体,所以只有社会公众参与的全面监督,才能更好的完善信息公开中的问责制度。其次,要进一步细化责任追究的程序、吸纳多种监督方式,将考核过程和结果向社会公开,充分发挥社会对督促政府信息公开工作的监督作用。第三,要设定各种权利救济机制,目前法律规定了若政府不履行公开职

---

① 详见《突发事件应对法》第44条。
② 详见《突发事件应对法》第45条。

责给公民或组织造成损失的,由国家承担赔偿责任;在此基础之上,还要进一步赋予公众依法申请行政复议和提起司法审查的权利,扩大救济的范围。最后,建议进一步加大问责力度,在《关于依法惩治妨害新型冠状病毒感染肺炎疫情防控违法犯罪的意见》第"二、(七)"依法严惩在疫情防控工作中,负有组织协调、信息传递等职责而失职的国家机关工作人员的基础上,修改《刑法》第397条或相关司法解释,把不依法履行"信息传递"、信息公开义务的罚则规定得更明确具体。

(五)建立政府和媒体之间的良性交流机制

在发布和公开信息方面,媒体具有专业性,而政府作为突发公共事件的应对主体,是政府信息的制作者或持有者。政府对媒体的态度十分重要。如果政府打压媒体使信息公开不畅,受到损害的不仅仅是媒体,更是社会和公众,最终是政府自身。政府善待媒体、善用媒体,建立起政府和媒体之间良性交流机制,对于突发公共事件信息公开的实施及其效果十分重要。

1. 政府在突发公共事件信息公开中起决定作用

政府是政府信息的制作者和持有者,如果政府封锁信息,媒体将难以获得相当一部分重要信息。要建立起良性交流机制,政府首先应端正态度、做好准备、采取行动,主动发声及时公开信息,掌握话语权,保证信息公开透明。重大突发事件多为负面信息,但负面信息并非一定会引起社会的恐慌。是否引发恐慌,关键在于政府是否通过媒体的专业平台全方位地向社会公众提供了及时、准确的信息。在负面信息疏导理念下,政府在突发事件爆发后为社会公众提供权威、全面的信息,尽管不能完全避免社会恐慌,但却可以最大程度地减少负面信息对社会的危害,是化解风险和应对危机的最好方式。突发公共事件中的信息有明显的时间敏感特性,公开信息应当做到及时、准确,从而降低公众获取信息的成本,提高政府处理突发公共事件的能力,提升政府公信力。

其次,政府要善于借助媒体力量开展信息公开。政府必须以正确的态度对待媒体。为此应当明确,当突发公共事件发生之后,危机来源于事件本身,而不是来源于媒体对事件的公开;公众的质疑主要来源于事件本身,而不是媒体对事件的公开。相反,信息不公开,恰恰构成危机和质疑的重要因素。

同时,政府要善于媒体管理和服务,在记者采访管理工作中注重讲究方法和策略,引导其加强正面报道,防止处置不当引发负面报道。

最后,政府要重视通过新闻发布会的形式加强与媒体的互动交流。新闻发布会(News Release Conference),是政府或某个社会组织定期、不定期或临时举办的信息和新闻发布活动,直接向新闻界发布政府政策或信息,解释政府或组织的重大政策和事件。[①] 新闻发布会不仅应当作为一项经常性信息发布方式,更应该在突发公共事件应对中发挥其独特的作用。目前,我国新闻发布会的整体水平不高,还存在新闻发布会信息内容缺乏预见性、欠缺总体统筹、出席新闻发布会的新闻发言人不固定、更换频繁,组成人员不专业、级别低等问题。对此,建议政府通过微信公众号、微博等平台与民众开展沟通,提前掌握和预测民众所思所想,预先掌握事件处置的多方信息,为新闻发布会的高效开展做好充分的前期准备工作。同时,要提高出席新闻发布会官员的整体级别,确保第一负责人和相关专业人员出场与媒体互动。高层出席,方能彰显责任和权威,增大信息发布的公信力、影响力。

总之,政府与媒体之间是相互需要、相互促进、双向互动的关系,政府在双方关系的良性构建中发挥重要作用。"媒介一经出现,就参与了一切意义重大的社会变革。"[②] 媒体在突发事件应对中发挥着积极作用,既是政府对事件处理的得力助手,也是公众获得最前沿信息的有力渠道,实现的是政府、公众、媒体的三赢。为此,政府应该积极应对媒体,努力建立与媒体的合作共赢关系;政府要善于借助媒体,提升政府的公信力和影响力。政府应当主动引导媒体,通过新闻发布等表达政府的立场和主张。政府要善待媒体,通过树立服务意识为媒体提供信息源、政策扶持等方式,为媒体发展创造条件,并与媒体共同参与国际传播、树立政府良好的国际形象。

在互联网兴起之前,传统媒体是政府与公众之间的枢纽,随着网络的普及,互联网已经渐渐替代了传统媒体成为政府与公民互动的桥梁。[③] 为此,政府要重视网络硬件建设,采购必要的网络设备,加大网络建设,确保互联网

---

① 董璐:《传播学核心理论与概念》,北京大学出版社 2016 年版。

② 〔美〕韦尔伯·施拉姆:《大众传播媒介与社会发展》,全燕宁等译,华夏出版社 1990 年版。

③ 中国政府网,2017 年 2 月 6 日。http://www.gov.cn/ziliao/flfg/2007—08/30/content_732593.htm.

的安全、稳定、高速。同时还要加强软件也就是政务建设,使用最新的网络技术发展成果服务于信息公开工作。

2. 媒体要加强自律、主动作为、积极配合

媒体历来被认为是政府除了行政权、司法权、立法权的"第四种权力",在政府信息公开中具有不可忽视的作用,能否更好地发挥新闻媒体的作用是衡量信息是否能够服务社会公众的重要指标。在突发公共事件应对的信息公开工作中,要大力构建媒体与政府相互促进、优势互补、相辅相成的互动关系。媒体要充分发挥其专业性、亲民性、影响的普遍性等优势,协助政府有效应对危机管理,推动政府完善应对机制,进行科学决策。首先,媒体要加强职业道德建设和行业自律,保持强烈的使命感和荣誉感。坚决杜绝为了吸引眼球一味追逐"爆点",或为了谋取不正当利益发布虚假信息。相对应的是,媒体要以主动的姿态,从正规渠道获取和公开权威信息,"铁肩担道义,妙手著文章",充分发挥新闻媒体应有的使命和担当。其次,媒体必须坚持及时准确、公开透明,第一时间发布权威信息,回应社会关切,满足人们的信息需求。第三,媒体必须坚持改革创新,在继承和发扬优良传统的基础上,创新观念、创新体制、创新机制、创新内容、创新形式、创新方法、创新手段,改进新闻宣传工作的领导方式、组织方式、工作方式、管理方式,不断增强新闻宣传的针对性和实效性。最后,媒体必须认识到:媒体的公信力决定舆论的影响力,并把公信力的锻造融入日常发展之中。为此,媒体应当始终如一地坚持正确的舆论导向、旗帜鲜明地抵制虚假不良广告、脚踏实地地遵守新闻职业道德,从而提高自身的权威性、信誉度和社会影响力。

第三节　突发公共事件信息公开中的个人信息保护

　　突发公共事件应对中存在的一对主要矛盾是：信息公开的重要性及其对公民个人信息权的侵犯。发端于 2019 年底的新冠病毒疫情是对我国治理体系和治理能力的一次大考。此次新冠病毒疫情是一次全民参与的信息公开方面的公开课，几乎无人不意识到及时准确公开客观信息的重要性，也几乎无人不感受到信息公开的必要性与个人信息权利保障之间的矛盾和冲突。因此，突发公共事件应对中的公民隐私权保护问题，是研究突发公共事件中信息公开所无法回避的一道难题。不同的突发公共事件，其信息公开与个人信息保护之间的矛盾冲突呈现不同的特征，现以此次新冠肺炎疫情防控为例，分析信息公开与个人信息权保护之间的冲突与协调。

　　及时准确地发布疫情信息，是打赢新冠疫情防控战必不可少的重要一环。同时，由于疫情发布而造成个人信息泄露的报道亦屡屡见诸报端。如何在保护个人信息的同时，最大限度公开疫情相关信息、保障疫情防控工作需要？如何更好地将政府信息公开与个人信息保护的统筹兼顾？疫情防控中的个人信息安全问题应如何破解？这都是当下亟需研究和解决的重要课题。

一、疫情防控中发生的个人信息泄露问题

知情权的实现要求政府及时、全面公开疫情信息。各级政府运用大数据、云计算、人工智能等科学技术对个人数据进行广泛收集、处理、排查成为抗疫工作的重要内容,新冠肺炎疫情成为大数据应用的里程碑事件。政府对收集、整理的确诊患者、疑似患者、密切接触者等人员的个人信息通过相应渠道向社会公开,以通报疫情发展态势、争取民众对抗疫措施的支持、缓解公众恐慌,同时提醒公众积极戒备、做好防护措施。这些举措在此次疫情防控中展现出极大的优势,在提升抗疫工作的时效性和精准性上发挥了不可替代的作用。但是另一方面,泄露信息致使个人信息权遭到侵犯的事件大量涌现。

(一)信息公开中的个人信息泄露问题

随着疫情信息的不断披露,个人隐私被泄露的风险也随之增高,公民个人信息泄露事件频繁发生。例如,疫情暴发之初发生的多地武汉返乡人员个人信息被泄露事件,益阳市赫山区卫健局党组成员、副局长舒某某等人将涉及多人隐私的内部工作文件转发给无关人员导致传播至微信群事件,文山州5名医务工作人员泄露患者个人信息事件等;此外,山东青岛6000余名密切接触者个人身份信息名单被泄露事件中3人被依法行政拘留,相关通报引发社会关注,这一信息在微博平台上阅读量超过2.4亿……这些案例中泄露的信息涉及个人的姓名、身份证号、联系方式、户籍地址、家庭住址、活动轨迹、车票航班等内容。由于个人信息被非法披露,很多公民的私生活受到严重影响,当事人遭受短信轰炸、电话辱骂甚至人身攻击的事件有所发生。据公安部4月15日发布的统计数据,新冠肺炎疫情发生以来,全国公安机关对1522名网上传播涉疫情公民个人信息的违法人员进行了治安处罚。

此外,在网络上传播包含大量个人信息的统计数据,还可能会被不法分子利用,存在潜在安全隐患。当前我国网络犯罪形势十分严峻,2019年全国破获电信网络诈骗案件11.8万起,同比上升62.7%;抓获犯罪嫌疑人9.9万名,

同比上升 135.6%。2019 年 8 月,被称为"史上最大规模数据泄露案"的犯罪嫌疑人、瑞智华胜 7 名高管,被浙江省绍兴市越城区检察院提起公诉,目前相关人员均获刑。瑞智华胜涉嫌违规非法窃取海量用户信息,用于互联网大数据营销牟利变现。部分被窃取的个人数据被瑞智华胜存储在境外的服务器上,给整个国家信息安全带来危害。这一事件暴露出非法窃取用户数据的行为已经成为一条黑色产业链。[①] 在疫情防控步入常态化的大背景下,若海量的疫情防控信息被犯罪分子获取和利用,后果将不堪设想。

(二)疫情信息公开中个人信息被泄露的原因

疫情信息公开中个人信息泄露的表现是多方面的,如未经被收集者同意,随意收集、存储、使用个人信息;收集的个人信息明显超过正当和必要范围;收集和控制的个人信息,未经被收集者同意,用于其他用途;未经被收集者同意,公开其个人信息,尤其是敏感信息;个人信息的收集和控制者没有尽到个人信息安全保护主体责任等。疫情信息公开中个人信息被泄露的原因也是多方面的,既有工作人员保护意识不强的原因,也有制度不够完善或信息处理技术不成熟等原因。

1. 疫情防控工作人员的个人信息保护意识不强

疫情防控是一场规模空前的人民战争,参与疫情防控组织管理的主体呈现多样化。大量的基层组织如村委会、街道办事处、居委会、物业公司等参与其中,但广大的基层工作人员对个人信息保护的相关法律法规缺乏了解,对个人隐私保护的重要程度认识不足。在疫情严重的形势下,存在着传播是为了帮助监督、是为了控制疫情的观念,这在源头上为个人信息泄露埋下了严重的隐患。

2. 用于疫情防控的个人信息安全管理制度不完善

我国《政府信息公开条例》对突发事件信息公开的规定是仅仅体现在第 20 条规定的对主动公开事项的列举——"突发公共事件的应急预案、预

---

① 廖灿亮:《保障个人信息安全,进一步推动大数据应用》,人民网,舆情频道, http://yuqing. people.com.cn/n1/2020/0708/c209043-31775864.html,访问时间:2020 年 10 月 1 日。

警信息及应对情况"上,此规定不具有可操作性,距离细化落实个人信息的安全管理的要求甚远。《传染病防治法》《突发公共卫生事件应急条例》中均对传染病疫情防控中的信息收集使用作出了明确规定,构成特别法上的明确授权,据此可以在征得被收集者同意之外,作为公民个人信息的收集、使用的合法性基础。中央网信办于 2020 年 2 月 9 日发布的《关于做好个人信息保护利用大数据支撑联防联控工作的通知》(以下简称"《联防联控通知》")对个人信息保护工作提出了一些原则和要求。但除此之外无其他规定针对实际操作情况制定出细化的操作方法和流程,因此尚不能实现信息采集、使用、披露、删除等执行过程的规范化。

3. 个人信息收集使用的新渠道缺乏安全防护技术手段

基础电信企业、公安、教育等传统收集和使用个人信息的组织机构在数据安全和个人信息保护方面做了大量的工作,有较好的管理和技术基础。但村委会、居委会、物业公司等基层组织,在个人信息安全防护管理与技术手段方面基础薄弱。进行疫情防控的过程涉及个人信息的采集、汇总、传输、披露等多个环节和众多人员,任何环节出问题都会导致数据泄露、丢失、滥用。从当下个人信息泄露事件中互联网上传播的个人信息内容来看,这些信息严重缺乏数据安全防护技术手段:信息未进行脱敏、加密处理,未对数据的关键操作如复制和分发采取严格的访问控制手段,被泄露的信息未添加任何追踪溯源标记,难以确认数据泄露的源头。

信息公开要在疫情防控中发挥最高效用,就必须使政府得到公众的充分信任,让公众相信政府采取这一举措是安全的,相信其个人信息权不会因此被侵犯。而要实现这一目标,就必须明确疫情防控中个人信息收集、使用的原则,采取有针对性的措施弥补或堵塞信息漏洞,以确保疫情防控攻坚战的最后胜利和民众利益最大化。

二、疫情信息公开中个人信息收集利用的原则

个人信息权既可以排除私主体的不当侵犯,同时也能够拒绝公权力主体的不当限制;但是,法律对个人信息权的保护是有限的,为国家安全和国家秩

序等公共利益,可以对个人信息权进行限制;与此同时,虽然为维护公共利益可以对个人信息权进行限制,并不代表在这种情况下个人应该完全放弃其权利的行使。要把握好政府信息公开与个人信息保护的统筹兼顾,需要把握以下几项原则。

（一）合法性原则

一般意义上的个人信息的采集使用包括个人信息采集、存储、传输、应用、公开、销毁等多个阶段,每个阶段都存在泄露的风险,因此每个阶段都应该坚持合法性原则。如在信息采集阶段,信息采集的主体、对象、范围和程序应当合法;在信息存储和传输阶段,采集者应当采取严格的管理措施和技术手段,确保信息的安全;在信息的应用阶段,应当遵循法律规定或者授权的正当目的;在信息公开阶段,信息公开的主体、对象、范围、程序和目的都应当符合法律的要求。

信息后期处理和销毁阶段也非常重要,当突发公共卫生事件结束之后,对用于疫情防控的个人信息予以销毁是对个人信息的最大保护。目前,对于采集来的信息如何进行后期处理等问题没有明确的规定和标准。因此,国家应当对个人信息的销毁作出专门规定,要求专门的机关采用数据技术,将新冠肺炎患者、疑似人群的相关个人信息进行匿名化处理后再进行销毁,以此降低个人信息违法再利用的风险,在此基础之上,个人信息销毁工作应当依法进行。疫情期间的个人信息收集作为应对突发公共卫生事件的特殊举措,可以在结束之后"还权于民",打消民众顾虑,强化公众信任。

（二）比例原则

公民的个人信息权受法律保护,但是当个人信息权与国家安全或公共利益相冲突时,则应予以适度平衡。一方面,公民个人生活在国家的羽翼之下,若没有国家的保护,个人的成长和发展将无从实现。因此为了维护国家安全和国家秩序等公共利益时,个人应当接受对其个人信息权的限制;而维护国家安全和国家秩序等公共利益是政府的职责所在。另一方面,个人信息权既可以对抗组织、个人等私主体对个人信息的侵害,同时也可以防止公权力主体对个人信息的不当收集、使用和传播。因此,即使是为了维护公共利益,如果公权力机关对个人隐私权的干预超过必要限度,个人仍可以行使权利予以对抗。①

在疫情防控的个人信息保护中,比例原则主要包括必要性原则、合目的原则和损害最小原则。在疫情防控中,个人信息的处理要坚持必要性原则,仅在处理目的的范围内的事务时进行个人信息处理:遵守个人信息收集范围和公开对象范围的最小化原则,不收集、处理与疫情防控无关的个人信息,不将个人信息分享给不具备合法接触权限、没有必要接触信息的人员。根据《联防联控通知》的规定,为疫情防控、疾病防治收集的个人信息,不得用于其他用途。据此,在个人信息使用过程中,需要做到专采专用,严格限制于疫情防控目的,不得用于其他用途,并且在疫情防控结束后按照规定予以妥善处置。

（三）救济原则

对公民信息权利的保护必须以对侵权行为的救济为保障。救济是规制疫情信息公开行为的最后一道法律防线,如果救济缺失,个人信息保护将沦为一句口号。在信息公开成为疫情防控必要手段的背景下,保护个人信息的最佳的方法不在于为信息公开设置层层障碍,而在于对信息公开主体的严格监管以及对其违法行为的严厉问责,因为严格的监管和严厉的问责可以对信息公开者形成威慑,倒逼其严格规范自身行为,从而为个人信息权保护提供最为有力的手段。

不论是公权力机关还是作为私主体的组织和个人,在疫情信息公开过程只要侵犯公民个人信息权的,就必须承担相应的侵权责任。对于公权主体而言,此种侵权责任包括内部责任和外部责任两部分。内部责任指向信息披露单位的内部工作人员,专指责任主体超出法律授权,过度或随意公开个人信息从而应承担的相应的法律责任,这种责任包括警告、记过、记大过、降级、撤

---

① 夏金莲:《大数据时代疫情防控中的信息披露与隐私保护》,《西昌学院学报》(社会科学版)2020年第3期。

职、开除等形式。外部责任指向信息公开单位本身,是指责任主体实施非法信息公开侵害个人信息权从而应当承担的责任,这种责任的形式包括国家赔偿、停止侵害、赔礼道歉等。

疫情信息公开中私主体实施的信息侵权行为大多表现为未经信息主体的同意,擅自对确诊患者、疑似患者、密切接触者等的个人信息以文字、图片等形式进行传播。这种侵害行为发生在两个私主体之间,责任承担应该按照《民法典》的规定来确定,责任形式包括损害赔偿、停止侵害、赔礼道歉等,损害赔偿应包括物质损害赔偿和精神损害赔偿两部分。

需要补充说明的是,对于难以确认泄露源头的信息,建议根据被泄露的个人信息内容,向最先收集该信息的单位追责。最先收集信息的单位应当合理说明其已经尽了信息安全保护义务,且能够说明其依法向谁披露了此信息。否则,就由最先收集信息的单位承担泄露责任。若最先收集信息的单位能够说明此两项情况,则可以向披露的单位或个人继续追责。

涉及个人信息的疫情信息的搜集和使用,如果能够严格贯彻上述的合法性原则、比例原则(包括必要性原则、合目的原则和损害最小原则)和救济原则,将大大地有助于实现疫情信息公开与个人信息保护之间的统筹兼顾。

三、如何保护疫情公开中的个人信息

2021年8月20日,十三届全国人大常委会第三十次会议表决通过了《中华人民共和国个人信息保护法》(以下简称《个人信息保护法》),于2021年11月1日起施行。《个人信息保护法》吸收了近年来个人信息保护的国际经验以及国内《网络安全法》《民法典》等的立法和实践经验,既与国际接轨,又不乏中国特色,是我国首部专门针对个人信息保护的系统性、综合性法律。其出台标志着我国迈入个人信息保护专门立法、统一规范的新时代。要真正实现疫情信息公开与个人信息保护之间的平衡,除了要在信息搜集、利用等各个环节严格贯彻合法性原则、比例原则和救济原则之外,还需要结合《个人信息保护法》的规定,有的放矢地采取下列实际措施。

（一）加强法治宣传和信息安全教育，提高思想认识

收集涉个人信息的疫情信息的各单位各部门都要高度重视个人信息保护工作，做好工作人员的个人信息安全保护意识教育。根据《个人信息保护法》的规定，履行个人信息保护职责的部门要履行"开展个人信息保护宣传教育，指导、监督个人信息处理者开展个人信息保护工作"①。为此，涉疫信息的各级各类主体首先要广泛宣传相关法律对个人信息保护的具体规定，所有疫情防控工作者都应该加强相关学习，知法懂法才能更好地执法。其次，提高疫情防控工作者的网络安全意识，使之在认识到现代信息技术高效便捷性的同时，更加重视防范由此带来的网络安全风险。第三，制定切合实际的个人信息保护和防泄密规定，明确相关人员在个人信息采集、汇总、传输、公开等各个环节应承担的安全责任，从源头上把控，防范和杜绝个人信息泄露。第四，信息搜集主体应当指定"个人信息保护负责人"②，"个人信息保护负责人"有权对本单位所搜集的所有信息进行汇总、分析使用和依法公开，但是必须实际承担对信息进行保密的责任。这样一来，可以进一步把信息搜集主体对个人信息保护的责任夯实。

（二）正确适用信息公开中关于征询信息权人意见的规定

在此次疫情防控中，疫情信息的作用一方面在于通过分析信息对疫情进行研判，制定有针对性的抗疫措施和方略；另一方面在于通过公开信息包括确诊病人、疑似病例的人数、危重程度、地区分布等，告知民众疫情发展情况，取得民众对防疫、抗疫政策和措施的理解和支持。我国的疫情防控能够取得今天这样的成绩，利用信息技术对疫情信息进行搜集利用发挥了重要的作用。根据《政府信息公开条例》的规定，要对涉及公民隐私的信息进行公开，需要征询信息权人的意见。

---

① 《个人信息保护法》第61条规定："履行个人信息保护职责的部门履行下列个人信息保护职责：（一）开展个人信息保护宣传教育，指导、监督个人信息处理者开展个人信息保护工作；（二）接受、处理与个人信息保护有关的投诉、举报；（三）组织对应用程序等个人信息保护情况进行测评，并公布测评结果；（四）调查、处理违法个人信息处理活动；（五）法律、行政法规规定的其他职责。"

② 同上。

《个人信息保护法》首次确立了"敏感个人信息"的法律概念。《个人信息保护法》第28条规定:"敏感个人信息是一旦泄露或者非法使用,容易导致自然人的人格尊严受到侵害或者人身、财产安全受到危害的个人信息,包括生物识别、宗教信仰、特定身份、医疗健康、金融账户、行踪轨迹等信息,以及不满十四周岁未成年人的个人信息。"此处的"敏感个人信息"与《民法典》中对隐私权的规定遥相呼应,属于《政府信息公开条例》中的个人隐私。根据相关规定,处理敏感个人信息比处理一般个人信息更为严格,只有在具有特定目的和充分的必要性,并采取严格保护措施的情形下,取得个人单独或书面同意才能进行,体现了分类保护的思路。保护个人隐私应该从以下几个步骤进行把握:

首先,直接公开不涉及个人隐私的疫情信息。对个人信息进行分层,加强对个人信息分层分类保护,是做好信息公开的前提。个人信息包括个人隐私和非隐私性个人信息,《政府信息公开条例》所豁免的仅仅只是个人隐私。根据疫情防控的实际需要,行政机关需要公开疫情信息时,应当对将要公开的信息进行分析,判断其中是否包含着个人隐私利益。应该以当时社会普遍的隐私观为出发点,以人的感受换位思考,如果拟公开信息不涉及个人隐私利益,其公开达不到法定的"公开信息会给第三方造成损害"的程度,此时,行政机关就不必适用征询意见程序,可以直接做出公开的决定。

其次,信息公开主体要判断涉隐私疫情信息的公开在多大程度上涉及公共利益。公共利益构成政府公开涉及个人隐私的正当理由,但是公民的拒绝并不必然带来疫情信息免于公开的法律结果。信息公开主体要权衡疫情信息公开所带来的直接公共利益、不公开此信息对公共利益的影响以及公开信息对隐私权人带来的影响。即使隐私权人明示拒绝公开相关信息,为了保护疫情防控这一当下最重要的公共利益,仍然应当坚持公开相关信息,这是"隐私权人同意适用的例外",公共利益对隐私权人同意的限制。

目前,有些国家的信息公开法中明确规定为了国防、外交或社会安全等公共利益即使没有征得隐私权人同意,获取、利用或公开个人隐私性信息的行为也是法律所允许的。建议我国完善相关立法,规定"当政府向社会公开的信息涉及反恐、传染病、税收、兵役或违法犯罪等重大公共利益时,不必启用隐私权人同意的协商机制。"①

　　对涉及个人信息的疫情信息公开进行技术处理。为了减少对个人信息权人的负面影响,对适用"隐私权人同意适用的例外"规则进行公开的疫情信息,应当进行适当的技术处理。《个人信息保护法》对个人信息技术处理进行了规定。根据《个人信息保护法》第73条的规定,去标识化"是指个人信息经过处理,使其在不借助额外信息的情况下无法识别特定自然人的过程";匿名化"是指个人信息经过处理无法识别特定自然人且不能复原的过程"。

　　以疫情防控中的流调报告为例,流调报告在此次疫情防控中发挥了重要的作用,其中包含了患者家庭情况、出行轨迹、社交关系等全方位调查信息。公开流调报告是疫情防控的需要,但是其中的个人信息泄露可能会引发对患者身心造成伤害的网络暴力。为了平衡个人信息保护与社会公共利益间的关系,有些地方的流调报告中隐去了病例的性别、年龄、籍贯等个人信息,以涉及区域和场所等轨迹的信息公开为主。"只提轨迹不提人"的技术处理方式在尊重个人隐私、弱化病患及家人压力的同时,保障了公众知情权,值得类似情况的疫情公开进行借鉴。

(三) 构建以《个人信息保护法》为核心的保护体系

　　个人信息保护法体系建构是大数据时代重要命题。制定科学完善的《个人信息权保护法》,并加强其与《政府信息公开条例》《数据安全法》等的协调与配合,是突发公共事件中个人信息保护的重要一环。

　　个人信息保护法体系建构的基础是国家在宪法上所负有的保护义务。根据宪法的相关规定,国家负有对公民人格尊严和隐私、安宁进行保护的义务。随着信息时代的来临,该种义务扩展到对个人信息相关权益的保护。个人信息保护的功能不仅要预防和制裁私主体对个人信息的侵害,更在于对抗和缓解"数据权力"对个人信息造成的侵害风险。

　　新出台的《个人信息保护法》具有明确的问题意识,其主要解决的问题是在互联网条件下、个人信息被收集后形成多数人的团组信息或者集团信息

---

① 徐丽枝:《涉隐私政府信息公开中的"第三方同意"》,《齐鲁学刊》2019年第5期。

而被泄露,从而造成权利人的利益受损问题。这是因为,从目前个人信息泄露造成损害的实际情况看,侵害者所采用的基本手法,是利用网络群发信息,欺骗甚至诈骗不特定的多数人,违法对象或者犯罪对象并不是针对特定的个人,而是针对不特定的多数人。所以,个人信息保护法的着眼点,是不特定的多数人、群体人的团组信息的保护。①

《个人信息保护法》是一部公法和私法深度融合的法律,它第一次将国家机关和私营部门对个人信息的保护同时纳入了法律规制。其第二章"个人信息处理规则"专节处理"国家机关处理个人信息的特别规定",第六章更细致规定"履行个人信息保护职责的部门"。这些规定与《个人信息保护法》中有关私人信息处理主体的规定相互并置,可说确立了我国在个人信息保护领域公私协力、合作共治的基本格局,最大程度地保护了个人信息权利,也彻底化解了此前有关"数据立法的公私之争"。

《个人信息保护法》以第七章专章形式对于个人信息在遭受侵害时的法律责任进行了规定,为个人信息进行充分的保护。在个人信息遭受他人侵害后的权利救济提供了充分的制度保障。一方面,通过个人信息权利体系及以此为基础的民事诉讼机制,来实现对个人信息的私法保护;另一方面,通过设立专门政府监管机构和制定强制性法律规范,用罚款等行政手段监管实现对个人信息的公法保护。其制度设计从个人信息收集或者采集开始,包括个人信息的掌管保存、利用包括大数据利用等重要环节,这些制度环节的规定无不体现国家管理的意思。所以,个人信息保护法不仅采用民事法律的保护手段,同时强调行政手段的保护,甚至还规定了刑事手段的最终保障。

《个人信息保护法》建构了个人信息处理的基本制度,设定个人与个人信息处理者之间的权利义务关系结构,确保个人实质性参与信息处理过程,对信息处理者形成制衡,以充分实现权益保障目标。个人信息处理操作规则应满足充分实现对数据权力的制衡以及促进个人信息受保护权实现等规范性要求。具体而言,第一,操作规则满足明确性、透明性的要求。第二,操作规则还需要结合特定场景进行理解。除了避免对个人在信息处理活动中的

---

① 孙宪忠:《关于〈个人信息保护法〉(草案)的修改建议》,中国法学网,http://iolaw.cssn.cn/bwsf/202104/t20210408_5325166.shtml,访问时间:2021 年 4 月 10 日。

权利做绝对化、实质化理解外,由于个人信息保护高度依赖特定信息处理场景,因此还需要结合特定场景对操作规则适用进行细化。第三,这些规则本身具备便捷性、可操作性。一方面,立法避免了信息处理制度过度复杂化,对个人信息处理者的责任清单进行了必要界定,对操作制度的功能进行了细化说明,避免了不合理地增加信息处理者成本、影响数据自由流通等情形。另一方面,也充分意识到个人在面对信息处理者时所遭遇的资源和能力匮乏的现实。[①]

总之,我国的《个人信息保护法》明确了法律适用范围、体现了个人信息处理规则、完善了个人信息跨境提供规则、明确了个人信息处理活动中个人权利和义务、规定了大型网络平台的特别义务、国家机关处理个人信息的规范、个人信息跨境流动及履行个人信息保护监管体制、明确了有关侵害个人信息权益的法律责任。"在中央将数据与土地、资本、劳动力、技术并列为五大生产要素的背景下,个人信息保护立法应当在关注个人信息人格属性保障的同时,兼顾其经济价值和社会价值的释放,为数据要素市场化建设提供制度支撑。"[②] 个人信息不仅属于个人,更属于社会和国家,《个人信息保护法》不仅保护个人信息安全,也要保障个人信息流动,有效实现了安全和流动并重。

从疫情防护中保护个人信息的角度出发,有必要从以下三个方面进行完善:第一,进一步明确具体概念的含义,增加法律的实际操作性。在疫情期间,要进入一些公共区域就必须登记身份证、手机号、姓名、住址等,信息一旦泄露就是"裸奔"。《个人信息保护法》对此虽然都有涉及但还不充分具体。例如,如何在法律上明确规定收集个人信息最小化应当符合比例原则?这些信息怎么保存保管?一旦泄露谁去追究、怎么追究?对这些问题依然没有作出明确规定,今后需要通过制定实施细则等方式进一步细化,增加法律规则的可操作性。第二,履行公共职能的主体所代表的"公共数据权力",其中除了国家机关外还包括所有提供公共服务或从事公共管理的组织。对于国

① 王锡锌:《个人信息国家保护义务及展开》,《中国法学》2021年第1期。
② 黄道丽、胡文华:《〈个人信息保护法(草案)〉的立法评析与完善思考》,《信息安全与通信保密》2021年第2期。

家机关处理个人信息,我国《个人信息保护法》进行了初步规定。然而,公
共企事业单位和国家机关一样,也是管理国家经济、文化、社会事务的重要
平台。许多具备资金、人员、技术的公共企事业单位基于公共服务或管理之
需,也可能展开大规模、持续化的个人信息处理活动,因此不应被排除出个人
信息保护法的监管范围。此外,其他并非公共企事业单位,但具有公共性或
者公益性的组织,如慈善组织,也应被纳入监管范围。① 第三,《个人信息保
护法》要处理好与《政府信息公开条例》《国家安全法》《数据安全法》及
《网络安全法》的关系。相关法律应当相配套,统筹协调,使得有关信息保护
的法律应形成一个有机整体,促进个人信息依法有序流动,促进个人信息有
效利用。

　　疫情信息公开和个人信息保护看似两难,实则不然。只要做到有法可
依、依法依规,加强个人信息保护法体系建构,完善侵犯个人信息的法律责任
体系,规范信息搜集处理中各类主体的行为,就能实现个人信息公开流动和
个人信息有效保护之间的平衡,最终达到疫情信息公开和个人信息保护的统
筹兼顾。

　　政府信息公开衡量着信息时代一个政府的透明度和开放度,而突发公
共事件中的政府信息公开作为其重要组成部分,直接关系着群众生命财产安
全,在信息公开制度建设中应当始终放在最重要的位置。因此,在信息公开
制度中开设专门章节,对突发公共事件中的政府信息公开的特殊原则、特殊
制度进行规定是很有必要的。

---

① 　王锡锌:《个人信息国家保护义务及展开》,《中国法学》2021 年第 1 期。

结语：现代化治理视阈下信息公开法律体系的完善策略

当今世界正在经历百年未有之大变局，不稳定性不确定性明显增强。突如其来的新冠肺炎疫情给世界政治经济造成了全方位的深刻影响，虽然经济全球化遭遇逆流，但求合作、谋发展仍然是世界发展的主流。我国十九届四中全会提出扎实推进国家治理能力和治理体系现代化的工作任务，信息技术的飞速发展在为人类带来巨大利益的同时，也带来了全面数字化转型的新挑战。我国在全面建成小康社会后，开始向全面建成社会主义现代化强国的第二个百年目标奋进。这些特质共同构成了当今我国所面临的新时代。

新的时代赋予了政府信息公开制度新的使命和时代内涵。成功处置时代发展过程中不可避免的各种风险，要求以高质量的信息公开促成高质量的公众参与；成功应对数字化转型带来的新挑战，呼唤高水平的政府信息公开和新兴的政府数据开放协同发展，共同打造新时代的数字政府和法治政府。大力推进法治政府、法治社会、法治国家三位一体建设，加快构建国内大循环为主体、国内国际双循环相互促进的新发展格局，要求我国在全面加强中国共产党的领导下，尽快构建以《信息公开法》为统领的信息公开制度体系，或制定更高级阶段的《政务公开法》，全面开创契合新时代发展要求、又具有鲜明中国特色的政务公开新局面。

一、加快我国信息公开制度与世界制度建设的有机融合

随着世界经济全球化和一体化的深入发展，突发公共事件也日益凸显出全球化的特点由于高水平的信息公开在应对突发公共事件中具有引领舆论、稳定秩序、获取理解、赢得合作的重要作用，为有效有效应对突发公共事件尤其是各种全球性的风险和挑战，我国信息公开制度要加速与当前世界制度建设的融合。

当前全球新冠病毒疫情持续蔓延，我国在取得疫情防控阶段段性重要成果同时，还为世界一百多个国家提供了宝贵的抗疫经验和力所能及的物资援助，为世界范围内疫情的有效控制贡献了"中国力量"，赢得国际社会的高度评价。但是一些西方国家的政客却企图将其本国疫情防控不力的责任归咎于所谓的"中国疫情信息不透明"，甚至声称要让中国为全球疫情蔓延负责。事实上在此次疫情防控中，中国不仅完全履行了《国际卫生条例》第6条"通报"义务和第7条"信息共享"义务，而且主动承担了大量超出《国际卫生条例》要求之外的工作。因此，相关言论与事实不符，于法律无据，是根本无法成立的。

但是，我国《政府信息公开条例》效力等级低，在施行中还存在难以克服与上位法冲突等局限性，却是不争的事实。西方某些别有用心之人正是以此为借口提出了对我国疫情防控信息透明度的所谓"怀疑"。从这一角度分析，在适当的时机提升我国信息公开制度的法律位阶，加快促进我国制度与当前世界范围内具有代表性的信息公开规则有机融合，是巩固我国值得信任的大国地位的重要举措。因此，立足我国发展实际，考察域外经验，对我国信息公开制度进行全方位完善和提升，是有效应对突发公共事件以及各种危机和挑战的迫切需要。

二、构建以《信息公开法》为统领的信息公开制度体系

在信息公开领域，我国在处理突发公共事件时还缺乏高度协调统一的法律规范体系。以此次新冠肺炎疫情防控为例，《传染病防治法》《突发公共

事件应对法》和《政府信息公开条例》在信息公开方面存在不一致之处,为地方政府最初的疫情防控工作带来了一定的困难。

在当今数字时代,信息公开已经成为不可逆转的国际潮流之时,我国应当适时将《政府信息公开条例》应该上升为《政府信息公开法》,该法律应当以"保护知情权"为立法目的,以"以公开为原则、不公开为例外"为基本原则,以概括式条款规定政府主动公开的范围,以列举的方式规定政府信息公开的例外规则;在确保安全的前提之下,还可以适当借鉴域外信息公开制度中"三重无限性",即公开请求权主体无限性、公开对象无限性和公开方式的无限性,从而为保障公民知情权、规范行政权依法合规运行确立坚实的法律制度保障。

在信息公开法律体系中,应当将《信息公开法》确立为信息公开领域的基本法,并以之统领包括国家保密制度、个人信息保护制度、商业秘密保护制度、档案制度等相关配套支撑制度。相关配套支撑制度应当与基本法的立法目的、立法精神、基本原则等相互协调一致,与信息公开基本法一道共同回应民主开放的时代呼唤和法治要求。

三、《政务公开法》值得期待

与20世纪80年代我国试行的政务公开有所不同,当代政务公开已经被时代赋予新的内涵和新的要求,在公开主体、公开内容、公开范围等方面与传统政务公开均有所不同。当代政务公开与政府信息公开也有所不同。下面将通过政务公开与政府信息公开的对比研究,对当代政务公开进行深刻的把握。

"政务公开"的"政务"是指整个国家公权力的运作,包括决策、立法 、执行、监督的整个过程。在我国,执行政务的主体不仅包括行政机关,还包括立法机关、司法机关、公共企事业单位、其他社会组织团体等。而"政府信息"仅指作为国家公权力一部分的 行政权运作的信息和行政权运作获取的信息,其主体只是行政机关。其次,"政务公开"的"政务"包括公权力运作的动态活动和静态信息,而"政府信息"仅指行政权运作的静态信息和行政权运作过程中获取的静态信息。可见,"政务"与"政务公开"在两个维度上大于"政府信息"与"政府信息公开:一是公开的主体,前者包括整个公权力系统的所有机关,后者只是公权力的一部分——行政主体;二是公开的内容,前者包括公开动态的活动和公开静态的信息,后者只包括静态的信息。①"

(一)制定《政务公开法》的意义及其必要性

相较于政府信息公开,政务公开具有更深更广层面的意义。实行政务公开是实现现代参与民主和协商民主的需要。没有动态的、事前、事中、事后全流程的政务公开,社会公众不可能有效参与决策、立法和执法,不可能有效地与相关机关就决策、立法、执法的有关事项展开协商、讨论、辩论。因此,政务公开是实现国家治理现代化的重要条件之一。现代国家治理的主体是多元的,既包括作为传统国家管理主体的政府,也包括作为传统国家管理相对人的公民、法人和其他组织;其次,现代国家治理的目标是人民的权利、自由和幸福,要让人民有更强的获得感。而人民更强的获得感只能在政务公开的政治生态环境中形成和深化。因此,制定《政务公开法》是确立"以人民为中心"的发展思想和价值追求的需要,是克服现有《政府信息公开条例》自身难以逾越的局限性的重要途经,更是统筹解决《政府信息公开条例》和其他法律法规之间不协调问题的根本方法。

(二)制定《政务公开法》的可行性

我国当前制定《政务公开法》已经具有充分的可行性。首先,我国政务公开的制度体系已经基本形成。我国自20世纪80年代开始政务公开的探索以来,不断对实践工作进行反思和总结。国务院于2007年出台第一部《政府信息公开条例》,全国政务公开工作领导小组于2011年发布《关于开展依托电子政务平台加强县级政府政务公开和政务服务试点工作的意见》,中共中央办公厅、国务院办公厅于2016年2月17日印发实施《关于全面推

---

① 姜明安:《"政务公开"与"政府信息公开"有何不同?》,《北京日报》2016年5月23日。

进政务公开工作的意见》，2016 年 11 月国务院办公厅印发《〈关于全面推进政务公开工作的意见〉实施细则》，2019 年 4 月《政府信息公开条例》修订完成，2019 年 10 月《优化营商环境条例》首次将"五公开"（决策公开、执行公开、管理公开、服务公开、结果公开）要求写入行政法规，2020 年 6 月国务院办公厅印发《2020 年政务公开工作要点》，各地方在积极探索数据开放方面的立法。因此可以认为，我国政务公开制度体系已经基本形成。

其次，制定《政务公开法》具备了充分的实践基础。以此次应对新冠肺炎的情况为例，在此次新冠肺炎防控中，兼顾事前—事中—事后全过程公开的理念得到实践；公开—解读—回应全链条公开的精神得以贯彻。决策—执行—管理—服务—结果的全方位公开方式，是做好新冠病毒疫情防控工作的关键之举。目前，国办信息公开办《政务公开工作交流》定期出刊，每期的内容主要是发布各地政务公开的实例，以加强沟通合作、促进交流互鉴。

第三，政务公开标准化规范化工作进入全面推进阶段。政务公开标准化工作自 2017 年以来在我国紧锣密鼓启动，经历了基层试点、部委指引、全面推进阶段。该项工作的推动，是我国为了顺应新时代政务公开提升公开实效的要求所采取的一项重要举措。①

（三）制定《政务公开法》的相关建议

当前信息公开领域的基本法《政府信息公开条例》以"行政法规"的形式呈现，主要是出于过渡时期的探索和积累经验之考虑。在条件成熟的情况下，应当及早将之上升为法律。如果过渡时期过长，势必不利于我国信息公开制度和实践的发展，不利于我国与世界制度的交流与融合。因此将《政府信息公开条例》升级为《政府信息公开法》，是我国信息公开制度发展中水到渠成的举措，将标志着信息公开制度发展的更高阶段。与《政府信息公开法》相比，《政务公开法》规范的主体范围更加广泛，公开的内容由静态发展为"静态 + 动态"，因此是能够更好保障公民的知情权的立法选择，也更有利于促进建设共治共享型法治政府和法治国家。关于未来《政务公开法》

---

① 参见肖卫兵：《〈政务公开法〉或可期待》，《上海法学研究》2020 年集刊（疫情防控专卷）。

的制定,应当重点从(包括但不限于)以下几个方面进行谋划:

1. 确立以人民为中心的公开理念,明确立法目的

人民当家作主是社会主义民主政治的本质和核心,坚持以人民为中心的发展思想,是习近平新时代中国特色社会主义思想和法治思想的重要组成部分。《政务公开法》的制定与施行要以发展社会主义民主政治、推进国家治理现代化和建设法治政府为己任,要始终坚持"以人民为中心"的发展理念,将保障人民主体地位、"以人民为中心"的发展理念以制度的形式予以固化和落实。为此,《政务公开法》要将我国宪法中"尊重和保障人权"的规定落到实处,明确规定其立法目的是保障"知情权",并以保障知情权、参与权、表达权、监督权的实现为指引进行全部的制度设计。

2. 确立"以公开为原则、不公开为例外"的公开原则

阳光是最好的防腐剂、路灯是最好的警察,公开是现代民主政治发展的重要内容和重要要求。公权力来源于民,应当服务于民,公权力的行使主体应当牢固树立公开思维,时刻准备着接受人民的监督和检查。因此,《政务公开法》应当确立"以公开为原则、不公开为例外"的原则,以之代替"以公开为常态、不公开为例外"的办事制度。

3.《政务公开法》应当明确公开主体

根据《政府信息公开条例》第4条和第54条的规定,政府信息的公开主体主要是制作或获取政府信息的行政主体,包括行政机关和法律、法规授权的具有管理公共事务职能的组织。《政务公开法》的公开主体在范围上必然大于《政府信息公开条例》。所有执行公务的主体在执行公务的过程中都要制作或获取政务信息,因此未来《政务公开法》中的公开主体,可以参照适用《中华人民共和国公职人员政务处分法)(以下简称《政务处分法》)的相关规定进行确定。

《政务处分法》第2条第3款规定:"本法所称公职人员,是指《中华人民共和国监察法》(以下简称《监察法》)第15条规定的人员。"《监察法》第15条规定"监察机关对下列公职人员和有关人员进行监察:(一)中国共产党机关、人民代表大会及其常务委员会机关、人民 政府、监察委员会、人民法院、人民检察院、中国人民政治协商会议各级委员会机关、民主党派机关和

工商业联合会机关的公务员,以及参照《中华人民共和国公务员法》管理的人员;(二)法律、法规授权或者受国家机关依法委托管理公共事务的组织中从事公务的人员;(三)国有企业管理人员;(四)公办的教育、科研、文化、医疗卫生、体育等单位中从事管理的人员;(五)基层群众性自治组织中从事管理的人员;(六)其他依法履行公职的人员。"

从上述法条的表述可知,《监察法》的适用对象是所有履行公职的人员。履行公职的过程中必然产生和保有公务信息,而保有公务信息的主体理应公开信息。从这一角度进行分析,《政务公开法》中的公开主体应当包括所有履行公职公务人员所供职的单位。这样的规定,可以达到将所有履行公务的单位纳入公开范围的目标,有助于最大限度保障知情权的实现。

4. 要明确公开的范围

根据当前的《政府信息公开条例》,公开的范围从正反两个方面进行界定,包括依法应予公开的范围和依法不予公开的范围。建议《政务公开法》以概括的方式规定公开的范围,以列举的方式规定不予公开的范围。而在立法之初,为了引导政务公开工作的健康发展,可以在概括性规定公开范围的同时,以列举的方式规定应当重点公开的范围。但同时必须明确,重点公开的范围不同于公开的范围,公开的范围只能由"不予公开"即"例外"的范围来反向界定。也就是说,公开主体要牢固树立无"例外"必公开的法治思维,对于法律未予以明确列举为例外信息的,一律予以公开。同时,要构建《政务公开法》和其他法律关于公开范围规定相冲突时的适用标准。只有当其他法律关于公开的例外的规定明确具体时,才适用该特别法规定,从而确立起《政务公开法》在公开领域的基本法地位。

5. 要加强主动公开,强化参与互动

《信息公开条例》规定了主动公开和依申请公开两种公开方式。《政务公开法》也应对此两种公开方式予以规范,但是应当在确保和完善依申请公开规则的同时,加强主动公开。首先,要在保证国家安全和社会稳定的前提下扩大主动公开的量。其次,不仅要扩充主动公开的量,而且还应强调主动公开的质,从提升人民群众获得感出发,做到信息主动公开的及时、准确、客观、充分、可用。第三,要以受众体验为重点,打造多样化公开平台。传统平台和新媒体如门户网站、政务新媒体、新闻发布会、网络媒体等,都是进行公开的窗口和途径。

《政务公开法》要进一步强化公民的参与互动,要健全决策参与、人民建议、舆论引导和内部举报人保护等舆论监督制度,畅通信息流并充分发挥各种信息流之间的关系,突出疏导和预防功能,依法实行民主协商、民主决策、民主管理、民主监督,切实保障公民的知情权、参与权、表达权和监督权。①

最后,需要进一步补充说明的是,政府数据开放不同于政府信息公开。数据开放,是指经过挑选和许可的数据不受著作权、专利权以及其他任何限制,并开放给社会公众自由查询和使用。② 政府数据开放是随着信息技术的发展而出现的新现象。当前,我国正快速步入信息化时代,国家、社会、政府以及行业的信息化和数据化转型受到了前所未有的高度关注。党的十八届五中全会首次提出实施"国家大数据战略",标志大数据战略正式上升为国家战略,正式开启了我国大数据发展的新时代。③ 2021 年 6 月 10 日,第十三届全国人民代表大会常务委员会第二十九次会议通过《中华人民共和国数据安全法》(以下简称《数据安全法》),自 2021 年 9 月 1 日起施行。《数据安全法》第五章以专章规定"政务数据安全与开放"。有人认为,政务数据开放是更高形态的政府信息公开,因此可以取代政府信息公开,作者对此不予认同。

就政府信息和政府数据的比较而言,政府数据与政府信息不同,政府数据是原始的,政府信息是经过加工的。政府数据开放是数据开放的一部分,是指政府对于其所产生、收集和拥有的、具有正当归属的数据,经过知识共享的许可后可以对外公布,并允许互相共享、传播和修改,甚至对其进行商业使用。④ 制作或保存数据的主体包括私主体和公主体,其中政府制作和保存的数据即政府数据,属于公主体制作和保存的数据。

---

①　肖卫兵:《〈政务公开法〉或可期待》,《上海法学研究》2020 年集刊(疫情防控专卷)。

②　参见李梦雅、王俊龙:(美国开放数据行动计划),国家信息中心官网, http://www.sic.gov.cn/News/251/4008.htm,最后访问时间:2020 年 10 月 30 日。

③　参见陈尚龙:《大数据时代政府数据开放的立法研究》,《地方立法研究》2019 年第 2 期。

④　World Bank, How to Note: Towards Open Government for Enhanced the Social Accountability, 2012.

政府数据开放与政府信息公开之间存在一定的关联。政府信息公开确立了公民的知情权,建构了开放政府的理念和制度,为 21 世纪大数据时代来临兴起的政府数据开放奠定了基础。政府数据开放在承继政府信息公开的基础上,回应开放数据的基本要求,拓展了开放政府的内涵,形成独立于政府信息公开的制度体系。[①]

政府数据开放与政府信息公开的差异是体现在多个方面的。政府信息公开制度建立在公民知情权基础之上,通过赋予政府公开政府信息的法定义务,倒逼行政机关依法行政,增强政府透明度,实现对行政机关监督问责。而政府数据开放兴起源于大数据技术驱动。数据资源的巨大潜力驱使各国政府借助信息技术,通过数据开放制度鼓励数据创新应用,挖掘数据价值,实现繁荣经济、改善服务、提升治理能力等增强行政效能的良好行政目标。[②] 政府信息公开和政府数据开放在基本原则、开放范围、开放内容、开放方式等方面都明显不同。因此,政府数据开放立法不能取代政府信息公开立法,政府信息公开立法也无法包含政府数据开放立法,政府数据开放宜采取不同于信息公开的立法进路。我国应当在加快完善信息公开立法的同时,大力推进政府数据开放专门立法。

---

① 王万华:《论政府数据开放与政府信息公开的关系》,《财经法学》2021 年第 1 期。
② 宋烁:《政府数据开放宜采取不同于信息公开的立法进路》,《法学》2021 年第 1 期。

后 记

　　政府信息公开不仅是我国走向法治国家的必由之路,更是世界范围内民主浪潮的重要组成部分。在逆全球化趋势有所抬头、疫情防控常态化、全国上下坚定不移推进国家治理能力和治理体系现代化的当下,研究政府信息公开的核心问题是要把握如何在信息的公开与不公开之间寻求到平衡点,因为非法和不当的公开将导致公民和法人的权益受损,甚至给国家安全和政治稳定造成威胁。[①] 政府信息公开的例外事项本身具有不予公开的正当性与合理性,而且,对例外信息的判断与确认也是具有一定的标准的。

　　《公民权利和政治权利国际公约》第 19 条第 3 款规定:知情权是一项可限制的权利,其限制只应由法律规定并为下列条件所必需:第一,保障国家安全、公共秩序或公共卫生或道德;第二,尊重他人的权利或声誉。[②] 美国《信息自由法》明确列举的九项例外条款,可以划分为如下三类:国家安全与共同利益的例外条款[③]、第三方利益的例外条款[④] 和保障行政活动效率和正常

---

① 后向东:《美国联邦信息公开制度研究》中国法制出版社 2014 年版,第 95 页。
② 〔奥〕曼弗雷德·诺瓦克:《民权公约评注》,毕小青等译,三联书店 2003 年版,第 332 页。
③ 国家安全与共同利益的例外条款,是指依照法定的程序和条件将确定为国家秘密的政府信息。
④ 第三方利益的例外条款,是指行政主体在履行职责过程中制作或者收集的第三方信息,包括个人隐私和商业秘密等。

运转的例外条款①。泰国《官方信息法》第 15 条规定,国家机关为依法履行义务、保护公共利益或民众个人利益,对符合《官方信息法》明确规定的情形之一的官方信息可发布命令,禁止公开。②从以上相关国际公约和有关国家相关法律制度的规定来看,对例外信息的确定必须同时具备以下两个标准:第一,法律的明确规定,此为形式要件;第二,为了保护正当的公共利益或个人利益,此为实质要件或目的要件。世界通行的这两大标准是具有合理性的:首先,以立法机关制定的法律的明确规定作为例外事项的形式要件,将例外事项的法律依据限制在法律层面,充分体现了信息公开制度的立法宗旨,有利于切实有效保障知情权的实现。其次,将正当的公共利益或个人利益作为确定例外事项的实质标准,再次印证了权利的边界是权利这一亘古不变的法理。

我国的《政府信息公开条例》第 14 条、15 条和 16 条规定了政府信息公开的例外事项。《政府信息公开条例》本身虽然没有明确说明例外事项的确立标准,但实际上采取了确定例外事项的"正当的公共利益或个人利益"标准,并根据这个标准划定了基本的例外事项的范围:国家秘密、商业秘密、个人隐私、行政机关的内部事务信息、过程性信息以及行政执法案卷信息。综观世界上已经制定信息公开制度的国家,大多都将这些事项作为其本国信息公开的例外事项。从这个意义上说,我国的上述规定无疑是符合世界潮流的。然而遗憾的是,《政府信息公开条例》的例外条款没有同时采取"法律的明确规定"的形式要件。这一方面是因为《政府信息公开条例》本身就不是狭义上的"法律",它不能"自证无效";另一方面也说明了我国例外规定依据的宽泛性和例外事项边界的模糊性。

从现阶段的《政府信息公开条例》,到未来的《政府信息公开法》,以及更高水平和更高级阶段的《政务公开法》,是我国信息公开制度从初级阶段起步精进不休、玉汝于成的发展完善过程。当前第一步,在对我国政府信息

---

①　保障行政活动效率和正常运转的例外条款,是指行政主体内部管理信息和内部文件等,如果公开上述这类与公众利益无关的信息,必然会加大行政机关信息公开的成本,降低行政主体的运营效率。

②　周汉华主编:《外国政府信息公开制度比较》,中国法制出版社 2003 年版,第 380 页。

公开的例外规定的基础性规定进行完善的基础上,我国应当以狭义的法律的
形式对公开的例外事项进行详尽的逐项列举和明确限制,并对例外事项进行
科学细致的分类处理;通过承担举证责任、说明理由义务和增设听证程序等,
逐步探索行政裁量基准,从而有效规范行政机关的行政裁量行为;通过赋予
司法机关实质审查和不公开审查权增强司法审查在信息公开诉讼中的权重,
逐步完善政府信息公开的例外制度中权利人的救济制度。政府信息公开在
应对突发公共事件中具有举足轻重的作用,但其与常态化管理下的政府信息
公开有着很大的不同,突发公共事件应对中信息公开的例外事项的确定也面
临着更大的挑战。为了充分发挥其重要作用,我国的信息公开法有必要对突
发公共事件中的信息公开设置专章进行规范。

政府信息公开制度的良性发展离不开社会力量的参与和推动,强烈的公
众诉求是世界各国信息公开制度发展的最原始动力。中国封建文化传统奉
行的"民可使由之,不可使知之"的保密传统,至今仍影响着民众的政治心
理和价值取向。加之传统的官本位思想并没有彻底根除。这些落后的观念
造成部分政府工作人员公仆服务意识不够、民主法治意识淡薄,对公众知情
权的诉求存在防御心理。然而,这些情况在党的十八大以来正在迅速得到改
变,当前公众参与政治生活的热情空前高涨,政府的信息公开实践蓬勃发展,
大量的信息公开案例为相关问题的解决提供了丰富的研究素材。总体来说,
当前我国政府信息公开的法制建设日臻成熟,相关配套制度逐步得以健全,
公开原则已经或正在成为行政法律制度和政府行为的基本准则,政府信息公
开的途径不断得到丰富,政府信息公开的广度和深度不断拓展,公开信息的
质和量都不断创下新高。政府信息公开在监督政府规范行政、提高政府行政
水平、加强官民良性互动、改善决策的科学程度、减少政策执行的阻力、应对
突发的公共危机方面,都发挥了无可比拟的重要作用。

法律制度的修订和完善固然是重要的,而法律的贯彻落实归根结底还是
要依靠具体的人来推进。事实上,设计精良、理念先进的信息公开法律出台
之后被民众了解、接受和信仰,很大程度上是对陈旧落后观念的冲击和改造,
对全新进步理念的逐步接受和最终深入人心。因此,要想更好地推进信息公
开工作,需要政府转变管理观念,将建立开放、透明的法治政府确定为施政纲

领;更需要民众在内心牢牢树立当家作主的主人翁意识,充分行使知情权、表达权、参与权和监督权,监督政府依法行政,促进政府与民众之间形成良性互动,完善共建共治共享的社会治理体系。

我国的信息公开制度还处于起步阶段,未来的路还长,我们有足够的时间和耐心来对制度进行完善。然而"一万年太久,只争朝夕",我们又不能因为来日方长就消极等待、怠于追求。唯有兢兢业业、克勤克俭,大刀阔斧向前进,才能逐步促进制度趋于完善,推进法治国家、法治政府、法治社会三位一体建设,早日实现中华民族伟大复兴的中国梦!

戚红梅

2021 年 9 月 30 日

参考文献

一、著作类

1. 王名扬:《美国行政法》,中国法制出版社 2005 年版。

2. 王名扬:《英国行政法》,北京大学出版社 2007 年版。

3. 王名扬:《法国行政法》,中国政法大学出版社 1988 年版。

4. 杨海坤、章志远:《中国行政法基本理论研究》,北京大学出版社 2004 年版。

5. 杨海坤、章志远:《中国特色政府法治论研究》,法律出版社 2008 年版。

6. 林鸿潮:《中国公共应急体制改革研究》,中国法制出版社 2015 年版。

7. 杨海坤、章志远主编:《行政判例研究》,中国民主法制出版社 2007 年版。

8. 王敬波:《世界信息公开法汇编》,法律出版社 2017 年版。

9. 许莲丽:《保障公民知情权——政府信息公开诉讼的理论与实践》,中国法制出版社 2011 年版。

10. 徐丽枝:《政府信息公开中的个人隐私保护问题研究》,法律出版社 2019 年版。

11. 申静:《政府信息公开的例外研究》,法律出版社 2016 年版。

12. 贺文发、李烨辉:《突发事件与信息公开》,中国传媒大学出版社 2010 年版。

13. 戚建刚、易君:《灾难性风险行政法规制的基本原理》,法律出版社2015年版。

14. 乔立娜、李鹏:《政府信息公开工作制度与实施》,中国劳动出版社2011年版。

15. 吕艳滨:《政府:理念、方法与路径》,社会科学出版社2015年版。

16. 黄伟群:《信息公开保密审查制度研究》,人民出版社2014年版。

17. 江必新:《国家治理现代化与行政法治》,中国法制出版社2016年版。

18. 后向东:《美国联邦信息公开制度研究》,中国法制出版社2014年版。

19. 后向东:《信息公开的世界经验》,中国法制出版社2016年版。

20. 后向东:《信息公开法基础理论》,中国法制出版社2017年版。

21. 后向东:《〈政府信息公开条例〉(2019)理解与适用》,中国法制出版社2019年版。

22. 肖卫兵:《中国政府信息公开新解:从信息公开角度》,上海社会科学院出版社2013年版。

23. 王万华:《知情权与政府信息公开制度研究》,中国政法大学出版社2013年版。

24. [日]小早川光郎:《行政诉讼的构造分析》,王天华译,中国政法大学出版社2014年版。

25. 胡玉鸿:《"个人"的法哲学叙述》,山东人民出版社2008年版。

26. 胡建淼:《比较行政法——20国行政法评述》,法律出版社1998年版。

27. 杨海坤主编:《宪法基本权利新论》,北京大学出版社2004年版。

28. 杨海坤主编:《跨入新世纪的中国宪法学——中国宪法学研究现状与评价》(上、下册),中国人事出版社2000年版。

29. 周永坤:《论自由的法律》,山东人民出版社2006年版。

30. 周永坤:《法理学——全球视野》,法律出版社2010年第3版。

31. 莫于川、林红潮:《政府信息公开条例实施指南》,中国法制出版社2008年版。

32. 吕艳滨、Megan PatriCia Carter:《中欧政府信息公开制度比较研究》,法律出版社2008年版。

33. 王传丽:《私生活的权利与法律保护》,中国法制出版社 2000 年版。

34. 高鸿钧:《法治:理念与制度》,中国政法大学出版社 2002 年版。

35. 向佐群:《政府信息公开制度研究》,知识产权出版社 2007 年版。

36. 莫于川:《中华人民共和国政府信息公开条例释义》,中国法制出版社 2008 年版。

37. 刘恒:《政府信息公开制度》,中国社会科学出版社 2004 年版。

38. 方向:《信息公开法》,中国方正出版社 2003 年版。

39. 刘杰:《日本信息公开法研究》,中国检察出版社 2008 年版。

40. 黄学贤、王太高:《行政公益诉讼研究》,中国政法大学出版社 2008 年版。

41. 黄学贤主编:《中国行政法学专题研究述评:2000—2010》,苏州大学出版社 2010 年版。

42. 梁玥:《政府信息公开诉讼研究》,山东人民出版社 2013 年版。

43. 董妍:《政府信息公开例外规则及其司法审查》,经济日报出版社 2015 年版。

44. 李洋、刘行:《行政机关信息公开败诉案判解研究》,中国法制出版社 2016 年版。

45. 叶必丰:《政府信息公开条例评估报告》:中国法制出版社 2017 年版。

46. 中国社会科学院国家法治指数研究中心:《政府信息公开工作年报告度公布情况评估报告》,中国社会科学出版社 2017 年版。

47. 肖卫兵:《政府信息公开热点专题实证研究:针对条例修改》,中国法制出版社 2017 年版。

48. 樊长春:《政府信息公开纠纷诉讼指引与实务解答》,法律出版社 2017 年版。

49. 赵需要:《中国政府信息公开保密审查体系研究》人民出版社 2017 年版。

50. 孙宝云:《政府信息公开视角下保密管理机制研究》中国社会科学出版社 2018 年版。

51. 刘飞宇:《转型中国的行政信息公开》,中国人民大学出版社 2006 年版。

52. 张明杰:《开放的政府——政府信息公开法律制度研究》,中国政法大学出版社 2003 年版。

53. 周汉华:《制定中国个人信息保护法的几个问题:个人信息保护前沿问题研究》,法律出版社 2006 年版。

54. 周汉华主编:《政府信息公开条例专家建议稿——草案·说明·理由·立法例》,中国法制出版社 2003 年版。

55. 周汉华主编:《外国政府信息公开制度比较》,中国法制出版社 2003 年版。

56. 应松年:《当代行政法》,中国方正出版社 2005 年版。

57. 李步云主编:《信息公开制度研究》,湖南大学出版社 2002 年版。

58. 杨解君主编:《行政契约与政府信息公开》,东南大学出版社 2002 年版。

59. 冯国基:《面向 WTO 的中国行政:行政资讯公开法律制度研究》,法律出版社 2002 年版。

60. 陈新民:《公法学札记》,中国政法大学出版社 2001 年版。

61. 许宗力:《宪法与法治国行政》,台北:元照出版有限公司 2007 年版。

62. 保密法比较研究课题组:《保密法比较研究》,金城出版社 2001 年版。

63. 国家保密局法规室编:《外国保密法律法规汇编》,金城出版社 2009 年版。

64. 刘杰:《知情权与信息公开》,清华大学出版社 2005 年版。

65. 杨霞:《政府信息公开实现条件研究》,首都师范大学出版社 2006 年版。

66. 王勇:《透明政府》,国际行政学院出版社 2005 年版。

67. 王芳:《阳光下的政府:政府信息行为的路径与激励》,南开大学出版社 2006 年版。

68. 朱芒:《功能视觉中的行政法》,北京大学出版社 2004 年版。

69. 张志铭:《法理思考的印迹》,中国政法大学出版社 2003 年版。

70. 钟瑞添、欧仁山、黄竹胜等:《政府治理变革与公法发展》,人民出版社 2007 年版。

71. 孔祥俊:《商业秘密保护法原理》,中国法制出版社 1999 年版。

72. 向佐群:《政府信息公开制度研究》,知识产权出版社 2007 年版。

73. ［爱尔兰］J. M. 凯利:《西方法律思想简史》,王笑红译,汪庆华校,法律出版社 2002 年版。

74. 陈慈阳:《宪法学》,台北:元照出版有限公司 2005 年第 2 版。

75. 陈新民:《"中华民国宪法"释论》,台北:三民书局 2002 年第 4 版。

76. 杨建顺:《日本行政法通论》,中国法制出版社 1998 年版。

77. 蒋永福:《信息自由及其限度研究》,社会科学文献出版社 2007 年版。

78. 刘飞宇、王丛虎:《多维视角下的行政信息公开研究》,中国人民大学出版社 2005 年版。

79. 关保英、黄辉、曹杰:《行政垄断之行政法规制》,中国政法大学出版社 2008 年版。

80. 马怀德主编:《行政程序立法研究——〈行政程序法〉草案建议稿及理由说明书》,法律出版社 2005 年版。

81. 冯惠玲主编:《政府信息资源管理》,中国人民大学出版社 2006 年版。

82. 陈小筑主编:《中国政府网站建设与应用》,人民出版社 2006 年版。

83. 吴庚:《政法理论与法学方法》,中国人民大学出版社 2007 年版。

84. 城仲模:《行政法之基础理论》,台北:三民书局股份有限公司 1994 年版。

85. 张文显:《法哲学范畴研究》(修订版),中国政法大学出版社 2001 年版。

86. 王锡锌:《公众参与和行政过程——一个理念和制度分析的框架》,中国民主法制出版社 2007 年版。

87. 叶必丰:《行政法的人文精神》,北京大学出版社 2005 年版。

88. 张新宝:《隐私权的法律保护》,群众出版社 2004 年版。

89. 王秀哲:《隐私权的宪法保护》,社会科学文献出版社 2007 年版。

90. 张军:《宪法隐私权的保护》,中国社会科学出版社 2007 年版。

91. 谢振民:《"中华民国"立法史》,中国政法大学出版社 2000 年版。

92. 韩大元主编:《外国宪法》,中国人民大学出版社 2009 年第 3 版。

93. ［英］洛克:《政府论》,叶启芳、瞿菊农译,商务印书馆 1983 年版。

94. ［美］理查德·B. 斯图尔特:《美国行政法的重构》,沈岿译,商务印书馆 2002 年版。

95.［美］施瓦茨:《行政法》,徐炳译,群众出版社 1986 年版。

96.［美］凯斯·R. 桑斯坦:《权利革命之后:重塑规制国》,钟瑞华译,中国人民大学出版社 2008 年版。

97.［美］阿丽塔·L. 艾伦、理查德·C. 托克音顿:《美国隐私法——学说、判例与立法》,冯建妹等译,中国民主法制出版社 2004 年版。

98.［美］爱伦·艾德曼、卡洛琳·肯尼迪:《隐私的权利》,吴懿婷译,当代世界出版社 2003 年版。

99.［美］肯尼思·F. 沃伦:《政治体制中的行政法》,王丛虎等译,中国人民大学出版社 2005 年版。

100.［美］史蒂芬·霍尔姆斯,凯斯·R. 桑斯坦:《权利的成本——为什么自由依赖于税》,毕悦译,北京大学出版社 2004 年版。

101.［美］史蒂文·苏本、马格瑞特·伍:《美国民事诉讼的真谛》,蔡彦敏、徐卉译,法律出版社 2002 年版。

102.［英］弗里德里希·冯·哈耶克:《法律、立法与自由》,邓正来等译,中国大百科全书出版社 2000 年版。

103.［英］马丁·洛克林:《公法与政治理论》,郑戈译,商务印书馆 2002年版。

104.［英］卡罗尔·哈洛、理查德·罗林斯:《法律与行政》(上、下卷),杨伟东等译,商务印书馆 2004 年版。

105.［英］以赛亚·柏林:《自由论》,胡传胜译,译林出版社 2003 年版。

106.［英］约翰·斯图亚特·密尔:《论自由》,于庆生译,中国法制出版社 2009 年版。

107.［德］黑格尔:《法哲学原理》,范扬、张企泰译,商务印书馆 1961 年版。

108.［德］米歇尔·施托莱斯:《德国公法史——国家法学说和行政学》,雷勇译,法律出版社 2007 年版。

109.［德］卡尔·拉伦茨:《法学方法论》,陈爱娥译,商务印书馆 2003 年版。

110.［德］汉斯·J. 沃尔夫、奥托·巴霍夫、罗尔夫·施托贝尔:《行政法(第一卷)》,高家伟译,商务印书馆 2002 年版。

111.［德］奥托·迈耶:《行政法》,刘飞译,商务印书馆 2002 年版。

112.［德］平特纳:《德国普通行政法》,朱林译,中国政法大学出版社 1999 年版。

113.［德］米歇尔·施托莱斯:《德国公法史——国家法学说和行政学》,雷勇译,法律出版社 2007 年版。

114.［德］汉斯·J. 沃尔夫、奥托·巴霍夫、罗尔夫·施托贝尔:《行政法（第一卷）》,高家伟译,商务印书馆 2002 年版。

115.［德］卡尔·拉伦茨:《法学方法论》,陈爱娥译,商务印书馆 2003 年版。

116.［德］卡尔·施米特:《宪法学说》,刘锋译,世纪出版集团、上海人民出版社 2005 年版。

117.［德］尤尔根·哈贝马斯:《交往行为理论》,曹卫东译,上海人民出版社 2004 年版。

118.［法］卢梭:《社会契约论》,何兆武译,商务印书馆 2003 年修订第 3 版。

119.［法］卢梭:《社会契约论》,李平沤译,商务印书馆 2011 年版。

120.［法］路易·若斯兰:《权利相对论》,王伯琦译,中国法制出版社 2006 年版。

121.［古希腊］亚里士多德:《政治学》,吴寿彭译,商务印书馆 1965 年版。

122.［古希腊］亚里士多德:《尼各马可伦理学》,廖申白译,商务印书馆 2003 年版。

123.［古罗马］优士丁尼:《法学阶梯》,徐国栋译,中国政法大学出版社 1999 年版。

124.［美］博登海默:《法理学:法律哲学与法律方法》,邓正来译,中国政法大学出版社 1999 年版。

125.［日］美浓部达吉:《公法与私法》,黄冯明译,中国政法大学出版社 2003 年版。

126.［日］盐野宏:《行政法》,杨建顺译,法律出版社 1999 年版。

127.［日］南博方:《日本行政法》,杨建顺、周作彩译,中国人民大学出版社 1988 年版。

128.［法］莫里斯·奥里乌:《行政法与公法精要》,龚觅等译,辽海出版社、春风文艺出版社 1999 年版。

129.［法］莱昂·狄骥:《公法的变迁 / 法律与国家》,郑戈等译,辽海出版社、春风文艺出版社 1999 年版。

130.［法］莱昂·狄骥:《宪法学教程》,王文利等译,辽海出版社、春风文艺出版社 1999 年版。

131.［法］勒内·达维德:《当代主要法律体系》,漆竹生译,上海译文出版社 1986 年版。

132.［荷兰］亨利·范·马尔赛文等:《成文宪法的比较研究》,陈云生译,华夏出版社 1987 年版。

133. 李震山:《人性尊严与人权保障》,台北:元照出版有限公司 2000 年版。

134. 李龙:《宪法基础理论》,武汉大学出版社 1999 年版。

135.［美］布赖恩·比克斯:《法理学:理论与语境》,邱昭继译,法律出版社 2008 年版。

136.［美］朗诺·德沃金:《生命的自主权——堕胎、安乐死与个人自由》,郭贞伶、陈雅汝译,台北:商周出版社 2002 年版。

137.［美］杰克·唐纳利:《普遍人权的理论与实践》,王浦劬等译,中国社会科学出版社 2001 年版。

138.［美］汉密尔顿、杰伊、麦迪逊:《联邦党人文集》,程逢如等译,商务印书馆 2007 年版。

139.［美］约翰·罗尔斯:《正义论》,何怀宏等译,中国社会科学出版社 1988 年版。

140.［美］罗斯科·庞德:《通过法律的社会控制》,沈宗灵译,商务印书馆 1984 年版。

141. 瞿同祖:《中国法律与中国社会》,中华书局 2003 年版。

142.［日］阿部照哉主编:《宪法》(上、下册),周宗宪译,中国政法大学出版社 2006 年版。

143.［日］大桥洋一:《行政法学的结构性变革》,吕艳滨译,中国人民大学出版社 2008 年版。

144. 许崇德:《中华人民共和国宪法史》(上、下卷),福建人民出版社 2005 年第 2 版。

145. [印] 阿玛蒂亚·森:《以自由看待发展》,任赜、于真译,中国人民大学出版社 2002 年版。

146. [英] A. W. 布拉德利、K. D. 尤因:《宪法与行政法》(上、下册),程洁译,商务印书馆 2008 年版。

147. [英] 戴维·M. 沃克:《牛津法律大辞典》,李双元等译,法律出版社 2003 年版。

148. [英] 弗里德利希·冯·哈耶克:《自由秩序原理》(上、下册),邓正来译,三联书店 1997 年版。

149. [英] 卡罗尔·哈洛、理查德·罗林斯:《法律与行政》(上、下卷),杨伟东等译,商务印书馆 2004 年版。

150. Heungs kiPakr:《韩国的行政公开改革研究(译文)》,宋华琳译,《华东法律评论》第 2 卷,法律出版社 2003 年版。

151. 李建良:《自由、人权与市民社会——国家与社会二元论的历史渊源与现代意义》,《宪法理论与实践(二)》,台北:新学林出版有限公司 2000 年版。

152. 宋华琳:《英国政府信息公开立法的演进及其启示》,原载刘恒等著《政府信息公开制度》,中国社会科学出版社 2004 年版。

153. Mc Donagh M., *Freedom of information in Ireland*, Dublin: Round Hall Sweet & Maxwell, 1998.

154. Cosmo Graham, *Regulating Public Utilities: A Constitutional Approach*, Hart Publishing, 2000.

155. Philip Coppcl, *Information Rights*, Sweet & Maxwell Press, 2004.

156. Paterson M., *Freedom of information and privacy in Australia: government and information access in the modern state*, Australia: Lexis Nexis Butterworths, 2005.

157. Stein, Mitchel, Mezines: *Administrative law*, 1991, v.2.

158. Ronald Dworkin, *Is Democracy Possible Here*? New Jersey: Princeton University Press, 2006.

159. John wadham & Jonathan Griffiths, Blackstone's Guide To The Freedom of information Act 2000, Oxford UniverSity Press, 2005.

160. Jerry L. Mashaw, Richard A. Merrill, Peter M. Shane, M. Elizabeth MaGill, Mariano Florentine, Cuellar Nicholas R. Parrill, Administrative Law: Cases and Materials, Minnesota: West Academic Publishing, 2014.

二、论文类

1. 杨海坤:《〈政府信息公开条例〉的时代价值》,《学习时报》2007 年 6 月 4 日。

2. 杨海坤:《推进政务公开建设阳光政府》,《法制日报》2010 年 9 月 16 日。

3. 肖卫兵:《〈政务公开法〉或可期待》,《上海法学研究》2020 年集刊 (疫情防控专卷)。

4. 肖卫兵:《我国政府信息公开的实证分析》,《政法论坛》2015 年第 6 期。

5. 蒋红珍:《面向"知情权"的主观权利客观化体系建构:解读〈政府信息公开条例〉修改》,《行政法学研究》2019 年第 4 期。

6. 张守文:《疫情防控:经济法的解析与应对》,《政治与法律》2020 年第 4 期。

7. 孙平:《系统构筑个人信息保护立法的基本权利模式》,《法学》2016 年第 4 期。

8. 杨登峰:《内部管理信息的认定——基于上海等五省、市系列案件的分析》,《法商研究》2015 年第 4 期。

9. 后向东:《构建新时代中国特色政府信息公开制度》,《行政管理》2018 年第 4 期。

10. 后向东:《政府信息公开制度与实践中十大重要观点辨析》,《法律评论》2018 年第 1 期。

11. 赵泽君:《论〈政府信息公开条例〉及其与民事诉讼证据收集制度之协调》。《法治研究》2019 年第 6 期。

12. 杨伟东:《我国政府信息公开制度的新发展》,《中国司法》2019 年第 9 期。

13. 彭錞:《我国政府信息公开制度的宪法逻辑》,《法学》2019 年第 2 期。

14. 赵宏:《原告资格从"不利影响"到"主观公权利"的转向与影响》,《交大法学》2019 年第 2 期。

15. 刘晓花、李建:《试论突发公共事件中的政府信息公开》,《中国行政管理》2019 年第 5 期。

16. 王锡锌:《政府信息公开制度十年:迈向治理导向的公开》,《中国行政管理》2018 年第 5 期。

17. 贺军、蒋新辉:《互联网 + 时代突发事件中政府信息公开研究综述》,《电子政务》2017 年第 7 期。

18. 刘巍:《论个人信息的行政法保护》,《行政法学研究》2007 年第 2 期。

19. 陈秀:《行政案卷公开豁免的域外考察与制度重构》,《南阳理工学院学报》2020 年第 1 期。

20. 郑涛:《信息公开缠讼现象的政法逻辑》,《法制与社会发展》2017 年第 5 期。

21. 朱芒:《概括主义的行政诉讼"受案范围"——一种法解释路径的备忘录》,《华东政法大学学报》2015 年第 6 期。

22. 王贵松:《信息公开行政诉讼的诉的利益》,《比较法研究》2017 年第 2 期。

23. 章剑生:《政府信息获取权及其限制——〈政府信息公开条例〉第 13 条评析》,《比较法研究》2017 年第 2 期。

24. 章剑生:《行政诉讼中滥用诉权的判定》,《交大法学》2017 年第 2 期。

25. 王万华:《开放政府与修改〈政府信息公开条例〉的内容定位》,《北方法学》2016 年第 6 期。

26. 周汉华:《打造升级版政府公开制度———论〈政府信息公开条例〉修改的基本定位》,《行政法学研究》2016 年第 3 期。

27. 王万华：《开放政府与修改〈政府信息公开条例〉的内容定位》，《北方法学》2016 年第 6 期。

28. 陈艳红、蔡诗瑶：《〈政府信息公开条例〉修订草案的进步性分析》，《档案时空》2019 年第 2 期。

29. 郑萍、吴清琪：《大数据环境下政府信息公开立法问题研究——兼评〈政府信息公开条例（征求意见稿）〉》，《法制博览》2019 年第 4 期。

30. 胡玉鸿：《法律的根本目的在于保障人的尊严》，《法治研究》2010 年第 7 期。

31. 张泽想：《论行政法的自由意志理念——法律下的行政自由裁量、参与及合意》，《中国法学》2003 年第 2 期。

32. 叶必丰：《具体行政行为框架下的政府信息公开》，《中国法学》2009 年第 5 期。

33. 王泽鉴：《人格权的具体化及其保护范围·隐私权篇（上、中、下）》，《比较法研究》2008 年第 6 期、2009 年第 1 期、2009 年第 2 期。

34. 张新宝：《从隐私到个人信息：利益再衡量的理论与制度安排》，《中国法学》2015 年第 3 期。

35. 张新宝：《〈民法总则〉个人信息保护条文研究》，《中外法学》2019 年第 1 期。

36. 丁晓东：《个人信息的双重属性与行为主义规制》，《法学家》2020 年第 1 期。

37. 林鸿潮：《个人信息在社会风险治理中的利用及其限制》，《政治与法律》2018 年第 4 期。

38. 赵宏：《数据抗疫中的患者信息披露与隐私保护》，澎湃新闻网，2020 年 2 月 20 日，https://www.thepaper.cn/newsDetail_forward_6057168。

39. 李红星、王曙光、李秉坤：《应对网络群体性事件的政策工具分析》，《中国行政管理》2017 年第 2 期。

40. 罗骞、刘连泰：《反信息公开行政诉讼问题研究》，《长春理工大学学报》2019 年第 4 期。

41. 郝静：《反信息公开诉讼规则探析》，《河北法学》2012 年第 3 期。

42. 陈晓勤:《大数据背景下政府信息形成权的行使》,《苏州大学学报》（哲学社会科学版）2017 年第 3 期。

43. 陈琳:《精简、精准与智慧:政府数据治理的三个重要内涵》,《国家治理》2016 年第 27 期。

44. 梅夏英:《在分享和控制之间:数据保护的私法局限和公共秩序构建》,《中外法学》2019 年第 4 期。

45. 洪玮铭、姜战军:《社会系统论视域下的个人信息权及其类型化》,《江西社会科学》2019 年第 8 期。

46. 李帅:《个人信息公法保护机制的现存问题及完善对策——基于 295 份行政判决书的定量研究》,《浙江社会科学》2019 年第 4 期。

47. 夏一雪、兰月新、李昊青、吴翠芳、张秋波:《面向突发事件的微信舆情生态治理研究》,《现代情报》2017 年第 5 期。

48. 谢琳:《时代个人信息使用的合法利益豁免》,《政法论坛》2019 年第 1 期。

49. 王敬波:《政府信息公开中的公共利益衡量》,《中国社会科学》2014 年第 9 期。

50. 刘权:《均衡性原则的具体化》,《法学家》2017 年第 4 期。

51. 谢远扬:《信息论视角下个人信息的价值——兼对隐私权保护模式的检讨》,《清华法学》2015 年第 3 期。

52. 杨立新:《个人信息:法益抑或民事权利——对〈民法总则〉第 11 条规定的“个人信息”之解读》,《法学论坛》2018 年第 1 期。

53. 林鸿潮、赵艺绚:《突发事件应对中的个人信息利用与法律规制——以新冠肺炎疫情应对为切入点》,《华南师范大学学报》（社会科学版）2020 年第 3 期。

54. 苟正金:《我国突发环境公共事件信息公开制度之检讨与完善——以兰州"4·11"自来水苯超标事件为中心》,《法商研究》2017 年第 1 期。

55. 刘权:《均衡性原则的具体化》,《法学家》2017 年第 4 期。

56. 胡文涛:《我国个人敏感信息界定之构想》,《中国法学》2018 年第 10 期。

57. 程洁:《政府信息公开的法律适用问题研究》,《政治与法律》2009年第3期。

58. 杨大越:《我国政府信息公开申请法律保障之探究——以〈中华人民共和国政府信息公开条例〉第13条修改为视角》,《行政法研究》2020年第2期。

59. 余凌云:《政府信息公开的若干问题——基于315起案件的分析》,《中外法学》2014年第4期。

60. 林鸿潮、许莲丽:《论政府信息公开诉讼中的证明责任》,《证据科学》2009年第1期。

61. 赵宏:《法律关系取代行政行为的可能与困局》,《法学家》2015年第3期。

62. 南都大数据研究院:《189人发布,648次答疑,2次致哀,数读66场疫情发布会》,2020年3月7日,https://baijiahao.baidu.com/s?id=1660511974819475600。

63. 赵文明:《透视"政府信息不公开"第一案》,《社会瞭望》2008年第7期。

64. 杨解军:《契约文化的变迁及其启示》(上),《法学评论》2004年第6期。

65. 黄学贤:《行政法中的信赖保护原则》,《法学》2002年第5期。

66. 王锡锌:《公众参与、专业知识与政府绩效评估的模式——探寻政府绩效评估的一个框架》,《法制与社会发展》2008年第6期。

67. 黄学贤:《行政法中的比例原则研究》,《法律科学·西北政法学院学报》2001年第1期。

68. 莫于川、林红潮:《〈政府信息公开条例〉实施准备调研报告——以苏闽川滇数省等作为考察重点》,《法学》2008年第6期。

69. 章志远:《信息公开诉讼运作规则研究》,《苏州大学学报》(哲学社会科学版)2006年第3期。

70. 章志远:《"烟民被拘案"呼唤理性对待裁量基准》,《行政法学研究》2009年第4期。

71. 章志远:《穿行于科学与民主之间——城镇化进程中规划决策的专

家参与及公众参与》,《苏州大学学报》(哲学社会科学版) 2011 年第 1 期。

72. 周汉华:《地方信息公开规定法律问题探讨——写在〈政府信息公开条例〉实施一周年之际》,《电子政务》2009 年第 4 期。

73. 林红潮、许莲丽:《论政府信息公开诉讼中的证明责任》,《证据科学》2009 年第 1 期。

74. 许莲丽:《公开"历史"信息与法不溯及既往——论〈政府信息公开条例〉的溯及力问题》,《云南行政学院学报》2009 年第 4 期。

75. 韩大元:《宪法文本中的"公共利益"的规范分析》,《法学论坛》2005 年第 20 卷第 1 期。

76. 黄学贤、梁玥:《政府信息公开诉讼受案范围研究》,《法学评论》2010 年第 3 期。

77. 吴根平:《建立我国政府信息公开制度探析》,《南京农业大学学报》(社会科学版) 2002 年第 4 期。

78. 应松年、陈天本:《政府信息公开法律制度研究》,《国家行政学院学报》2002 年第 4 期。

79. 黄学贤、雷娟:《〈政府信息公开条例〉立法目的之检讨》,《浙江学刊》2012 年第 1 期。

80. 孙宇、杨瑛:《浅析政府信息公开领域的控权平衡问题》,《理论与探索》2005 年第 2 期。

81. 胡建森:《试论行政合理性原则》,《东吴法学》2000 年苏州大学百年校庆特刊。

82. 杨敏:《政府信息公开的动力机制》,《决策》2007 年第 6 期。

83. 朱谦:《公众环境行政参与的现实困境及其出路》,《上海交通大学学报》(哲学社会科学版) 2012 年第 2 期。

84. 黄学贤、梁玥:《政府信息公开诉讼受案范围研究》,《中国检察官》2010 年第 5 期。

85. 宋超:《公开与保密:政府信息公开立法的焦点》,《安徽大学学报》2005 年第 1 期。

86. 胡锦光、王楷:《论我国宪法中"公共利益"的界定》,《中国法学》

2005 年第 1 期。

　　87. 朱谦：《政府环境信息公开范围及例外》，《学习论坛》2008 年第 1 期。

　　88. 林敏：《政府信息公开中知情权与隐私权的冲突与协调原则》，《图书情报工作》2007 年第 2 期。

　　89. 孙笑侠：《论法律与社会利益》，《中国法学》1995 年第 4 期。

　　90. 唐开元：《论政府信息公开与保密的度量》，《求索》2005 年第 8 期。

　　91. 全蕾、邢娜：《论政府信息公开中的个人隐私权保护》，《内蒙古大学学报》（人文社会科学版）2007 年第 5 期。

　　92. 吕国强：《政府信息公开行政案件的现状与思考》，《依法行政公正司法论坛文集》，2007 年。

　　93. 钱影：《公开，抑或不公开——对〈中华人民共和国政府信息公开条例〉第 13 条的目的论限缩》，《行政法学研究》2009 年第 2 期。

　　94. 史玉成：《论我国政府信息公开法律制度的发展与完善》，《法学论坛》2009 年第 2 期。

　　95. 时洁：《中美政府信息公开内容、范围的比较研究》，《档案》2008 年第 2 期。

　　96. 白雪：《德国社会国家原则内涵之解读——从宪法文本角度分析》，《金卡工程》2009 年第 4 期。

　　97. 胡建森、邢益精：《公共利益概念透析》，《法学》2004 年第 10 期。

　　98. 王广辉：《论宪法未列举权利》，《法商研究》2007 年第 5 期。

　　99. 王书成：《合宪性推定的正当性》，《法学研究》2010 年第 2 期。

　　100. 王成栋：《论行政法的效率原则》，《行政法学研究》2006 年第 2 期。

　　101. 褚松燕：《我国政府信息公开的现状分析与思考》，《新视角》2003 年第 3 期。

　　102. 孙宇、杨瑛：《浅析政府信息公开领域的控权平衡问题》，《理论与探索》2005 年第 2 期。

　　103. 朱谦：《论环境知情权的价值基础》，《政法论丛》2004 年第 9 期。

　　104. 朱谦：《政府环境信息公开范围及例外》，《学习论坛》2008 年第 1 期。

　　105. 李国际、夏雨：《知情权的宪法保护》，《江西社会科学》2007 年第

2 期。

106. 李先波、杨建成：《论言论自由与隐私权之协调》，《中国法学》2003 年第 5 期。

107. 孙军：《政府信息公开基本原则的落实障碍》，《北京档案》2007 年第 11 期。

108. 湛中乐、苏宇：《论政府信息公开排除范围的界定》，《行政法学研究》2009 年第 4 期。

109. 徐国利：《论政府信息公开的例外》，《江苏警官学院学报》2012 年第 7 期。

110. 李震山：《论人民要求政府公开资讯之权利与落实》，《月旦法学杂志》第 62 期。

111. 高秦伟：《何谓政府信息——基于〈政府信息公开条例〉第 2 条的解释》，《江苏行政学院学报》2012 年第 5 期。

112. 谢天长：《论政府信息公开的限制》，《福建警察学院学》2010 年第 2 期。

113. 李累：《人的尊严的宪法保护》，《法治论丛》2009 年第 4 期。

114. 许宗力：《基本权的功能》，《月旦法学教室》2002 年第 2 期。

115. 袁立：《公民基本权利野视下国家义务的边界》，《现代法学》2011 年第 1 期。

116. 张斌峰、马俊：《从二分法到三分法：基本权利体系的重构》，《南京社会科学》2010 年第 10 期。

117. 林明昕：《信息公开 vs. 秘密保护——论"政府资讯公开法制"之建立》，《法政学报》2003 年第 16 期。

118. 许宗力：《基本权利的解释与影响作用》，《法与国家权力》1995 年第 10 期。

119. 严真：《美国政府信息公开范围的分析与启示》，《河南图书馆学刊》2006 年 第 10 期。

120. 陈仪：《莫让例外事项成为信息公开的"拦路虎"——论政府信息的公开范围与例外事项》，中国法学会行政法学研究会 2008 年年会论文。

121. 汪全胜：《论政府信息的保密范围》，《软科学》2006 年第 5 期。

122. 汪全胜：《政府信息公开的范围探讨》，《理论与探索》2004 年第 6 期。

123. 张翔：《基本权利的双重属性》，《法学研究》2005 年第 3 期。

124. 庄世同：《法治与人性尊严——从实践到理论的反思》，《法制与社会发展》2009 年第 1 期。

125. 杨伟东、张艳蕊：《政府信息公开范围探讨》，《山东科技大学学报》2010 年第 4 期。

126. 莫于川、郭庆珠：《论现代服务行政与服务行政法》，《法学杂志》2007 年第 2 期。

127. 傅红东：《论确立行政公开范围的标准》，《洛阳师范学院学报》2003 年第 6 期。

128. 尹晓敏：《行政资讯公开的适用例外研究》，《行政与法》2003 年第 10 期。

129. 周晓红：《政府信息公开与保密》，《江南社会学院学报》2005 年第 9 期。

130. 应松年、陈天本：《政府信息公开法律制度研究》，《国家行政学院学报》2002 年第 4 期。

131. 朱炜：《政府信息公开：立法模式及制度协调》，《杭州师范学院学报》（社会科学版）2004 年第 1 期。

132. 唐莉娜、饶常林：《论我国行政公开制度的完善——兼谈〈行政公开法〉的制定》，《湖北社会科学》2001 年第 12 期。

133. 罗昊：《论建立信息公开制度》，《新世纪图书馆》2003 年第 4 期。

134. 陈实、曾娅妮：《美国〈信息自由法〉中的"豁免公开信息例外"》，《新闻界》2008 年第 4 期。

135. 范姜真微：《政府资讯公开与国家机密保护》，《政大法学评论》2007 年第 100 期。

136. 杨小军：《论公民的政府信息知情权》，《甘肃行政学院学报》2009 年第 3 期。

137. 杨小军：《行政法律规范的冲突》，《国家行政学院学报》2006 年第 3 期。

138. 杨小军:《政府信息公开范围若干法律问题》,《江苏行政学院学报》200 年第 4 期。

139. 申欣旺:《保密,还是公开？ 这是个问题》,《中国新闻周刊》2010 年第 8 期。

140. 王锡锌:《政府信息公开语境中的 "国家秘密" 探讨》,《政治与法律》2009 年第 3 期。

141. 许莲丽:《论政府信息公开的范围——以我国〈政府信息公开条例〉为样本》,《湖北社会科学》2009 年第 6 期。

142. 赵正群、崔丽颖:《判例对免除公开条款的适用——对美国信息公开诉讼判例的初步研究》,《南京大学学报》2008 年第 6 期。

143. 胡锦光、王书成:《美国信息公开推定原则及方法启示》,《南京大学学报》2009 年第 6 期。

144. 傅思明:《信息公开时代的保密问题》,《保密工作》2007 年第 8 期。

145. 黄凤兰:《公众行政参与的法律应对及完善》,《行政法学研究》2009 年第 2 期。

146. 王锡锌:《政府信息公开语境中的 "国家秘密" 探讨》,《政治与法律》2009 年第 3 期。

147. 王锡锌、章永乐:《我国行政决策模式之转型——从管理主义模式到参与式治理模式》,《法商研究》2010 年第 5 期。

148. 王奎:《美中商业秘密内涵的思考》,《政法论坛》2007 年第 3 期。

149. 赵剑明、孙军:《浅议〈政府信息公开条例〉公开原则落实的障碍》,《山西档案》2007 年第 6 期。

150. 翁国民、汪成红:《论隐私权与知情权的冲突》,《浙江大学学报》(人文社科版)》2002 年第 2 期。

151. 肖卫兵:《论政府信息公开例外立法的类别》,《情报理论与实践》2010 年第 4 期。

152. 王建华:《行政裁量控制中的裁量基准与公众参与》,《四川行政学院学报》2009 年第 5 期。

153. 陈海嵩:《政府信息公开例外规则及其裁量基准——以英国相关立法为例》,第四届公法论坛会议论文。

154. 贺诗礼:《关于政府信息免予公开典型条款的几点思考》,《政治与法律》2009 年第 3 期。

155. 朱虹:《浅析政府信息公开的豁免范围》,《法制与社会》2010 年第 7 期。

156. 王喜珍:《论政府信息公开范围的界定——"例外规则"的运用》,《法制与社会》2008 年第 12 期。

157. 陈富智:《关于〈政府信息公开条例〉的几个问题（上）》,《行政与法制》2007 年第 11 期。

158. 张文宗:《我国政府信息公开问题透视》,《审计月刊》2009 年第 1 期。

159. 冯继有:《政府信息公开存在的问题及对策》,《中共贵州省委党校学报》2009 年 5 月号。

160. 汪心田、柳向魁:《政府信息公开行政诉讼分析》,《贵州民族学院学报》2008 年第 1 期。

161. 王健、杨子云:《公众参与推动"阳光政府"前行》,《民主与法制》2008 年第 14 期。

162. 李荣华、刘晨琰:《政府信息公开诉讼之规则探析》,《山西省政法管理干部学院学报》2008 年第 21 卷第 1 期。

163. 连志英:《美国政府信息公开中的公民隐私权保护立法研究》,《档案学通讯》2008 年第 6 期。

164. 夏淑梅、丁先存:《政府信息公开中的隐私权探析》,《CPA 中国行政管理》2007 年第 9 期。

165. 常宏宇、张劲:《论政府信息公开的"例外"》,《中国行政管理》2011 年第 8 期。

166. 江必新、李广宇:《政府信息公开行政诉讼若干问题探讨》,《政治与法律》2009 年第 3 期。

167. 罗长青:《政府信息依申请公开实施过程中的若干法律问题研究》,http://www.sls.org.cn/xuezhe_article_detail.jsp?main_id=7&id=20086311 43241。

168. 顾于蓝:《政府信息公开范围探究》,http://www.cnki.net/kcms/detail/Detail.aspx?dbname=CMFDLAST2010&filename。

169. 张建文:《公共档案利用中的隐私保护问题——从〈政府信息公开条例〉看〈档案法〉的修改》,http://vip.chinalawinfo.com/Newlaw2002/SLC/SLC.asp?Db=art&Gid=335589040。

170. 刘建德、李孝猛:《政府信息不予公开范围判定的实践困境及其对策》,http://www.sls.org.cn/xuezhe_article_detail.jsp?main_id=7&id=200863114326。

171. Charles A. Reich,"The New Property",The Yale Law Journal, Vol. 73 No. 5, April 1964.

172. Yutao Wang, Mingxing Sun, Xuechun Yang, Xueliang Yuan, "Public awareness and willingness to pay for tackling smog pollution in China: a case study", Journal of Cleaner Production, 2016.

173. Andrew Koppelman, "Bad News for Mail Robbers: The Obvious Constitutionality of Health Care Reform", The Yale Law Journal, Volume 121(1), 2011.

174. Dimitri Gagliardi, Laura Schina, Marco Lucio Sarcinella, Giovanna Mangialardi, Francesco Niglia, Angelo Corallo, "Information and communication technologies and public participation: interactive maps and value added for citizens", Government Information Quarterly, 2016.

175. Mahmud Akhter Shareef, Yogesh K. Dwivedi, Vinod Kumar, Uma Kumar, "Reformation of public service to meet citizens' needs as customers: Evaluating SMS as an alternative service delivery channel", Computers in Human Behavior, 2016.

176. Andrew Koppelman, "Bad News for Mail Robbers:The Obvious Constitutionality of Health Care Reform",The Yale Law Journal, Volume 121(1), 2011.

177. Louis Fisher, "Obama's Executive Privilege and Holder's Contempt: Operation Fast and Furious", Presidential Studies Quarterly, Vol. 43, March,

2013.

178. Harrison S, Johnson P, "Challenges in the adoption of crisis crowdsourcing and social media in Canadian emergency anagement", Government Information Quarterly, 2019, 36（3）.

179. Susan A. Youngblood, Norman E. Youngblood, "Usability, content and connections:how county-level Alabama emergency management agencies communicate with their Online Public", Government Informati on Quarterly, 2018, 35（1）.

180. Samuel D. Warren & Louis D. Brandeis, The Right to Privacy, 4 Harvard Law Review, 1890, Vol. 4, No. 5.

三、报纸类

1. 王琳：《对政府信息公开不能止于期待》，《东方早报》2008 年 5 月 2 日。

2. 焦红艳：《政府信息公开遭遇"国家秘密"瓶颈》，《法制日报》2008 年 6 月 29 日。

3. 杨汛、沈衍琪：《政府信息公开首日接待 449 人次》，《北京日报》2008 年 5 月 5 日。

4. 蒋理：《对政府信息公开不能各自设限》，《新京报》2008 年 5 月 6 日。

5. 刘义昆：《"政府信息不公开"第一案价值何在？》，《法制日报》2008 年 5 月 8 日。

6.《一年后，北大教授再"上路"——较真首都机场高速公路收费》，《检察日报》2009 年 5 月 13 日。

7.《公共企事业单位也是法定信息公开主体》，《法制日报》2008 年 5 月 11 日第 2 版。

8.《要求政府公开"三公"消费，河南青年被当"间谍"》，《联合早报》2009 年 8 月 5 日。

9. 牛欢：《"国家秘密"还阻碍信息公开吗？》，《西部商报》2009 年 11 月 4 日。

10. 焦红艳:《政府信息公开条例司法解释第一稿出炉》,《法制日报》2008 年 6 月 8 日。

11. 罗昌平、冯洁:《我国大力推行政务公开,保密制度重置"保密"底线》,《新京报》2005 年 9 月 20 日。

12. 宋伟:《国家保密局首次亮相新闻发布会 我国对因自然灾害导致死亡人员总数解密》,《人民日报》2005 年 9 月 13 日第 2 版。

13. 王利明:《美国隐私权制度的发展及其对我国立法的启示》, http://www.jerb.eom/zyw/n508/ea344764.htm。

14. 祝伟荣:《规范政府信息公开 保障公民知情权利》,《人民法院报》2018 年 10 月 11 日。

15. 吴宏文:《政府信息公开条例总则的修订及司法适用》,《人民法院报》2019 年 5 月 9 日。

16. 袁秀挺:《从新冠肺炎疫情反思我国传染病预警制度》,《民主与法制时报》2020 年 3 月 7 日。

17. 麻新平:《疫情背景下政府信息公开的完善路径》,《中国社会科学报》2020 年 3 月 26 日。

18. 侯迎忠:《突发公共卫生事件中的舆论引导》,《中国社会科学报》2020 年 11 月 26 日。

19. 李祺瑶:《散布疫情谣言 27 人被查处》,《北京晚报》2020 年 2 月 28 日。

20. 吴宏文:《政府信息公开条例总则的修订及司法适用》,《人民法院报》2019 年 5 月 9 日。

21. 羽戈:《〈保密法〉修订如何追赶〈信息公开条例〉》,《东方早报》2010 年 2 月 26 日。